Lydia Baumann · Lara Beer

VATER UNSER

Lydia Baumann · Lara Beer

VATER UNSER

Wie unsere Väter zu Sorgenkindern wurden – zwei Töchter erzählen

C. Bertelsmann

FSC
www.fsc.org
MIX
Papier aus verantwortungsvollen Quellen
FSC® C014496

Verlagsgruppe Random House FSC® N001967
Das für dieses Buch verwendete FSC®-zertifizierte Papier *Munken Premium Cream*
liefert Arctic Paper Munkedals AB, Schweden.

1. Auflage

Umschlaggestaltung: buxdesign, München
Satz: Uhl + Massopust, Aalen
Druck und Bindung: GGP Media GmbH, Pößneck
Printed in Germany
ISBN 978-3-570-10163-6

www.cbertelsmann.de

Inhalt

Vorwort

»Wie geht's deinem Vater?« Die Frage kommt immer, wenn wir uns sehen. Und egal, wer von uns beiden sie gestellt hat, die Antwort ist immer lang. Es gibt Probleme, die besprochen werden müssen. Anekdoten aus dem Leben unserer Väter, die geteilt werden wollen. Es gibt Trauriges zu erzählen, Erschreckendes und Lustiges. Es gibt Rechtsstreitigkeiten und Fragen zu Pflegestufen zu klären, Grundsicherungsanträge zu bearbeiten und väterliche Drogenvorräte diskret verschwinden zu lassen. Was aber nie vorkommt: dass es gar nichts zu berichten gibt. Weil das Telefon bei uns ständig klingelt, weil die Nagelschere nicht auffindbar, das Badezimmerrohr gebrochen ist und es keine Haftpflichtversicherung gibt oder besprochen werden muss, in welchem Baum das Eichhörnchen denn nun wohnt. Die eigene Handynummer wird zur psychologischen und praktischen Krisen-Hotline, 24 Stunden erreichbar.

Wenn der Vater zum Pflegefall wird, so unterschiedlich die Gründe dafür auch sein mögen, dann stellt sich ein sehr merkwürdiges Gefühl ein: das Gefühl, plötzlich Mutter zu werden. Von jemandem, der aber nicht dein Kind ist. Ganz im Gegenteil: dessen Kind du bist. Dann tauscht man die Rollen, muss Verantwortung übernehmen für ein zweites Leben. Was tun also, wenn keine Partnerin mehr da ist und Papi nicht allein klarkommt? Dann ist die Zeit gekommen, in der meist niemand so geeignet für eine allumfassende Lebenshilfe scheint wie die Tochter. Das sind wir. Töchter von Vätern, die unkonventionell gelebt haben. Etwas zu unkonventionell für unseren Geschmack. Und so beginnt eine Zerreißprobe zwischen Fürsorge und Sorge, zwischen Hilfe und Überforderung, zwischen Zuneigung und Wut.

Karl (82) und Gert (63) sind unser unfreiwilliges Dauerthema. Wir sprechen mehr über sie als über die Männer, die wir lieben. Vielleicht deshalb, weil wir uns über die keine Sorgen zu machen brauchen. Sie kommen gut ohne unsere mütterliche Zuwendung zurecht. Unsere Väter nicht. Nicht mehr.

Schon vor einigen Jahren fingen die beiden an – ganz ohne sich irgendwie abgesprochen zu haben –, sonderlich zu werden. Sie legten die Eigenschaften eines Vaters ab, begannen ihre Verantwortung abzugeben, Pflichten zu ignorieren. Und die Realität zu verlieren. Es scheint, als ob das Leben und das Alter ihnen so viel abzuverlangen begannen, dass sie nicht mehr damit zurechtkamen. Plötzlich brauchten sie uns, ihre Töchter, die insgeheim gehofft hatten, dass ihre Väter ihr Leben lang für sie Regale an die Wand bohren und Steuererklärungen machen würden – nicht umgekehrt. Doch so ein gelebtes Leben kostet Kraft, und wenn die verbraucht ist, dann müssen die Kinder helfen.

Die Deutschen werden immer älter – und immer einsamer. Nach Angaben des Statistischen Bundesamts leben 20 Prozent der über 60-jährigen Männer allein. Das sind doppelt so viele wie noch vor 25 Jahren. Und der Trend hält an, auch weil die Scheidungsrate beständig steigt. Studien belegen, dass Menschen besonders dann massiv unter Einsamkeit leiden, wenn sie nicht erst im hohen Alter, sondern früher den Partner verloren haben – egal, ob durch Trennung oder Tod. Und wenn der Mensch fehlt, der ehemals alles zusammenhielt, schwinden oft Antrieb und Lebenswille. Es ist keiner da, mit dem man sich über Sinn und Unsinn geplanter Projekte und Anschaffungen austauschen könnte. Keiner, den es stört, wenn das Hemd voller Flecken ist oder man den ganzen Tag im Bett liegen bleibt. Alleinlebende leiden auch doppelt so häufig unter Armut wie der Durchschnitt der Bevölkerung: 17 Prozent der betroffenen Männer mittleren Alters bekommen für ihren Lebensunterhalt Geld vom Staat. Der Anteil ist dreimal so hoch wie bei ihren Altersgenossen, die mit einem Menschen zusammenleben.

Karl und Gert könnten unterschiedlicher nicht sein. Sie wären sich unter normalen Umständen wohl nie begegnet und werden sich auch nicht mehr kennenlernen können. Dass sie sich in diesem Buch treffen, hat weniger mit dem zu tun, was sie früher einmal waren oder wollten. Jedoch eine Menge mit dem, wohin sie das Leben geführt hat: an einen Ort, an dem es einsam ist, an dem sie ohne Hilfe nicht bestehen können. Nach einer langen Reise durch ein Leben mit vielen Abenteuern, vielen Höhen und Tiefen und genauso viel Glück wie Pech.

Karl Baumann 1963 in Peru.

Lydias Vater Karl war gerade jung genug, um nicht in der Hitler-Jugend mitmarschieren zu müssen. Er verließ Deutschland mit Anfang zwanzig, lebte rund fünfzehn Jahre als Geschäftsführer großer Zuckerrohrplantagen und als Landwirt mit vielen Pferden, hübschen Frauen und großen Autos in Südamerika – bevor er sich bei einem Besuch im hamburgischen Elternhaus in seine spätere Frau verliebte. Er lebte eine kinderreiche Ehe in den feinen Elbvororten, liebte die salzige Luft auf Sylt, besaß Tweedjacketts in jeder Farbe und hatte hohe Erwartungen an sich und seine Mitmenschen. Nach der Scheidung zog es ihn nach Mallorca, er wollte den Rentnertraum mit Sonne, Sand und Sangria leben. Bis zu dem Tag, an dem er die Insel verlassen musste, zwar immer noch reich an Hoffnung, aber arm auf dem Konto. Nach sechzehn Jahren in Spanien musste ein neues Leben für Karl in Hamburg her. Der Blick aufs Meer war Vergangenheit, das karge Wartezimmer des Sozialamts die neue Aussicht.

Karl steht für eine Kindheit im Schatten einer Diktatur. Es war kein einfaches Aufwachsen zwischen Fliegeralarm, Todesangst und Hunger. Er gehört zu jener Generation von Deutschen, die mit Kinderaugen die Zerstörung des Heimatlands mit ansehen und als Teenager Trümmer sammeln mussten, aber dann einen stetigen Aufstieg erlebten und den Frieden nutzten, um die Welt zu entdecken. Karl gehört zu denen, die heute noch immer viel lieber Briefe als E-Mails schreiben und kaputte Schuhe zum Schuster ihres Vertrauens bringen, anstatt bei Zalando neue zu bestellen. Sie schätzen alte Werte und ignorieren mit Freude neue Entwicklungen – vielleicht weil sie es geschafft haben, ein ganzes Land auch ohne Smartphone, Facebook und Navigationsgerät wiederaufzubauen.

Laras Vater Gert ist so etwas wie ein Bilderbuchkind der 60er Jahre, »ein Linker«, wie er noch immer mit Stolz sagt. Er trug als junger Mann lange Haare, liebte die Rolling Stones (die Beatles waren was für Spießer) und nahm früh harte Drogen. Trotz beginnender Sucht beendete er sein Medizinstudium und führte erfolgreich eine eigene Praxis. Nach einem ersten großen Absturz lebte er über 20 Jahre abstinent als angesehener Psychoanalytiker am Tegernsee. Mit dem Selbstmord seiner Frau kam die Leere zurück – und das Verlangen, sich alles, was irgendwie berauscht, wie Smarties einzuwerfen. Mit 61 Jahren nahm er dann, kurz vor der Rente, eine

Überdosis, stürzte in seiner Wohnung und überlebte nur knapp ein Delirium. Seitdem kann er den linken Arm kaum noch bewegen, musste neu lernen, sich eine Fahrkarte zu kaufen oder Geld abzuheben, und bekommt einmal am Tag Besuch vom Pflegedienst, der ihm dabei hilft, sich im Alltag zurechtzufinden.

Gert Beer 1967 bei einem Auftritt seiner Schülerband.

Gert ist ein Beispiel für die 68er-Generation, die langsam in die Jahre kommt. Für Menschen, die im Herzen vielleicht nie erwachsen geworden sind, weil sie sich den gesellschaftlichen Normen mit aller Kraft verweigert haben. Die ein bewegtes, wildes Leben geführt haben – und deren Körper oft schon früh einen Tribut dafür zahlen mussten. Es gibt in unserer Gesellschaft noch keinen Platz für diese neuen Alten. Weil sie Rockmusik hören statt Klaviersonaten. Weil ihr Denken und Handeln so gar nicht mit dem Begriff »Senioren« zusammenpassen will. Die Jeansjacken tragen statt Lodenmäntel und ihr zu Hause mit Keith-Richards-Postern dekorieren statt mit Zinnbechern und Sammeltassen. Die Kinder dieser Hippie-Senioren leben oft viel angepasster als diese selbst. Und ausgerechnet von denen werden sie jetzt zu Ordnung und Disziplin ermahnt – etwas, das sie selbst nie von ihrem Nachwuchs gefordert hätten.

Vater unser handelt von zwei Extremfällen. Von Vätern, die alt werden – aber nicht wirklich weise. Von Karl und Gert, die auf ungewöhnliche Art in den Ruhestand rutschen. Ohne Ankündigung, ohne Vorbereitung, ohne wissen zu wollen, wie es um sie steht. Ein Rentnerdasein ohne Ferienhausidylle auf Föhr, ohne Skatrunde mit alten Freunden, ohne Ehefrauen. Dafür mit Cannabisplantage, mit vielen Visionen und im finanziellen Desaster.

Das Buch erzählt aus der Sicht ihrer Töchter, Lydia und Lara. Zwei im Leben stehende Journalistinnen, die mit Job, Mann und engem Terminkalender eigentlich keine Zeit für die Organisation eines weiteren Lebens haben. Die plötzlich mit Situationen konfrontiert werden, die sie bislang nur aus dem Fernsehen kannten, die im Freundeskreis für beste Unterhaltung sorgten, aber im Herzen der Töchter Kummer und Ängste hinterlassen. Es ist ein Erfahrungsbericht, in dem die Autorinnen jeweils im Wechsel über die Erlebnisse als neue Lebensmanagerinnen ihrer Väter schreiben. Manchmal zum Schreien komisch, manchmal unfassbar tragisch.

Vater unser ist ein Buch für Menschen mit Vätern. Lesenswert für die Tochter, weil nicht nur dein Vater »anders« ist. Lesenswert für den Sohn, weil du vielleicht das Pech hast, keine Schwester zu haben, die dir so viel abnimmt. Lesenswert für die Mutter, weil du vielleicht Ähnliches mit deinem Vater erlebt hast. Lesenswert für den Vater, weil dir vielleicht klar wird, warum deine Tochter dir immer nur den Porsche unter den Haftcremes besorgt und nie genervt auflegt, wenn du sie wieder genau zur Konferenzzeit im Büro anrufst.

Denn trotz des intensiven emotionalen Durcheinanders, das Lara und Lydia mit ihren Vätern erleben, siegt immer eine treibende Kraft gegen jedes vernichtende Gefühl: die Liebe einer Tochter zu ihrem Vater.

Die Pensionierung

Lydia

Glückliche Gesichter, bunte T-Shirts, von Klimaanlagen gefilterter Bierdunst wabert durch die Maschine. Es ist Sommer, Ferienzeit, im Air-Berlin-Flieger nach Mallorca ist die Stimmung ausgelassen. Die 182 Menschen um mich herum platzen fast vor guter Laune. Und während einige Passagiere ihre Vorfreude auf des Deutschen Lieblingsinsel in Form von gurgelnden Lauten durchs Flugzeug johlen, sitze ich da, als stünde eine sechswöchige Kirchenfreizeit bevor. Der fehlernährte Enddreißiger neben mir poltert los: »Na du, bleibst du auch zwei Wochen?« »Eine Nacht«, antworte ich genervt. Ich hole Block und Stift raus und mache eine Liste: Was ich in 24 Stunden Mallorca alles erledigen, fragen, wegschaffen muss. Es ist der Fluchtplan. Die letzte Möglichkeit, meinen Vater vor der Obdachlosigkeit zu bewahren. Und für mich der Horrortrip, der mir seit fünfzehn Jahren droht.

Mein Bruder dämmert kurz nach dem Start weg. Ich sitze über dem leeren Blatt Papier. Hoffe, dass der Hund gesund ist, mein Vater sich nicht weigert, ins Flugzeug zu steigen, und der Vermieter nicht die Polizei ruft. Ich suche meine Spucktüte, überlege dann, ob mir überhaupt schlecht ist, stecke sie daraufhin ganz vorne in die Tasche am Sitz vor mir, griffbereit. Die Anspannung macht es mir unmöglich zu schlafen, die ganze Nacht vor dem Abflug lag ich schon wach. Die Angst vor der Ungewissheit hat mich voll im Griff.

Sechzehn Jahre lebte mein Vater auf der Insel, auf der andere Urlaub machen. Sechzehn Jahre flog ich hin, einmal im Jahr, allein, ohne Freunde. Aus Angst vor dem, was mein Vater manchmal als interessant beschrieb, das ich aber eher als gewöhnungsbedürftig empfand. Wie etwa fremde Mitbewohner, die plötzlich am Frühstückstisch saßen im einen Jahr. Oder eine Art ausgebauter Stall ohne Fenster mitten im mallorquinischen Nirgendwo im anderen Jahr. Oder eben einfach Papi, der nach zig Jahren Alleinlebens vergessen hatte, dass nur Babys ungeniert rülpsen durften.

Mein Bruder fischt nach der Ankunft die vier leeren Koffer vom Fließband, ich stelle mich währenddessen beim Mietwagencounter an. Die vierköpfige Familie vor mir trägt Rot-Weiß, alle haben die gleichen T-Shirts an mit einer schnörkeligen Liebeserklärung an die Insel auf der Brust. Marion und Hans sind zum neunten Mal auf Mallorca, erzählen sie der stark geschminkten Spanierin am »Hello-Auto«-Häuschen, die sich über den großen Zuspruch für ihre Heimat freut und die vier deutschen Vorzeigetouristen mit einem größeren Auto belohnt. Ich bin vermutlich zum neunzehnten Mal hier, aber da mir gerade jegliche Lust auf Smalltalk fehlt, werde ich nicht versuchen, Señora Santos zu einem größeren Fahrzeug zu überreden. Zum Glück ziert meine Gemütslage nicht mein Oberteil, denke ich und überlege, ob es ein einzelnes Wort für mein Befinden gibt. »Fuck« finde ich irgendwie primitiv. Und »Eineverdammteriesenscheiße« passt nicht auf mein Dekolleté.

In einem schwarzen Van fahren mein Bruder und ich an der Kathedrale von Palma vorbei, immer am Wasser entlang. Wir passieren ein Bürohaus an der Promenade, in dessen achtem Stock mal der Name unseres Vaters an der Tür stand, darunter der Zusatz »Immobilienmakler«. Wie viele Jahre das her ist? Ich weiß es nicht mehr. Damals klingelte ständig das Handy von Papi, er hatte viele Termine, wirkte glücklich, geschäftig und zuversichtlich. Mindestens zehn

Jahre, schätze ich. Die darauf folgende »ruhigere« Zeit, wie mein Vater die Jahre ohne Aufträge fast liebevoll nannte, dauerte gefühlt schon ewig an.

Mein Bruder und ich reden nicht viel. Meer, Palmen, rotbraune Felder fliegen an uns vorbei. Es riecht nach Sonne und Lebenslust, die Schönheit Mallorcas zieht uns schnell in ihren sommerlichen Bann. Ich konnte meinen Vater immer gut verstehen, hier leben zu wollen. Und ich hätte mich sehr für ihn gefreut, wenn er die nächsten Jahre neben Nachbarn mit Namen wie José und Carlos in der Abendsonne auf der Veranda hätte sitzen und Backgammon spielen können. Doch der Traum ist vorbei. Sein Traum ist vorbei. Und mein Bruder und ich sind das Rollkommando, die Blase platzen zu lassen.

Das kleine Haus liegt am Rand von Palma in einer ruhigen mallorquinischen Nachbarschaft. Fast drei Jahre hat Papi hier gelebt. Fast zwei Jahre keine Miete mehr gezahlt. Wie ein gut geschulter Vertreter kann mein Vater Menschen von aussichtslosen Geschäften überzeugen. Sich selbst am allerbesten. Mit geradezu kindlicher Begeisterung und grenzenlosem Optimismus ließ er in den vergangenen Jahren Luftschlösser vor seinem inneren Auge entstehen. Detailgetreu beschrieb er einzelne Entwicklungsschritte, weckte Interesse und Zustimmung bei seinen Zuhörern. Doch zu oft verpuffte die ursprünglich gute Idee, weil Geldgeber fehlten, andere schneller waren oder mein Vater sich inzwischen auf etwas anderes konzentriert hatte.

Gut zwei Jahre hatte er mir an unseren Telefonsonntagen von dem bevorstehenden Vertragsabschluss mit dem Inhaber einer großen deutschen Bekleidungsfirma erzählt. »Das Anwesen im Osten der Insel, das entspricht genau seinen Vorstellungen, da bin ich sicher«, beteuerte er immer wieder. Die Vorlieben des Interessenten: Eine Finca mit viel Land drumherum, auf dem der neue Besitzer gern jagen möchte. Natürlich habe er dem steinreichen Textilmogul aktuelle Fotos des Objekts geschickt, er sei ja nun nicht blöd, raunzte mein Vater mich an, wenn ich gezielter nachfragte zur Entwicklung des Projekts. Viele Monate später, ich hatte das Nachfragen inzwischen aufgegeben, erwähnte er, der Deal mit dem Kleidungskönig habe nicht geklappt. »Weißt du, das ist ein vielbeschäftigter Mann, so wichtig ist ihm das Haus in Spanien wohl nicht gewesen«, erklärte Papi mir seine vergeblichen Bemühungen. Persönlich gesprochen, zumindest mal am Telefon, habe er übrigens auch nie mit ihm, erfuhr ich noch nebenbei. »Musste ich aber auch gar nicht, ich hatte ja von Bekannten eine gute Information, was der Herr gesucht hat«, versuchte mein Vater meine Sprachlosigkeit zu überspielen.

Wie viele Stunden hatte ich mir die Pläne für dieses »so besondere Objekt« angehört – von denen der angeblich »äußerst interessierte« Geschäftsmann vermutlich nie etwas gehört, gesehen oder gelesen hat. Ich war platt. Beendete das Gespräch und konnte eine gute Stunde nicht aufhören, den Kopf zu schütteln und gelegentlich »Ich fasse es nicht« laut vor mich hin zu fluchen. Doch das ist lange her, und ich fange an, mich nach dieser Zeit zu sehnen, als noch eine gewisse Distanz zwischen uns lag und sich das nur am Telefon abspielte. Denn jetzt ist alles viel zu nah. Mein Bruder biegt in die kleine, staubige Einbahnstraße ein. Papis silberner Kleinwagen steht vor der Gartentür. Bevor ich aussteige, atme ich tief ein und aus. »Das wird schon«, denke ich. »Irgendwie.«

Laut röchelnd kommt der Hund auf uns zugestürzt. Er springt mich an, reißt mich mit seinen zehn Kilo Übergewicht fast in den Kakteenbaum. Die Rasse Labrador lässt sich nur noch erahnen, der Körper völlig überfüttert, das Fell stumpf, die Barthaare und Wimpern sind ausgefallen. Die Schnauze ist übersät mit offenen Stellen. Das Gesicht meines Bruders versteinert, als er den Zustand des Tieres sieht. Ich empfinde Ekel gegenüber dem Hund, den ich als tapsigen, süßlich riechenden Welpen einen Sommer lang nicht von meiner Seite weichen ließ. Sogar seinen treuesten Gefährten hat mein Vater offenbar sich selbst überlassen.

470 Euro werde ich in Hamburg nur in den ersten vier Wochen in den Wiederaufbau des Tieres investieren. »So einen starken Milbenbefall habe ich bei einem Hund noch nie gesehen«, wird die Tierärztin später sagen. Und mein Vater wird, leider wie so oft, alles kleinreden. Die Veterinärin sei noch jung und unerfahren, seinem Tito sei es immer gut gegangen, der müsse nur mal geduscht werden, dann höre der Juckreiz auf, wegen dem sich der Hund die Lefzen blutig kratze. Da war sie wieder, diese manchmal sehr eigene Realität, die nur mein Vater sah.

Sechsmal hatte ich mit Papi telefoniert, ihn gebeten, alles rauszulegen, was er mitnehmen möchte. Das, was wegkann, solle er bitte zur Deponie bringen. Doch nichts ist gemacht. Einzig die silbernen Kerzenständer seiner Mutter sowie vier silberne Bilderrahmen, die ich ihm mal zu Weihnachten geschenkt hatte, liegen auf dem schwarzen Ledersofa, das dem Hausinhaber gehört. Ist das alles, was ihm wichtig ist? Mein Vater war nie sehr materiell eingestellt, aber diese paar Fotorahmen und Silberständer zeigen, wie anspruchslos er geworden ist. Er hängt an keiner Villa, an keinem Sportwagen oder teurem Gemälde. Er hängt an Mallorca, an seinem einfachen Leben auf der Insel – von dem er sich morgen Vormittag auf unser Drängen hin verabschieden muss. Der kleine Haufen Silberkram macht deutlich, wie wenig bereit mein Vater ist, Mallorca hinter sich zu lassen und zu gehen.

Als ich später am Abend Papis Kleiderschrank durchsehe, erlebe ich eine kleine Zeitreise. Seit vielen Jahren muss mein Vater etliche seiner Sachen nicht mehr getragen haben. Drei Smokings hängen auf der Stange, der eine ungetragen, der andere das letzte Mal zu meinem Abtanzball der Tanzschule, vor siebzehn Jahren. In einem edlen Tweedjackett, das vermutlich seit fünfzehn Jahren nicht mehr passt, finde ich ein verlassenes Mäusenest. Eine grüne Cordhose ist steif wie ein Brett, an einer anderen hängt noch das Preisschild. »Das muss alles mit«, sagt mein Vater vergrätzt zu mir, als er in sein Schlafzimmer kommt und mich mit einer senfgelben Sommerhose in der Hand sieht. »Ich habe kein Geld, um alles neu zu kaufen.« Etwas oberflächlich, mit schneller Handbewegung, geht er seine Sachen im Schrank durch, sagt erneut: »Alles muss mit, hörst du?« Dann geht er raus, setzt sich wieder an den Schreibtisch im Arbeitszimmer und starrt auf die geschlossenen Fensterläden.

Bis morgens um vier räumen mein Bruder und ich das Haus leer. Füllen alle Müllcontainer in der Nachbarschaft mit Exposés nie verkaufter Fincas, mit alten Klamotten aus der Zeit, als ich noch ein Kind war. Und Papi zwanzig Kilo leichter. Während mein Bruder und ich schleppen, räumen und packen, ordnet der Hausherr Unterlagen. Ohne ein Wort geht er Papier für Papier der Dutzenden Leitz-Ordner durch, als würde er Zeit schinden, den Abschied hinauszögern wollen. Das Ende seines Lebenstraums steht vor ihm, und das ausgerechnet in Gestalt meines Bruders und mir, die wie ein Gerichtsvollzieher seine Sachen durchgehen und beschließen, was mitkommt, was in den Müll wandert oder welche Dinge an seine Putzfrau verschenkt werden. »Das Faxgerät müssen wir mitnehmen, das kostete mal 200 Mark«, sagt er, wohl eher, um überhaupt etwas zu sagen. »Und den Computer auch, der ist wie neu.« Den Computer, der vor fünf Jahren neu war, benutzte er seit jeher als Schreibmaschine. Jeden Sommer schrieb ich mit dickem Filzstift eine Anleitung auf ein DIN-A4-Blatt, wie man E-Mails verschickt. In keinem Jahr wurde sie gelesen und schon gar nicht befolgt. Aber in jedem Jahr neu dringlich verlangt.

Einige Freunde kommen im Laufe des Abends vorbei, Papi hat ihnen wohl gesagt, es gebe ein paar Dinge wie Fernseher, DVD-Player und Ähnliches abzugeben. Uschi aus

Düsseldorf betont mehrfach, wie traurig es sei, dass der Karl nun von der Insel geht. Anita aus Bonn sagt mit zitternder Stimme, dass sie nicht weiß, mit wem sie im Sommer jetzt Wein trinken und lachen soll. Und der kleine Sohn von Papis Haushaltshilfe umklammert das Bein meines Vaters. Dicke Tränen laufen über seine gebräunten Wangen. Auf Spanisch schluchzt der vielleicht Fünfjährige ein paar Worte, von denen ich nur die Hälfte verstehe. Meinem Vater treiben die lieben Worte das Wasser in die Augen. Er nickt nur, streichelt dem Jungen über den Kopf.

Ich freue mich über so nette Menschen, über gute Freunde, die mein Vater in all den Jahren im spanischen Ausland gewonnen hat. Reiche und arme Leute, einfache und schnöselige Menschen, und jeder auf seine Art liebenswert. Papis bester Freund, ein Mallorquiner mit einem Herz aus Gold, ist schon vor zwei Jahren in die Karibik ausgewandert. Er fehlte meinem Vater, das erwähnte er oft. »Du bist jederzeit herzlich willkommen, Karl«, ruft Uschi zum Abschied aus ihrem silbernen Mercedes heraus. »Ja, gern, ich komm bald wieder«, erwidert Papi leise und kann nicht weitersprechen. Er presst die Lippen zusammen, geht mit seinem Hund ins hell beleuchtete Haus und setzt sich an den leeren Esstisch. »Das hab ich mir anders vorgestellt, nicht wahr, Tito?«, sagt er traurig und guckt den Hund an, als würde er auf eine Antwort von ihm warten. Und dann sagt er den Satz, den er besonders nach Vorwürfen immer mal wieder ausspricht: »Ich hätte einfach mit dem Auto die Klippen runterfahren sollen, dann hättet ihr gar nicht extra herkommen müssen.«

Du hättest dir einfach deine Rente damals nicht auszahlen lassen dürfen, denke ich. Du hättest ehrlicher zu dir selbst sein müssen. Und realistischer. Und während mir noch etliche Punkte einfallen, in welchem Fall wir nicht extra hätten kommen müssen, frage ich mich, ob mein Vater jemals darüber nachgedacht hat, wie sein Lebensabend ohne Altersvorsorge laufen sollte. Und wie die damit verbundenen

Sorgen, Bemühungen und Zahlungen uns Kinder schon oft umgetrieben haben. Ich werde ihn das in einem passenden Moment fragen, nehme ich mir vor. Aber jetzt ist nicht der richtige Zeitpunkt. Traurig genug, dass wir überhaupt unter diesen Umständen hier zusammensitzen müssen, da will ich Papi nicht noch zusätzlich quälen.

Nach drei Stunden Schlaf ist die Familienkutsche gepackt, mein Vater wortkarg, das Haus noch halb voll. Ohne unser Wissen hat Papi den Hausinhaber für elf Uhr bestellt. »Lass mich mal machen, ich werde dem schon erklären, dass ich jetzt los muss«, versucht mein Vater uns zu beruhigen. Eine schlechte Idee, wie wir finden. Also sind wir bereits weg, als der Vermieter, der meinem Vater für den nächsten Monat die Räumung angekündigt hatte, kommt. Auf der Flucht. Drei Stunden hocken wir wie eine gestrandete Familie des RTL-II-Formats »Die Auswanderer« in einer schicken Bar im Hafen von Portals Nous.

Hoffentlich treffen wir niemanden, denke ich. Denn irgendwen kennt mein Vater eigentlich immer, in jedem Bergdorf der Insel. Er ist gut vernetzt, weil er gern plaudert, sich eigentlich für alles interessiert und immer direkt auf andere Menschen zusteuert. Und nicht selten schnappt er in Gesprächen mit neuen Bekannten Dinge auf, in der Regel Geschäftsideen, die ihn nachhaltig begeistern. So steckte mein Vater in all den Jahren auf der Insel nacheinander viel Zeit und Geld in die Planung einer Straußenfarm, die Etablierung einer deutschen Bäckereikette und in die Optimierung der Exportwege von mallorquinischen Mandeln für einen norddeutschen Marzipanproduzenten. Übers Telefon klang alles stets durchdacht und kurz vor der Umsetzung. Doch real waren die jeweiligen Projekte leider nur im Kopf meines Vaters. Mir wär's egal gewesen – ob Straußen schlachten, Teig kneten oder Mandeln pflücken –, ich hätte alles lieber gemacht, um Papi zu unterstützen, als einen solchen Hals-über-Kopf-Abbruch des Insel-Traums zu organisieren.

Nur zwei Tische weiter Richtung Wasser saß ich fünfzehn Jahre zuvor mit meiner spanischen Ferienliebe. Er war Mallorquiner, hieß Ramón und hatte Augen wie Nougatschokolade. Ich erlebte die Insel von der Seite der Einheimischen, ging in Clubs, in denen keiner Sangria mit weichem s bestellte, und fand es cool, mit dem schicken dunkelgrünen Mercedes meines Vaters vorzufahren.

Doch oft genug flog ich nach drei, vier Wochen Inselleben mit Vaddern zurück nach Hamburg und war urlaubsreifer als vorher. »Niemals einfach die Tür öffnen, wenn es klingelt«, sagte mein Vater in einem Sommer mal zu mir. Wieder lebte er in einer neuen Wohnung, wieder lächelten mir Fremde aus den Bilderrahmen im Wohnzimmerregal entgegen, und wieder wusste ich, dass mein Vater hier nur vorübergehend bleiben würde. »Ignoriere es einfach, wenn jemand an der Tür ist«, sagte er verkrampft, als ich gerade zu Bett gehen wollte. Ein Geschäft mit russischen »Geschäftspartnern« sei schiefgegangen, erklärte er auf meine verunsicherte Nachfrage. Eigentlich habe er ja mit all dem gar nichts zu tun, versuchte er mich zu beruhigen. »Aber mein Name steht als Geschäftsführer auf dem Papier«, schob er leise hinterher. Und nun sei es möglich …, na ja, ich wisse schon. »Nee, ich weiß gar nichts«, antwortete ich genervt, »vor allem nicht, warum ich die Tür nicht öffnen soll, wenn es klingelt.«

Und noch bevor ich aus meinem Koffer die baumwollene Ausrüstung für zwei Wochen allerbeste Urlaubslaune auspacken konnte, war ich nicht sicher, ob ich nicht lieber gleich wieder nach Hause fliegen sollte.

In der folgenden Erzählung meines Vaters fielen Schlagworte wie Interpol, Zigarettenschmuggel, Russenmafia. Anstatt Urlaub à la Inga Lindström war es mit Papi manchmal eher ein schlechter Krimi. »Gute Nacht«, rief er zehn Minuten später den gefliesten Flur der ausgeliehenen Wohnung runter. »Gute Nacht«, rief ich zurück und hoffte, dass alles anders sei, wenn ich am nächsten Morgen aufwachte. Sonne, Strand und Meer ließen mich das »missglückte« Geschäft mit den Russen vergessen, doch ich sah, dass es meinen Vater umtrieb. Er sagte es damals nicht direkt, aber ich merkte, wie er sich häufig in Gedanken verlor, grübelte, sich nicht mehr wohl in seiner Haut fühlte. Vielleicht spürte er tatsächlich, dass es so nicht weitergehen konnte, dass kein Geld reinkam. Dass er verzweifelt genug war, sich mit Leuten einzulassen, von denen er jedem seiner Freunde abgeraten hätte. Und dass er zu alt war, um ein weiteres Mal neu anzufangen.

Eine ausladende weiße Luxusyacht macht direkt vor unserem Tisch fest. »Eternity« steht in silberner Schnörkelschrift vorne am Bug. Ein gebräunter Dandy steigt mit seiner straff gespritzten Eule über den Steg an Land. Sie beachten uns nicht, gehen mit einem weißen Knäuel an der Glitzerleine ins »Tristan«, das teuerste Restaurant am Hafen. Ich frage mich, wie der neureiche Schlappenträger wohl zu so viel Kohle gekommen ist, und werde immer unruhiger. Der Hund nervt, mein Vater wird melancholisch, mein Bruder schläft im Sitzen. Und während mein Herz sich seit dem Abflug in Hamburg nicht wirklich beruhigt hat, spiele ich im Kopf zum gefühlt 200. Mal die Szene durch, wie Papi beim Einchecken am Flughafen von der spanischen Policia angehalten wird, weil der Vermieter endlich Bares sehen und keine Ausreden mehr hören will. Und ich sehe mich die nächsten Jahre wieder nach Mallorca fahren. Nicht mehr allein ins kleine Haus in Son Vida, sondern mit meinem Bruder ins Centro Penitenciario de Palma, das Inselgefängnis.

Mit dem Hund an der Leine renne ich durch die Check-in-Halle. Mir ist unwohl, ich fühle mich, als würden uns etliche Augen beobachten. Wir sind viel zu früh dran, der Flieger geht erst in knapp vier Stunden. Aber da ich noch nie einen Hund »eingecheckt« habe, will ich rechtzeitig da sein. Mein Bruder erinnert mich an die Beruhigungstabletten. Absolut richtig, denke ich, und hole meine Packung Tranquelizer aus der Tasche. Seit Jahren schon fliege ich nur noch mit diesen rezeptpflichtigen Happy Pills. Ich teile die hellblaue, längliche Tablette, werfe sie mir in den Mund und frage meinen Bruder nach der Wasserflasche. »Ich meinte die für den Hund«, sagte er irritiert. Richtig, da war noch was. Auch Tito hat Angst vorm Fliegen, so hatte es der Tierarzt zumindest meinem Vater erklärt, als er für ein paar Euro dem kranken Tier ein tipptopp Gesundheitszeugnis ausgestellt hat. Also hole ich die andere Pillenpackung aus der Tasche, drücke die weiße, pulverige Linse aus dem Alupapier und halte sie Tito hin. Der Hund schnüffelt kurz an meiner Hand und guckt mich erwartungsvoll an. Ich weiß sehr wohl, dass Hunde Tabletten lieber versteckt in einem saftigen Berg Hundefutter verschlingen, aber ich habe gerade kein Chappi zur Hand. Ein Hamburger würde es auch tun, überlege ich. Die vielen Restaurants sind allerdings in der Abflugetage im ersten Stock. Ich aber brauche jetzt sofort irgendwas, damit mir der Hund aus der Hand frisst. Die Lösung aus der Kaffebar neben dem Gepäckband: Salt & Vinegar Chips. Und da die Minitüte nur ungefähr sechs getrocknete Kartoffelspalten bereithält, muss es direkt klappen. Ich stecke die Chips in den Mund, kaue kurz, spucke die klebrige Masse in meine Hand, rolle sie zur Kugel und drücke die Tablette in die Mitte. Dann knie ich mich zu Tito, halte ihm die Murmel mit der Wunderfüllung hin – weg ist sie! »Danke«, sage ich ihm in seine treuen Hundeaugen und merke, dass er mindestens so nervös ist wie ich. Ich verabschiede ihn, wünsche ihm einen guten Flug, streichle ihm noch mal über den Kopf, verschließe das Gitter seines grauen Reisekanisters und hoffe, dass er alles gut übersteht. Er ist in keinem guten Zustand. Irgendwie sind wir das heute alle nicht.

Auf dem Weg zu Papi und meinem Bruder gehen mir tausend Sachen durch den Kopf. Es macht mich so wütend, dass mein Vater in den vergangenen Jahren nicht ein einziges Mal Glück hatte. Dass nichts so gelaufen ist, wie er es sich vorgestellt hat und wie ich es mir für ihn gewünscht habe. Hätten wir ihn mehr unterstützen müssen? Hätte man noch öfter kommen sollen, um mit ihm nach Lösungen zu suchen? Aber wie hätten diese ausgesehen? Letztlich habe ich mir über Jahre Papis Visionen am Telefon angehört und nicht selten gebetet, dass es läuft. Und auch wenn ich oft gemerkt habe, dass hinter seiner Euphorie über irgendein Geschäft in Wahrheit die Furcht vor Misserfolg mitschwang, wollte ich oft einfach glauben, dass es klappt. Genau wie er. Mein Vater suchte nicht das große Geld, er brauchte nichts Extravagantes. Wichtiger war ihm, dass das, was er hatte, von guter Qualität war. Am liebsten hatte er sowieso die Sachen, vom Sakko bis zum Sessel, die schon dreißig Jahre alt waren.

In jedem Spanier, der mir entgegenkommt, sehe ich den Vermieter meines Vaters. Er muss inzwischen im von uns verlassenen Haus angekommen sein. Und ich bin sicher, dass er ein paar Fragen an Papi hat. Und eine finanzielle Forderung, die mein Vater in seinem Leben nicht mehr aufbringen kann.

»Hast du die beigen Cordhosen?«, fragt mein Vater mich, bevor ich mich erschöpft neben ihn setzen kann. »Weiß ich nicht, ich denke, ja; ich habe sie eingepackt«, antworte ich. Was weiß ich, was genau in den Koffern drin ist? Ich hatte in den vergangenen 24 Stunden so viele Klamotten in der Hand, »irgendwas wird schon passen«, antworte ich in der Hoffnung, meinen Vater zu besänftigen. Doch der kommt gerade erst in Fahrt. »Du hast doch diverse wichtige Sachen dagelassen. Weißt du, ich glaube, es ist dir nicht klar, aber ich habe kein Geld, um mir das alles neu zu kaufen. Du etwa?«, fragt er mich provozierend. Und trotz totaler Erschöpfung springe ich auf sein frustriertes Gemecker an: »Wenn hier jemandem klar ist, dass du kein Geld für Cordhosen hast, dann mir. Aber jetzt schenken wir dir und dem Hund erst mal den Flug nach Hause, Vaddern. Und ich bin mir sicher, das ist erst der Anfang. Aber falls die gute beige Cordhose nicht in einem der drei Koffer sein sollte, kaufen wir dir selbstverständlich eine neue.«

Viel mehr wird nicht gesprochen, bis die Maschine vom Boden abhebt. Trotz der kurzen Nacht und einer meiner Wunderpillen finde ich nicht in den Schlaf. Zum ersten Mal wünsche ich mir trotz Flugangst, die Flugzeit würde immer länger werden. Dass es noch ewig dauert, bis wir landen. Dass wir am besten so lange am Himmel kreisen, während ich schon mal Anträge für Unterhalt, Sozialwohnung, Rente und Krankenversicherung für meinen Vater stellen kann. Zwischendurch müsste ich noch schnell einige Telefonate führen und eine Wohnung für ihn finden, seine Möbel aus dem Speicher von Freunden holen und den Umzug machen.

Es piept, die kleinen roten Lampen neben dem Anschnallzeichen leuchten. Wir sind im Landeanflug, und in meinem Kopf schwirren immer noch etliche unbeantwortete Fragen. Wie wird es weitergehen? Wie lange wird es dauern, bis wir eine Wohnung für Papi gefunden haben? Zu welchen Ämtern muss ich mit ihm? Was wird das alles kosten? Was brauchen wir als Erstes? Und wie geht das überhaupt alles?

Mein Vater reagiert nicht auf die Sicherheitsaufforderung, sein Anschnallgurt hängt neben dem Sitz, die Flugbegleiterin erinnert ihn, Papi nickt nur, greift nach der Schnalle und behält sie in der Hand. Sein Blick ist leer. »Was soll ich in Hamburg?«, sagt er leise. »Da sind deine Kinder«, antworte ich verletzt. Er guckt mich nicht an, schüttelt nur mit dem Kopf. Ich weiß nicht, ob es Wut ist, die in seinen Augen steht. Oder einfach Angst. Er erzählt es nicht. Aber sein Blick birgt so viel Traurigkeit, wie ich sie noch nie bei ihm gesehen habe. Die Ankunft in seiner Heimat ist gleichzeitig das vorzeitige Ende des von ihm gewählten letzten

Lebensabschnitts. Und es ist ein Scheitern, das Ende seiner Selbstbestimmtheit.

Lara

Ich laufe über schwarz-weiß gesprenkeltes Kliniklinoleum, die Flure, die Glastüren wollen nicht enden, grau und 90er-Jahre-türkis ist es überall hier. Ich trage eine gestreifte Strickjacke, die ich sonst nie anhabe. Aber was soll man auch anziehen an so einem Tag? Nein, schockiert sein werde ich nicht, denn ich kenne das ja schon mein ganzes Leben: Wenn mein Vater etwas macht, dann richtig, und das gilt auch für Katastrophen. Wie ich so durchs Krankenhaus laufe und Zimmer 18 auf Station 4b suche, den Raum, in den irgendjemand meinen desorientierten Vater geschoben hat, nehme ich mir vor, nichts zu erwarten, aufs Schlimmste gefasst zu sein. Aber was wäre das eigentlich, das Schlimmste? Dass er ausflippt, mich überhaupt nicht mehr erkennt, er mich abstößt, weil er ausspricht, was sonst im sozialen Filter hängen bleibt, dass Ekliges oder Gemeines an die Oberfläche kommt, Sachen, die ich nicht hören will? Wie wird es sein, ihn gleich zu sehen? Oder den, der er jetzt ist?

Mein Vater Gert liegt seit vier Tagen in einem Berliner Krankenhaus, seit meine Tante Sabine ihn nur in Unterhose auf dem Sofa seiner Wohnung gefunden hat, auf der dunkelroten Couch, auf der noch vor einem Jahr seine Patienten mit ihm über ihre Ängste sprachen, ihre Depressionen, über die schwierige Beziehung zur Exfrau. Mit gebrochener Schulter kauerte er da, aber viel zu weit weg vom Leben, um Schmerzen zu fühlen. Ununterbrochen redend, ohne Anfang und Ende, ohne Zusammenhang, ohne Kraft, sich anzuziehen oder zu essen.

Es ist fast Mittag, ich stehe im Bademantel in meiner Küche in Hamburg und mache Tee, als meine Tante Sabine anruft. Meine Tante meldet sich zum Geburtstag und zu Weihnachten, und da heute nur irgendein Tag im April ist, weiß ich: Es ist was mit Papa. Und so ist es. »Lara, wo sind denn bloß Gerts Zähne?«, weint Sabine am Telefon: »Die Zähne sind weg, ich hab überall gesucht, aber ich finde sie nicht. Ich kann das nicht mehr verantworten hier. Er kommt mir vor wie jemand, der sich ins Delirium gesoffen hat.« Sie gibt das Handy – ich vermute zur Beweisführung – meinem Vater, und ich bin erleichtert, dass er zumindest noch telefonieren kann.

»Papa, was machst du denn für Sachen? Wie geht es dir?«

»Miserabel. Ich muss verstrahlt worden sein. Fukushima. Die nukleare Katastrophe.«

»Aber das ist doch sehr unwahrscheinlich, dass du als Einziger hier in Europa davon was abbekommen hast, so weit kommt das doch nicht, meinst du nicht auch?«, versuche ich ihn zu beruhigen und selbst die Fassung zu wahren.

»Doch, durchaus!«

»Aber wir sollten dich trotzdem ins Krankenhaus bringen.«

»Vielleicht noch vierundzwanzig Stunden warten, wie sich das Ganze entwickelt. Aber entscheide du, du bist wohl die Vernünftigere von uns beiden.«

Dazu gehört in diesem Moment auch nicht viel. Mein Vater spricht undeutlich – logisch, so ohne Zähne – und mit schwerer Zunge. Manches klingt sinnvoll, aber wahrscheinlich setzt er einfach nur irgendwelche Phrasen zusammen, Fragmente aus der Zeit, in der noch alles zusammenpasste, in der Uhrzeiten und Orte noch eine Bedeutung hatten. Ich versuche, auf den offensichtlichen Wahnsinn, in den mein Vater durch irgendetwas – von dem ich nichts weiß – geraten sein muss, einigermaßen vernünftig zu reagieren.

»Papa, wo hast du denn deine Zähne hingelegt?«

»Das weiß ich doch nicht.« Die Frage findet er offenbar ebenso absurd, als hätte ich von ihm wissen wollen, wie noch mal das Abschlusslied hieß, das 1992 in meinem Jugendferienlager in Portugal immer gespielt wurde. Klar, dass er das nicht wissen kann, schließlich spielte er zu dem Zeitpunkt, als er seine Teilprothese abgelegt hat, wohl noch in einem realeren Film mit. Das hoffe ich zumindest, denn nur dann bestünde eine leise Hoffnung, sie an einem Ort wiederzufinden, der ansatzweise nachvollziehbar ist. Und nicht etwa in einem Blumentopf auf dem Balkon oder im Werkzeugkasten.

Dann ist wieder meine Tante dran: »Das bringt jetzt nichts. Lara, es sieht hier so schlimm aus. Dein Vater redet nur dummes Zeug. Die Bettdecke ist auch verschwunden. Was soll ich machen?«

Obwohl mir vor allem der Gedanke an die Umstände, unter denen das Federbett verloren gegangen sein könnte, ziemliches Unbehagen bereitet, fühle ich eine merkwürdige Ruhe. Denn ich habe darauf gewartet, dass etwas passiert, nur wusste ich eben nicht, was es sein würde. Und wann es kommen würde. Anzeichen gab es genug. In letzter Zeit wusste Papa manchmal nicht mehr, ob es morgens oder abends war, meinen Besuch hatte er einen Tag später vergessen. »Nein, Lara ist gar nicht gekommen«, sagte er dann enttäuscht zu meiner Tante. Und die wunderte sich, dass ich ihn angeblich hängen ließ.

Die Nummer vom Psychiatrischen Notdienst, die ich im Internet finde, ist offenbar nicht mehr gültig. Und ich frage mich, zu wie viel Selbstbeherrschung ein Mensch in der Lage sein muss, der Hilfe braucht, um etwa seinen paranoiden Mitbewohner davon abzuhalten, die Zwergkaninchen der Nachbarin mit der Armbrust hinzurichten, um vorher noch bei der Auskunft die richtige Nummer rauszukriegen. Zumal man unter der Nummer 11-88-0 auch nur mit der veralteten weiterhelfen kann. Ich werde wohl eher zufällig irgendwann an die richtige Stelle weitervermittelt – nicht auszudenken, wie das Szenario mit den sympathischen Nagern inzwischen ausgegangen wäre.

»Ich melde mich, weil es meinem Vater nicht gut geht«, sage ich der Frau bei der Notfall-Hotline. »Jemand muss nach ihm sehen.« Wie erkläre ich ihr jetzt in ein paar Sätzen sein Leben? Und was davon hat überhaupt mit seinem jetzigen Zustand zu tun? Ich kann es nur vermuten – und erkläre: »Mein Vater ist jetzt 61, er ist depressiv seit ich denken kann. Bis vor 20 Jahren war er opiatabhängig. Und vor vier Jahren hat sich seine Frau das Leben genommen, seitdem geht es ihm immer schlechter, in den letzten Monaten ist er oft völlig desorientiert und findet sich gar nicht mehr zurecht. Vor acht Tagen hab ich ihn noch gesehen, aber seitdem muss irgendwas passiert sein. Ich habe das Gefühl, jetzt hat er den Verstand verloren.«

Die Frau am Telefon lässt sich nichts anmerken. Wahrscheinlich telefoniert sie den ganzen Tag lang mit Angehörigen von Menschen, die glauben, ein Verhältnis mit dem Papst zu haben oder die Reinkarnation von Roy Black zu sein. Trotz ihrer offenkundigen Abgeklärtheit findet sie aber auch, dass jemand nach meinem Vater sehen sollte, sie hat kaum Fragen. »Wir kommen aber erst in einer Stunde, ich muss auf meinen Kollegen warten«, sagt sie; »allein kann ich nicht zu so einem Einsatz fahren, das ist zu gefährlich.« Zu so einem Einsatz? Für mich klingt das komplett absurd, denn meinen Vater könnte man als die, auf 170 schmächtige Zentimeter verteilte, personifizierte Sanftmut beschreiben. Aber das kann die Frau vom Notdienst ja nicht wissen. Und überhaupt: Papa scheint gerade nicht mehr viel mit dem Mann zu tun zu haben, an dessen Hand ich mal laufen gelernt habe. Wer kann beurteilen, ob er den Besuch der Rettungskräfte nicht als Überfall wertet und versucht, sich zu verteidigen?

Als ich aufgelegt habe, rufe ich meine Tante an und sage ihr, dass sie noch eine Stunde durchhalten muss, eine Aufgabe, um die ich sie nicht sonderlich beneide. Fast bin ich froh, dass der Zeitpunkt da ist, an dem er sich nicht mehr gegen Hilfe von außen wehren kann. Und wir endlich etwas für ihn tun können.

Bis meine Tante sich wieder meldet, vergehen viele Tassen schwarzer Tee mit Milch, ein Film mit Sebastian Koch als Ehebrecher, für den ich einen wohlwollenden Mitteldaumen vergeben würde, und die Erkenntnis, dass man auf Katastrophen in Wirklichkeit gar nicht so reagiert wie im Abendprogramm des öffentlich-rechtlichen Fernsehens, weder im stummen Schrei vor der Badewanne zusammenbrechend, noch entrückt an die Wand starrend. Ich fühle in diesem Moment keine Angst oder Verzweiflung, sondern habe erst mal nur die Ahnung, dass ich in nächster Zeit viele Dinge tun muss, die ziemlich unangenehm werden könnten. Und für die mir die Zeit fehlt.

Als Tante Sabine sich spätabends wieder meldet, erfahre ich, dass sie Papa gerade operieren, die Schulter sei kompliziert gebrochen. Warum, weiß er nicht mehr. Der junge Arzt, der Papa in der Notfallchirurgie behandelt, hat auch keine Theorie, was mit ihm passiert sein könnte. Ich schon. Aber ich will es nicht glauben, bis es eine Diagnose gibt. Wer sein Betreuer ist, wollen sie von Sabine wissen. Und können nicht fassen, dass er bis heute keinen brauchte. Dass er allein gelebt hat und vor zwei Wochen noch irgendwie seine Steuererklärung hinbekommen hat, chaotisch zwar, aber immerhin. »Nicht adäquat« sei er, sagen die Schwestern später am Telefon, was sich für mich anhört, als würde er ab und zu seine Badeschlappen verlegen oder die Namen der Ministerpräsidenten durcheinanderbringen. Tatsächlich wird die Vollnarkose meinen Vater aber endgültig in eine Welt befördern, in der eine Kernschmelze auch im eigenen Wohnzimmer passieren kann.

Bei meiner Arbeit in der Redaktion wusste ich nicht recht, wie ich erklären sollte, warum ich kurz vor Heftabgabe unbedingt sofort zwei freie Tage brauchte. In einem Artikel darüber, wie es sich anfühlt, wenn man angepasster lebt als seine Eltern, hatte ich maßlos untertrieben – und trotzdem fanden die Kollegen schon die für mich gewöhnlichsten Sachen unglaublich. Wenn ich also jetzt damit rausrückte, dass mein Vater seinen eigenen Namen nicht mehr kannte, keiner würde auch nur das kleinste bisschen Verständnis aufbringen. Ich stammelte also etwas von Unfall und dass er nicht ansprechbar sei. Was ja stimmte. Und obwohl ich natürlich wusste, dass nun alle meinen Vater im Koma wähnten, war mir das lieber als das, was ich ja doch nicht hätte erklären können. Und es hörte sich definitiv schlimm genug an, sodass keiner sich nachzufragen traute …

Im Zug von Hamburg nach Berlin sehe ich Geschäftsleute mit Aktenkoffern und ältere Paare mit vorgeschnittenen Äpfeln und Müsliriegeln in Plastikboxen. Man fährt zu Geschäftsterminen, will den Enkel besuchen oder den Reichstag besichtigen. Wenigstens fragt mich keiner, was ich so vorhabe in der Hauptstadt. Was hätte ich antworten sollen? »Ach, wissen Sie, in Berlin hat es ja jetzt das erste Fukushima-Opfer gegeben. Da es sich um einen nahen Angehörigen handelt, besuche ich ihn im Krankenhaus. Natürlich in entsprechender Schutzkleidung.« Lustig finde ich das in diesem Moment allerdings kein bisschen, ich habe ziemliche Angst, meinem Vater zu begegnen. Denn der glaubt, seit er aus der Narkose erwacht ist, ein Zahnarzt aus Koblenz zu sein.

Auf dem Weg zur Unfallchirurgie folge ich immer einem roten Pfeil, auf dem »Strahlenzentrum« steht. Was für eine Ironie! Mein Vater fühlt sich hier sicher gut aufgehoben, denke ich, so als Fukushima-Patient. Ich muss gar nicht fragen, wo er liegt: gleich neben dem Aufenthaltsraum der Schwestern, in dem einzigen Zimmer auf dem endlosen Flur, dessen Tür weit offen steht. Ich möchte lieber nicht ganz genau wissen, warum er der einzige Patient hier ist, den man offenbar nicht aus den Augen zu lassen wagt. Mein Vater ist schutzlos sich selbst ausgeliefert. Ich sehe ihn schon vom anderen Ende des Flurs im Bett sitzen, schmal, im türkisfarbenen Krankenhaushemd, unbeweglich, starr geradeaus blickend.

Eben am S-Bahnhof habe ich noch gelbe Tulpen bei einer winzigen Asiatin gekauft und einen neuen *Rolling Stone*, seine Lieblingszeitschrift, jetzt komme ich mir lächerlich vor. Wer »nicht adäquat« ist, der liest nicht, der schaut seinen eigenen Film, immer wieder. Der braucht auch keine Tulpen, der erschafft sich welche, wenn sie in die Szene passen. In Papas Science-Fiction-Streifen wachsen bestimmt keine Blumen. Meine Tante hat mir gestern am Telefon erzählt, dass er oft von seiner Hinrichtung redet, auf die er zu warten glaubt. »Heute werden die Hälse geknickt«, sagt er dann und kann es gar nicht fassen, dass keiner außer ihm die Gefahr erkennt. Sabine macht er Angst. Vor dem grauen Honda solle sie sich in Acht nehmen, der folge ihr schon seit Tagen. Gerade jetzt, da warte er vor dem Krankenhaus auf sie. Irgendwie hoffe ich, dass er doch Unterschiede macht und mich, seine Tochter, verschont, mir so was nicht zumutet. Aber wissen kann man das nicht.

In seinem Zimmer registriere ich eine Schnabeltasse mit Kakao und eine mit Saft. Und einen Stapel mit Windeln, die hier Vorlagen heißen, wohl, damit man sich nicht so sehr schämen muss. Mein Vater dreht ganz langsam den Kopf in meine Richtung, sein Blick weit, er lächelt, künstlich irgendwie, aber doch so, dass ich kurz erleichtert bin: Er erkennt mich, wenigstens das! »Guten Tag, ich grüße Sie! Da staunen Sie, was?«, sagt dann der Mann, der so aussieht wie Papa. Und, ja, ich staune, sehr sogar. Darüber, dass er mich wirklich vergessen hat. Dass das, was ich für unauslöschliche Erfahrungen gehalten hatte, einfach verschwunden ist. Und auch mein Anblick keine Erinnerung an sich selbst in der Rolle eines sorgenden Vaters aufkeimen lässt. Im Gegenteil: Er zwinkert kess und wirft mir einen Kussmund zu. Ich glaube, mein Vater findet mich auf eine unangemessene Weise attraktiv, vielleicht sehe ich aus wie meine Mutter, früher, als er sich in sie verliebt hat. Jetzt weiß ich, was das Schlimmste sein würde, das mich erwarten könnte: das hier. Ich warte auf ein erlösendes Lachen von ihm, einen seltsamen Humor hatte mein Vater schon immer, aber es kommt nichts.

Immerhin sind wir wieder per Du: »Meinst du, dass einer von denen der Herr Molinario ist?«, fragt er mich. Er scheint irgendwie in das hässliche Gemälde an der Wand eingetaucht zu sein. Bestimmt hat der Möbelhaus-Kunst nie jemand so viele Stunden Aufmerksamkeit geschenkt wie der Mann mit der Schnabeltasse, er wendet den Blick nie ab. Ich weiß nicht, wer der Herr Molinario ist. Jemand aus einem der Bücher, die sich in Papas Wohnung bis zur Decke stapeln; vielleicht heißt auch der Vermieter der Ferienwohnung am Gardasee so, in die er immer gefahren ist, als seine Frau Gabriele noch lebte. Ich beschließe, ihn nicht zu verunsichern und mich auf seine Welt einzulassen. »Vielleicht der Zweite von rechts«, schlage ich vor. »Möglich.« Es klingt scharf und misstrauisch. Kein Wunder, er kennt mich ja überhaupt nicht. Seine Hände liegen unbeweglich auf der Bettdecke, die Fingernägel sehen aus, als hätte er sie mit der Heckenschere gestutzt. Ich hätte ihn öfter besuchen, ihm mehr helfen müssen.

Ein Rollwagen mit Essbarem hält vor Papas Zimmer. »Was isst der Herr Beer denn gern?«, fragt mich die Schwester, als wäre er gar nicht da. »Kartoffelpüree, Gemüse, bitte kein Kasseler, Fleisch isst er nicht.« Schon landet ein sauciges Stück Kasseler auf dem Teller, extragroß, gibt Kraft. »Könnten Sie ihm behilflich sein?«, fragt die Schwester und ist bereits aus der Tür. Sicher könnte mein Vater allein essen. Genauso, wie er laufen oder zur Toilette gehen könnte. Theoretisch. Aber er scheint seinen Körper gar nicht mehr wahrzunehmen. Er bewegt sich nicht, macht nichts, außer zu sein; ihm tut zum Glück nicht mal etwas weh. Also häufe ich kleine Portionen Püree mit Erbsen und Möhrchen auf einen Löffel und schiebe sie ihm in den Mund. »Schmeckt es dir?« – »Miserabel.« Trotzdem kaut er mechanisch, auch wenn der Mund schon leer ist. Ich häufe weiter, Mund auf, abwarten, nächste Gabel. Mir fällt nichts ein, was ich sagen könnte, und er starrt nur immer auf das furchtbare Gemälde und sucht den Herrn Molinario. Man hört nichts außer einem klackernden Geräusch, wenn der Löffel an seine Zähne stößt. Offenbar hat sie jemand wiedergefunden, und ich wüsste zu gern, wo. Darauf, meinen Vater füttern zu müssen, war ich dann doch nicht vorbereitet. Es macht mir nichts aus, aber mein Herz tut weh.

Als der Teller bis auf das eklige Kasseler leer ist, streichle ich ihm über den Kopf. Das habe ich wohl überhaupt noch nie gemacht. Denn ich wundere mich kurz darüber, wie weich sich seine dichten, dunkelgrauen Haare anfühlen. Draußen, ziemlich weit weg, tschilpt ein Spatz, und mein Vater verzieht schmerzhaft das Gesicht: »Dieser Lärm!«

Nur dreißig Minuten halte ich es hier aus, dreißig Minuten, in denen er mir immer wieder den Rat gibt: »Du musst es unbedingt versuchen«, mir aber nicht verrät, was er damit meint, und von anstehenden Terminen in seiner Zahnarztpraxis faselt. Es klingt wie etwas, das sein eigener Vater früher beim gemeinsamen Mittagessen erzählt haben könnte, der war tatsächlich Zahnarzt. »Tschüß, meine Liebe«, sagt er, als ich gehe, so wie er es immer zu mir sagt. Vielleicht nur ein Reflex, vielleicht auch ein klarer Moment. Aber nicht wirklich ein Grund, Hoffnung zu schöpfen. Mit meinem Bruder wird er zwei Tage später Englisch sprechen, weil er glaubt, er habe es mit dem Chef von Microsoft zu tun. Ich habe ihn überhaupt noch nie Englisch sprechen hören, aber offenbar kennt er sogar technische Vokabeln. Als ich mich noch einmal umdrehe, sehe ich, wie seine Füße hektisch aneinanderreiben; ich möchte zurücklaufen und diese kleine, traurige Gestalt fest umarmen, weiß aber nicht, ob er das als Bedrohung empfinden könnte. Und ob ich dann nicht doch weinen müsste.

Als ich die Klinik verlasse, schlägt mir die Hitze eines viel zu warmen Apriltags entgegen. Fast höhnisch kommen mir die Sonnenstrahlen jetzt vor, über die ich mich noch vor ein paar Tagen gefreut hatte. Ich setze mich auf die moosbewachsene Mauer vor dem Gebäude und kann mich nicht entscheiden, was ich fühlen soll. Das war's, geht es mir durch den Kopf. Und auch als mich meine Freunde später nach meinem Besuch fragen, werde ich sagen, dass mein Vater nun so weit weg ist, dass er nie wiederkommen wird. Ich bin mir sicher, dass ich nun jedes Mal meine Zeit mit diesem Fremden verbringen werde, wenn ich nach Berlin komme. Wo auch immer ich den Mann dann besuchen werde.

Als ich es irgendwann schaffe, von der Mauer aufzustehen, fahre ich mit der S-Bahn in seine Wohnung. Weil meine Tante schon vor mir da war, habe ich keine ganz große Angst, dort auf Unangenehmes zu stoßen. Und bin dann doch überrascht, dass es selbst nach einem ersten groben Aufräumen noch so chaotisch aussieht.

In der Küche stehen die Kaffeetassen von meinem letzten Besuch, acht Tage ist der her. An jenem Samstag war ich mit meinem Freund Jan in Berlin, den dreißigsten Geburtstag eines Freundes feiern. Als mein Vater die Wohnungstür öffnete, schlug uns eine beachtliche Graswolke entgegen. Ich hätte mindestens eine Gruppe von ergrauten Liegefahrrad-Besitzern erwartet, die auf dem Boden sitzend irgendwelche Rauchvorrichtungen in einem stillen Ritual kreisen lassen. Doch es war niemand da. »Papa, hast du was geraucht?«, fragte ich vorwurfsvoll. Eigentlich hätte es ja heißen müssen: Könnte es sein, dass du die Jahresration einer 20-köpfigen jamaikanischen Reggae-Combo vernichtet hast? Aber ich bin schließlich nicht seine Mutter, sondern seine Tochter. Und

Töchter machen ihren Vätern keine Vorhaltungen. Normalerweise. »Ach ja, vor ein paar Stunden ein wenig. Das macht mich ruhiger«, antwortete mein Vater.

Gut, dass wir bis zu ihm zweiundzwanzig Stationen mit der U-Bahn hatten fahren müssen! Denn noch immer war mein alter Herr so von der Rolle, dass er nur knapp mit dem Kopf den offen stehenden Küchentüren auszuweichen vermochte. Das Vorhaben, Kaffee zu kochen, scheiterte kläglich. Erst platzierte er die Wasserkanne schwankend auf der Wärmeplatte der Kaffeemaschine und begann, die Flüssigkeit neugierig zu beobachten, fast, als wollte er sie hypnotisieren. Als nichts passierte, schlugen wir vor, das Wasser vielleicht oben einzufüllen. Papa lachte prustend, hielt sich wie ein kleiner Junge beschämt die Hand vor den Mund. Dann kippte er das Wasser in die vorgesehene Öffnung und wartete gespannt darauf, dass die dunkelbraunen Tropfen herauskämen, sich in der Küche ein warmer Duft verbreiten würde. Doch es kam nichts als trübes Wasser – er hatte das Pulver vergessen.

In diesem Haushalt auf Kaffeepulver zu stoßen, wäre auch in etwa so wahrscheinlich, als würde man in der Wüste Gobi über eine Penny-Filiale stolpern. Tee, Zucker und Nudelsaucen mit Oliven, die Papas inzwischen verstorbene Frau vor Jahren gekauft hatte, waren das einzig Essbare in dieser Küche. Als er dann, leicht balancierend, Kurs auf die Pad-Maschine nahm, bat ich ihn, sich doch lieber hinzusetzen. Ich kochte schwarzen Tee. Er verstrickte sich in einer Geschichte von Donald Duck, seinen drei Neffen und dem schwierigen Verhältnis zu Onkel Dagobert. Mein Vater lachte albern, Jan lachte mit ihm, ich war furchtbar angespannt. Weil ich sehen konnte, dass all das hier nur noch durch dünne Fäden zusammengehalten wurde, dass mein Vater Theater spielte. Weil ich Angst hatte, was er in der Wohnung anstellen würde, wenn er unbeobachtet war. Und weil ich mir außerdem Sorgen machte, dass Jan sich vielleicht doch einen solideren Schwiegervater wünschen könnte.

Jetzt, da draußen die Sonne scheint, sehe ich, wie dunkel seine Wohnung eigentlich ist, fast wie eine Höhle, vollgestopft mit Dingen aus dem gemeinsamen Leben mit Gabriele. Und mit einem Pflanzschrank aus beigefarbenem Plastik, der einen so großen Teil des Schlafzimmers einnimmt, dass dort nur noch Platz für eine schmale Liege bleibt. Aber er schlief wohl in letzter Zeit ohnehin meist zugedröhnt auf dem Sofa vorm Fernseher. Denn all die Graspflanzen, die in dem Monsterschrank gezüchtet wurden, sind abgeerntet. Von den Vorräten ist fast nichts mehr da. Doch die Bewässerungsanlage, die Pflanzkisten und leeren Düngerflaschen, die sich mit alten Möbeln auf dem Balkon stapeln, zeugen noch vom Erntedankfest, das hier wohl seit Monaten täglich gefeiert wurde.

Der Geruch vom letzten Besuch ist jetzt weg. Ansonsten ist alles noch unordentlicher als vorher. Ich komme mir ein bisschen vor wie bei einer Tatortanalyse. Eigentlich wäre ich ja von Beruf gern Profiler geworden, aber in der Wohnung des eigenen Vaters auf Spurensuche zu gehen, macht wenig Spaß. Vor allem, weil man nie weiß, was man findet. In der Küche gab es wohl eine Überschwemmung, die mit Klopapier bekämpft wurde, denn lauter kleine Fetzen des guten Vierlagigen kleben noch am Boden. Die Toilette ist dafür verstopft. Auf der Couch stapeln sich Mahnungen, kryptische Notizen, Überweisungsträger mit fragwürdigen Eintragungen, fünf handschriftliche Listen mit der Reihenfolge der Fernsehsender und ein selbst geschriebenes Gedicht, von dem ich mich nur noch an den Anfang erinnere:

»Der Taliban, der Taliban, der brauchte etwas Lebertran. Und eine Gitarre für das Spiel, das dem Taliban so gut gefiel. Gitarre oder Sturmgewehr, der Taliban, der freut sich sehr …«

Irgendwann in der zweiten Strophe kam dann auch noch Sahra Wagenknecht ins Spiel, aber den Zusammenhang kann ich beim besten Willen nicht mehr nachvollziehen. Und vielleicht gab es auch gar keinen.

Während ich auf einen alten Freund warte, der dem Monstergewächshaus ein neues Zuhause geben will (ganze dreimal muss der mit seinem Jeep ausrücken, um sämtliches Zubehör abzutransportieren!), gehe ich in Papas Refugium auf und ab und suche nach weiteren Indizien für das, was hier passiert sein könnte. In der Gießkanne finde ich eine Schachtel Lorazepam, laut Wikipedia ein schlafförderndes, angstlösendes Psychopharmakon mit starkem Abhängigkeitspotenzial, in der Küche ein Codeinfläschchen, beides leer. Auch Rezepte liegen herum. Mein Vater ist Arzt und Psychotherapeut, verschreiben kann er sich, was immer er gerade zu brauchen glaubt. Allein an den Taschentücherpackungen und Bonbonpröbchen, die man bei einem Apothekenbesuch geschenkt bekommt, erkenne ich, wie oft er dort gewesen sein muss. Es sind so viele, dass ich zwei Plastiktüten damit füllen kann.

Im Wohnzimmer liegt die CD von den Shout Out Louds, die ich ihm zu Weihnachten geschickt hatte. Und von der er mir seither versichert, sie sei in der Post verloren gegangen und nie bei ihm angekommen. Und über seinem Schreibtischstuhl hängt seine blaue Jeansjacke, so als wäre er nur mal kurz weg und würde gleich wieder nach Hause kommen. Ich streiche mit den Fingern über den Kragen, nehme den Geruch meines Vaters wahr und merke, wie eine dunkle Traurigkeit mir die Kehle zudrückt. Es fühlt sich ein bisschen nach Abschied an.

Bevor ich gehe, sammle ich Dutzende leerer Marihuanatütchen aus seinem Brotkasten, kippe die restlichen Grasvorräte, die er in kleinen bunten Dosen aufbewahrt hat, mit in die Tüte. Keine Ahnung, ob Papa hier jemals wieder wohnen wird, aber wenn ja, dann sollte er sicher nichts mehr rauchen. Draußen schmeiße ich alles in einen orangefarbenen Mülleimer und gehe zum Italiener um die Ecke, wo schon meine Tante, mein Onkel und mein Bruder Paul auf mich warten. Durchatmen, Rotwein trinken, Jakobsmuscheln essen. »Gut, dass das ganze Zeug jetzt weg ist, Lara«, sagt meine Tante und legt mir den Arm um die Schulter. »Das hast du richtig super gemacht.« – »Und den Absender hast du ja wohl noch mal gut sichtbar und in Blockbuchstaben draufgeschrieben, als du das Päckchen in den Müll geworfen hast, oder? Falls sich jemand bedanken will …«, scherzt mein Onkel.

Alle sind froh, dass sich die Anspannung ein bisschen löst, alle lachen. Außer mir. Ich merke, wie mir die Farbe aus dem Gesicht weicht, sich die halb zerkaute Jakobsmuschel im Hals quer legt, Panik aufsteigt. Ich hatte vielleicht nicht direkt einen Absender draufgeschrieben, aber ich war so durcheinander, dass ich Papas Rezeptblock mit Anschrift und Telefonnummer mit in die Tüte geworfen hatte. Während sich die Familie darüber amüsiert, welche Verwunderung der Fund bei einem Leergutsammler auslösen könnte, spiele ich in Gedanken sämtliche Horrorszenarien durch: zufällig vorbeistromernde Drogenhunde, Polizeirazzien, Verhaftungen, Junkies, die sich in der Wohnung meines Vaters auf der Suche nach Stoff austoben.

Aber zurückgehen und den Mülleimer plündern? Würde das nicht erst recht verdächtig machen? Und wie sollte ich meiner Familie erklären, dass ich dem aktuellen Desaster noch eins draufgesetzt hatte und alles dafür tat, die Existenz meines Vaters auszulöschen, wenn auch nicht böswillig? Dass ich angerichtet hatte, was er nicht mal im schlimmsten Delirium hinbekommen hatte? Ich beschließe, die anderen erst mal damit zu verschonen, und leide nun ganz für mich allein mehrere Wochen an massiver Paranoia. Immerhin kann ich mich irgendwann so weit selbst beruhigen, dass ich nicht bei den Berliner Stadtwerken anrufe, um mich nach den Abfuhrzeiten zu erkundigen. Trotzdem: Es sind nicht die unbeschwertesten Wochen meines Lebens. Aber mir wird wieder mal eines klar: Was die Inszenierung kleiner und größerer Katastrophen angeht, bin ich eindeutig die Tochter meines Vaters.

Die gute alte Zeit

Lydia

Es gab drei Dinge, die waren für meinen Vater am Sonntag unersetzlich: sein goldbraunes Klapprad, unser sandfarbener Labrador Tito (er hat seinen zweiten Labrador einfach wieder so genannt wie unseren Familienhund) und seine beigebraun karierte Schiebermütze. Alles musste am Ruhetag um zehn Uhr parat sein. Es war Zeit für die Ausfahrt in den Park. In die grüne Lunge des Hamburger Westens. Es war Ende der 80er Jahre.

Als jüngstes Kind wohnte ich auf der Etage meiner Eltern, meine Geschwister hatten das Dachgeschoss der Altbauvilla. Also konnte nur ein Unmündiger die ungeduldigen Rufe meines stets korrekt gescheitelten Vaters am heiligen Sonntag hören – ich.

Papi fuhr immer die gleiche Strecke, schnellen Trittes radelte er durch die Straßen, vorbei an prächtigen Häusern mit gefegten Wegen und polierten Kombis in der Einfahrt. »Nun fahr doch schneller, nicht so träge«, rief er ungeduldig nach hinten. »Du musst tief die frische Luft inhalieren, die frrrrrische Luft.« Und dann zeigte er mir das »tief einatmen«, am liebsten mit sehr lauten Geräuschen. Ein gut zu hörendes »aaaaahhh« wehte nach hinten zu mir bei jedem Ausatmen. Etwas geniert atmete ich ihm nach, »lauter« rief er vorn. Immerhin der Hund hechelte gut hörbar mit langer, aus dem Maul hängender Zunge, während er, vorbildlich erzogen, auf dem Fußweg neben meinen Vater herlief.

Ob in der Einkaufsstraße am S-Bahnhof oder im Park, hier auf der Ecke, in den gediegenen Elbvororten der Stadt, traf man sich, kannte man sich, war man unter sich. Als wären die Menschen seit letztem Sonntag wie Bäume angewachsen, standen dieselben Bekannten gefühlt an denselben Ecken im Park. Also wurde freundlich geplaudert, nach den Familien gefragt, Grüße bestellt. Und weitergeradelt. Die zwei starken Steigungen im Park an der Elbe schaffte mein Vater stets stehend – und erwartete das Gleiche von mir. »Mit Schwung musst du das machen«, sagte Papi dann immer. Missachtend, dass meine Reifen doppelt so groß und breit waren wie seine, sich mein Rad schwerfällig fuhr und mir sonntags um zehn irgendwie der Schwung fehlte.

Ich war schließlich Elbvorort-Kind, hatte eine Woche mit Schule, Fechtturnier, Klavierunterricht, Nachhilfe, Freundinnentreffen und Gassigehen hinter mir. Nicht zu vergessen das Reinigen diverser Kleintierkäfige (Kaninchen Pucki, Meerschwein Moritz, Hamster Hansi, Farbmaus Tossi). Und ein bisschen Zeit musste ich auch meinem engsten Vertrauten widmen: Michael Jackson.

Ich wollte damals am Wochenende lieber in meinem Kinderzimmer Platten hören, als durch den Park zu jagen. In Pose vor dem Plattenspieler liegend war ich in Gedanken bei Michael. Und zusammen mit meinem Idol sang ich »The Girl is mine«.

Wir, also Jacko und ich, vor allem aber unsere Stimmen, passten perfekt zusammen. Als würden wir schon jahrzehntelang gemeinsam auf den Bühnen der Welt stehen. Fand ich. Jacko hörte sich ein bisschen an wie ein Schlumpf in dem Lied. Und ich wie eine verknallte Elfjährige, die damals unbedingt doppelt so alt sein wollte, um mit Mr. Moonwalk zusammen sein zu können, der wiederum lieber ewig Kind sein wollte. Meine Mutter hatte meine Liebesbriefe an Jacko netterweise ins Englische übersetzt. Mehrfach hatte ich dem King of Pop schriftlich mit rosa Filzstift angeboten, ihm bei der Rettung des Regenwaldes zu helfen. Die Schimpansen dieser Welt zu adoptieren. Oder einfach ein ganzes Wochenende Karussell zu fahren. Die Adresse hatte ich aus der *Bravo*, Neverland Valley Ranch in Kalifornien. Doch eine Antwort blieb aus. Meine Mutter wusste, warum: »Der Michael ist ein sehr erfolgreicher und vor allem viel beschäftigter Mann. Es ist normal, dass eine Antwort da dauert.« Ich glaubte ihr und wartete. Monate, Jahre.

Bei Rückkehr von der Radtour war der Frühstückstisch im Esszimmer unter dem gewaltigen Messingkronleuchter immer schon königlich gedeckt. Meine Mutter hatte aufgetischt, als kämen noch fünf Gäste. Die Marmelade in edlen Gläschen, der Aufschnitt mit Tomate, Gurke und Paprika garniert. Das Ei wachsweich, das Salz in antiquarischen Schälchen mit Perlmuttlöffeln in Miniformat. Unter der weißen, knitterfreien Tischdecke wusste ich den dunkelgrünen Filzschoner, zum Schutz des Mahagoniholzes. »Vergiss nicht, die Hände vor dem Essen zu waschen«, sagte mein Vater. Ich vergaß es nicht. Seitdem ich wusste, dass ich Hände habe, hatte er es mir ungefähr 6000-mal gesagt.

Im Hintergrund lief Klassik, Tito lag vor dem Fenster in der Sonne. Angefangen werden durfte erst, wenn die Serviette auf dem Schoß lag, der Rücken gerade war, die Ellbogen am Körper anlagen und alle saßen. Es gab alles, was man sich vorstellen konnte, liebevoll dekoriert, Marmeladen in allen Farben, Käse in jeder Form, zwei Größen Kaviarkugeln, Darjeeling-Tee und goldbraunen Toast. Könige haben auch nicht mehr Auswahl, dachte ich oft. Trotz des deliziösen Angebots aß Papi immer das Gleiche: Mjölk-Knäckebrot mit Quark und bitterer Orangenmarmelade. Und ein Ei, geköpft, nicht geklopft. Er war ein echtes Gewohnheitstier.

Schon als ich 1977 auf die Welt kam, hatte mein Vater weiße Haare, den goldenen Siegelring mit Familienwappen am linken Ringfinger und hölzerne Badelatschen mit Lederriemen, die er nur im Bad trug. Er hatte Ideale, perfektionierte Abläufe, eine laute Stimme, einen schnellen Schritt. Er war ein guter Gastgeber, hatte hohe Anforderungen, eine klare Vorstellung von seinem Umfeld. Er war ambitioniert, hatte Träume, Ziele, kam aus einer angesehenen Familie. Wir Kinder empfanden ihn als streng, er hatte angeblich einen noch strengeren Vater, der verstorben war, bevor ich auf die Welt kam.

Unser Zuhause war perfekt, vor allem für Kinder: viele Zimmer, ein unheimlicher Keller mit vielen dunklen Ecken zum Verstecken, ein großer Garten mit Birn- und Apfelbäumen, mit Stachel- und Johannisbeersträuchern, im Erdgeschoss die Omi, die immer da war und immer Schokolade im Schrank hatte. Wann auch immer ich zu ihr runterkam, stand im Nu irgendwas Köstliches auf dem Tisch. Ein heißer Kakao, frischer Pfannkuchen oder warmer Grießbrei mit Zwetschgen. Damit meiner geliebten Großmutter ja nie die Leckereien ausgingen, spazierte ich mit ihr alle drei, vier Tage in den Supermarkt an der nur ein paar hundert Meter entfernten Einkaufsstraße. Wie im Park traf man, je nach Wochentag und Uhrzeit, dieselben Menschen. Und viele Mütter mit Korb unterm Arm, Labrador-Retrievern an der Leine, über die Rundbürste geföhnten Innenwellen, etwa kinnlang. Als Kind sollte man in der guten Gegend natürlich ebenfalls ordentlich aussehen, was mir manchmal schwerfiel. Ich weiß noch, dass ich wählen konnte zwischen diversen Hosen in Erdtönen. Braun, Senfgelb, Orange. Mein Horror war die breit gestreifte Cordhose in Rostrot. Außerdem waren Hemden mit Polokragen bei uns Kindern gern gesehen, was wir allerdings als die weniger schmerzhafte Alternative zur Bluse empfanden.

Mein Vater, gelernter Landwirt, hatte sich vor Jahren mit Im- & Export selbstständig gemacht. Was das hieß? Ich hatte keine Ahnung. »Papi ist Kaufmann«, habe ich immer gesagt, wenn jemand fragte. Und er war viel im Ausland, vor allem in Spanien. Er handelte mit Rindern und Maschinen für die Fleischverarbeitung, das wusste ich. Verkaufte sogenannte Färsen, also junge Rinder, aus Deutschland, nach Spanien für die Zucht und zum Schlachten. Einmal durfte ich meinen Vater begleiten. Wir fuhren Richtung Bremerhaven, da lebte ein Bauer, der seine Tiere verkaufen wollte. Die gesamte Fahrt über erklärte mein Vater mir, worauf man beim jungen Rind achten müsse und wie viele Kälber er schon zur Welt gebracht hatte. Wie er unter Einsatz seines gesamten linken Arms im Körper des Muttertiers um das Leben der Babykühe gekämpft hatte. Das alles klang so herrlich idyllisch, dass Papi für mich während dieser Fahrt zum heldenhaften Landtierarzt wurde.

Als ich zur Welt kam, steuerte mein Vater bereits auf die fünfzig zu und konnte schon von »ganz früher« erzählen, als ich gerade die Grundrechenarten lernte. Peru war sein Lieblingsthema. Immer wenn er von dem fernen Land in Südamerika schwärmte, schmeckte die Luft ein bisschen nach Kakao, und das Licht wurde wärmer. Es muss eine großartige Zeit gewesen sein, die er ab Anfang zwanzig auf dem Land nicht allzu weit der Hauptstadt Lima erlebt hat. Er war verantwortlich für mehrere Zuckerrohrplantagen und verbrachte die meiste Zeit des Tages auf dem Pferd. Voller Stolz und immer mit einem Hauch Sehnsucht lässt er noch heute die vielen Schwarz-weiß-Fotos, die ihn als äußerst gut aussehenden Mann mit Cowboyhut und eleganten Pferden an der Hand zeigen, lebendig werden. Als ich vor gut einem Jahr Papis Keller entrümpeln wollte, stieß ich auf einen Karton voll mit Fotos und Dias. Der größte Teil der rund 500 Bilder stammte aus der Zeit in Südamerika. Viele Bilder waren nicht beschriftet, die Menschen, überwiegend Frauen, kannte ich nicht. Doch bei einer Diabox hatte er sich sichtlich Mühe gegeben. »Peru« war mit Kuli auf den weißen Streifen geschrieben, dessen vier Ecken die Klebekraft über die Jahrzehnte verlassen hatte. Die rund 100 Dias waren mit hochstehenden Papptrennern in folgende Kategorien aufgeteilt: Land, Pferde, Autos und Weiber. Gegen das grelle Licht im Keller gehalten, sah ich dralle Schönheiten, die immer lächelten, mal mit meinem Vater im Arm, mal mit Pferd, mal allein. Outfit, Landschaft und Motiv erinnerten an die amerikanische Fernsehsendung »Unsere kleine Farm«, in der sich jeden Abend alle quer durchs Haus »Gute Nacht« zuriefen. Auch die kleinen Fotoquadrate aus der Kategorie »Autos« zeigten Eindrücke, die nur James Dean oder Sean Connery cooler hätten aussehen lassen. Ausladende Oldtimer-Limousinen, die irgendwie unpassend mitten in der Wüste parkten, mein Vater mit Schiebermütze, Sonnenbrille und Zigarette im Mundwinkel davor. Es muss definitiv eine Bombenzeit gewesen sein, die Papi nur ungern nach gut zehn Jahren aufgegeben hat. Aus Briefen in altdeutscher Schrift konnte ich mehr oder weniger gut entziffern, dass seine Eltern ihn sehr oft baten, zurück nach Hamburg zu kommen. Der Krieg war vorbei, es gehe bergauf, immer nur bergauf. Komische Redewendung, wobei es sich bergab ja viel einfacher gehen lässt. Also kam mein Vater zurück – gründete allerdings erst Jahre später selbst eine Familie.

Da beide mal längere Zeit im Ausland gelebt hatten, sprachen meine Eltern oft spanisch miteinander. Wie ich erst Jahre später merkte, ging es dann immer um Geschäftliches. Und aus irgendeinem Grund sollten wir das nicht verstehen. Da die Unterhaltungen in der rassigen Sprache mit viel scharfem S und rollendem R öfter mal laut wurden, vermutete ich später, dass meine Eltern sich bei den Geschäften meines Vaters offenbar häufig uneins waren. Worin die Schwierigkeiten genau bestanden, erfuhr ich damals nicht; in meinen Kinderaugen war Papi erfolgreicher Kaufmann, wie die Väter meiner Freundinnen.

Als Kind war ich oft bei meinem Vater im Büro. Die Räume lagen im ersten Stock, direkt über den Fischmarkthallen. Der Geruch war herrlich. Manchmal beißend, aber immer liebenswert nordisch. An der Wand hingen große Gemälde mit Dreimastern auf hoher See. In seinem ausladenden schwarzen Lederstuhl saß mein eher kleiner Vater wie ein König, vor ihm der riesige dunkle Holzschreibtisch, die goldene Lampe, die ich irgendwann mal so oft an- und ausgemacht habe, dass ich die Kette aus aneinandergereihten kleinen Kugeln in der Hand hielt. Bevor mein Vater mein Missgeschick mitbekommen konnte – und in solch einer Situation sehr laut und noch energischer als üblich wurde –, musste ich flüchten. Mit einem Schritt über die hölzerne Fensterbank gelangte ich auf die Fischhallen. Natürlich war es verboten, auf den kilometerlangen, mit Dachpappe ausgelegten Dächern zu laufen. Ich machte es trotzdem. Und beobachtete, mit baumelnden Füßen am Rand zur Großen Elbstraße sitzend, das Beladen von Tiefkühl-LKWs, die Unmengen von Meeresbewohnern aufnehmen konnten. Anders als die meisten ansässigen Geschäftsleute handelte Papi mit Fleisch. Er war Experte und konnte einem die exakte Herkunft eines Steaks so detailliert erklären, dass man manchmal nicht mehr weiteressen mochte, weil man nicht mehr das Steak samt Backkartoffel mit Sourcream auf dem Teller sah, sondern eine weinende Kuh mit einer offenen Wunde oben am linken Hinterbein. Ebenso fachmännisch hielt es mein Vater bei der Fahrt übers Land, wann auch immer wir Familienausflüge machten. »Was wächst hier?«, war dann gern die Frage Richtung Rückbank. Egal, ob Weizen, Mais oder Hafer – Papi erzählte von den Eigenschaften der Getreidesorte jedes Mal wieder mit so großer Begeisterung, als wären wir Müslimacher.

Mein Vater hatte damals alles im Griff, fand ich. Er trug oft einen Anzug, fuhr ein komfortables Auto, saß in diesem übergroßen Chefsessel in einem beeindruckenden Büro und war viel auf Geschäftsreise. Und das Beste an den Geschäftsreisen (außer dass ich in seiner Abwesenheit immer mittwochs um 21 Uhr »Denver Clan« gucken durfte): Mein Vater hatte viel Schwein. Wie bei den steinzeitlichen »Flintstones«

brachte er häufig ein ganzes Schweinebein mit, getrocknet, auf einem Holzgestell. Zum Anbeißen.

Ob Herbst, Sommer, Frühling – im Urlaub ging es nach Mallorca oder Sylt. Über Jahre dachte ich, dass das alle Hamburger so machen, denn wir trafen immer viele Bekannte aus der Heimat auf den beiden Inseln. Meine Eltern hatten ein kleines Häuschen am Rand von Kampen. Auch mein Vater verbrachte als Kind viel Zeit auf der Nordseeinsel, seine Großeltern luden über das gesamte Jahr zu großen Festen und Empfängen in ein herrschaftliches Reetdachhaus im Herzen des Szeneorts. Die aus Eisen geformten Initialen machten jedem Gast klar, wem die edle Hütte gehörte. Papis Familie liebte Gesellschaft, sie baten jeden herein; je mehr Menschen zusammenkamen, desto schöner. Alte Fotos aus den 60er-Jahren zeigen Partygesellschaften bei meinen Großeltern, bei denen ich mich manchmal frage, ob es da wirklich nur Alkohol gab. Besonders das Bild mit einer Art Pyramide aus fünf Leuten (die Frauen oben) wirkte äußerst ausgelassen. Mein Vater führte diese Leidenschaft mit Begeisterung fort. Also nicht das Stapeln von Menschen, sondern das Feiern. Meine Eltern hatten viele Freunde. Gediegene, gebildete und fröhliche Menschen. Papis Urwitz begeisterte die Frauen, besonders die vielen Bemerkungen, die aufgrund seiner manchmal naiven Unbedachtheit für großen Spaß sorgten. Denn für meinen Vater galt schon immer eine Faustregel: Sagen, was man denkt. Diese direkte, oft als typisch norddeutsch beschriebene Art hat Vor-, aber auch Nachteile. Sie kann Unterhaltungen drastisch verkürzen. Der Vorteil: Zeitersparnis. Der Nachteil: verstörte Menschen, beleidigte Kinder, verprellte Geschäftsfreunde.

In Papis Im- und Export-Zeit hatte er neben Spaniern auch eine Menge arabischer Geschäftspartner. Nach einigen erfolgreichen Jahren der Zusammenarbeit plauderte mein Vater mit seinem arabischen Stammkunden wie mit seinem friesischen Teeverkäufer. Leider nicht ohne Folgen. Als Papi das Fehlverhalten eines der Scheichs gegenüber dessen Bruder ausgerechnet mit dem Wort »Armleuchter« beschrieb, war die Zusammenarbeit mit den Turbanträgern aus dem Morgenland schneller beendet, als mein Vater die Verstimmung auf der Gegenseite überhaupt bemerkte. Jede Form der Entschuldigung lief ins Leere. Der Verkauf der fleischverarbeitenden Maschinen in die arabischen Emirate wurde schwieriger. Mein Vater zeitweise immer cholerischer. Rad fahren hieß damals sein Heilmittel gegen aufsteigenden Ärger und rassig klingende spanische Schimpfwörter, die er nach beruflichen Niederlagen wie ein Torero ausstieß. Doch um den Verlust eines Großkunden zu verknusen, half auch das Tour-de-France-artige Rasen mit dem Klapprad durch den Park nichts.

Manchmal neigte mein Vater zu handfesten Wutausbrüchen. Dann wurde er laut, und jedes Lebewesen, das in der Nähe war, versteckte sich. Tito flüchtete in seinen Korb, meine Mutter ins Schlafzimmer, mein Hamster ins Laufrad (eine tierische Übersprunghandlung, denke ich) und ich in mein Zimmer an den Schreibtisch, um irgendwie geschäftig zu tun. Für derartige Augenblicke hatte ich vorgesorgt – und ein Vorhängeschloss von innen an meiner Zimmertür angebracht.

An diesem Nachmittag im Herbst Ende der 80er-Jahre war es mein Türrahmen, der die gesamte angestaute Energie des aufgebrachten Familienoberhaupts abfedern sollte. Den Auslöser der Aufregung erinnere ich nicht, aber die Auseinandersetzung mit mir startete im Esszimmer. Als ich merkte, dass mein Vater nach zwei, drei Verfolgungsrunden um den runden Mahagonitisch nicht lockerließ, flitzte ich den langen Flur runter in mein Kinderzimmer und konnte kaum abwarten, Papis Gesicht zu sehen, wenn er wütend die Tür aufdrücken wollte, aber mein silberglänzendes Vorhängeschloss ihm ruckartig die Grenze zu meiner Privatsphäre aufzeigte. Aufgeregt stand ich hinter meinem Schreibtisch und wartete auf den Zusammenstoß – doch der war brachial.

Laut schimpfend riss mein Vater die hohe Tür auf, wurde von meinem Sicherheitseinbau kurz gestoppt, drückte dann mit aller Kraft dagegen an, und das Desaster kippte krachend auf meine Sitzgruppe, geflochten aus rotem Korb. In seiner Wut hatte mein Vater den kompletten Türrahmen aus der Wand gerissen, es knallte und splitterte. Ich stand wie erstarrt, sagte kein Wort. Papi ebenfalls nicht – für etwa zehn Sekunden. Als sein Gesicht dunkelrot angelaufen war, öffnete er den Mund und schrie: »Was fällt dir ein?« Wem, mir? Fragte ich mich. »Ich hab doch gar nix gemacht«, sagte ich und guckte verdutzt auf den im Zimmer liegenden Scheiterhaufen »Wer hat dir erlaubt, so ein Schloss an deine Tür zu machen?«, prustete er und verließ das Schlachtfeld. Er schnappte sich seine Mütze, zischte den Hund an, er solle mitkommen, und schwang sich auf sein Fahrrad.

Doch nicht nur das feurige Temperament meines sonst eher norddeutschen Vaters kam am Wochenende zum Einsatz – die arbeitsfreien Tage füllte er genauso gern mit langem Schlaf und viel Gemütlichkeit. Also gehörte es viele Jahre sonnabends dazu, dass sich alle im elterlichen Ehebett – einem Monstrum aus braunem Samt – trafen und im Akkord der Rücken des jeweils vor einem Liegenden gekrault wurde. Besonders beliebt waren natürlich die Plätze in der Mitte zwischen den beiden Matratzen, da man nur dort immer absahnen konnte, ganz gleich, ob alle Richtung Terrasse oder Schrank blickten.

Irgendwann am späten Vormittag waren dann alle ordentlich herausgeputzt, und jeder konnte machen, wozu er Lust hatte. Es sei denn, wir Kinder sollten helfen – beim Laubharken, beim Äpfelsammeln, beim Fahrradputzen oder beim Rasenmähen … Äpfel zu sammeln gefiel mir vom Angebot der eher unfreiwilligen Tätigkeiten am besten, da ich sehr tierinteressiert war und an den Äpfeln, die bereits einige Tage im Beet oder auf dem Rasen lagen, häufig Würmer oder Käfer klebten, die ich einer intensiven wissenschaftlichen Betrachtung unterzog. Außer Spinnen wurde jedes Tier bei uns in der Familie liebevoll aufgenommen. So wohnte mal ein junger Igel im Keller, eine Hand voll Amselküken auf dem Dachboden oder eine Taube im Außenstall meines Kaninchens, weil sie gegen mein Kinderzimmerfenster geflogen war und ich mich schuldig fühlte. Was Tiere betraf, wurde mir kein Wunsch ausgeschlagen. Nicht mal, als ich eine Stabheuschreckenzucht eröffnete und nach einiger Zeit mehr als 150 sechsbeinige Krabbler, die wie ein zusammengerolltes Rhododendronblatt mit Beinen aussahen, in dem überschaubaren Terrarium zählte. Auch wenn mein Vater deutlich mehr mit dem Hund als mit der Heuschrecke oder dem Hamster anfangen konnte – alles, was lebte, gehörte zur Familie. Als Farbmaus Tossi mal verschwunden war, räumte mein Vater einen halben Tag den Dachboden um, in der Hoffnung, den kleinen Albino zwischen alten Möbeln zu finden. Zwei Tage lang herrschte gedämpfte Stimmung, bis mein Bruder mit einer schwarzen (!) Maus in der Hand in die Küche kam, wo ich mit meinen Eltern gerade frühstückte. Es war Tossi – sie war im Schornsteinschacht unterwegs gewesen, und nur die Nasenspitze und die winzigen Füße waren noch rosa.

Wenn so ein Mäuseleben dann nach zwei, drei viel zu kurzen Jahren zu Ende ging, war meist schon alles vorbereitet. Der Sarg in Form eines leeren Seifenkartons lag bereit, ein Erdloch wurde gebuddelt. An der Südseite unseres Hauses war unser »Friedhof der Kuscheltiere«. Vier Generationen von Mäusen ruhten in dem vielleicht fünfzehn Quadratmeter großen Bereich, der mit einer Markierung aus kleinen Findlingen gekennzeichnet war. Diverse Vögel, die wir leblos im Garten gefunden hatten, und auch eine Katze, die vor unserer Haustür überfahren, aber offenbar nicht vermisst wurde, fand ihre letzte Bleibe zwar ausgerechnet zwischen

Mäusen, aber besser als auf der rechten Spur der Hauptstraße, dachte ich damals. Jedes Grab hatte einen gräulichen Grabstein, auf den mit einem Feuerstein Name und Todestag des Geschöpfes gekritzelt waren. Und auch wenn meinen Vater immer mal wieder die Garten-Aufräum-Lust gepackt hat – niemals überschritt er die Linie aneinandergereihter Steine. Er respektierte unseren Bereich – und natürlich die Totenruhe von Vogel, Katze und Maus. Sogar an Heiligabend schlossen wir unseren Familienzoo in die Feierlichkeiten mit ein, und mein Vater guckte nicht schlecht, als er eine Packung Joghurtdrops für Nagetiere auspackte, nachdem ich ihm die Erlaubnis erteilt hatte, das Päckchen für mein Kaninchen aufmachen zu dürfen.

Tatsächlich waren die Weihnachtsfeiertage bei uns immer wie ein Ausflug ins »Winterwonderland«. Alles war so schön, liebevoll und bunt geschmückt, Kerzenständer bekamen Filzkleider, auf dem Kamin standen aus Pappe geklebte Häuschen, hinter deren bunten Papierfenstern die Flammen von Teelichtern tanzten. Den gesamten 24. Dezember über durften wir Kinder das Wohnzimmer nicht betreten. Mein Vater war äußerst streng, sobald sich einer von uns der Wohnzimmertür näherte. Doch wenn es draußen gerade dunkel geworden war, die Festgarderobe ordentlich saß, diese weihnachtliche Besinnlichkeit aus den Fenstern der Häuser strahlte und in der Luft ein Geruch lag, der Appetit auf Lebkuchen, Gans und Bratapfel gleichzeitig machte – dann klingelte das Glöckchen. Und als ginge es um unser Leben, stürzte ich mit meinen beiden Geschwistern und unserem geliebten Labrador den langen Flur runter. Der Baum trug rote und goldene Kugeln und Strohsterne, und unzählige rote Kerzen brannten in tannengrünen Kerzenhaltern. Darunter türmten sich Geschenke verschiedenster Form und Größe. Aus den Musikboxen sang ein Chor die klassischen Weihnachtslieder, und ich war sicher, so sieht die perfekte Familie aus. Nur leider eben nicht für immer.

Als ich zwölf war, verstarb meine Großmutter, und mein Vater erbte die große Villa, gemeinsam mit seinem Bruder. Die beiden ungleichen Männer konnten sich nicht über das Erbe einigen, der Familiensitz wurde veräußert. Mein Vater hatte sich nach dem Hausverkauf einen Traum erfüllt und ein Restaurant auf Mallorca erstanden. Und wie stolz war ich, als ich das erste Mal im Innenhof des wunderschönen Ladens meines Vaters stand und dachte, DAS ist es jetzt. Nach den vergrätzten Arabern und endlos langen Touren, um Rinder zu sichten, hatte mein Vater sich mit Anfang sechzig noch einmal etwas Neues getraut. Viele Jahre schon hatte er von einem eigenen Restaurant geträumt. Gutes Fleisch, viele liebe Menschen um sich herum, eine ansprechende Atmosphäre – das war es, was ihm vorschwebte. Und es lief! Die mehr als vierzig Tische allein im wunderschönen Innenhof mit vielen alten Feigenbäumen und einem uralten Brunnen waren jeden Abend voll. Als wir Papi zur Eröffnung besuchten, war es ein großes Fest. Etliche Freunde aus Hamburg waren angereist, mein Vater überschlug sich in seiner Gastgeberrolle und wurde für Auswahl des Ladens und die gute Küche viel gelobt. Er war stolz und glücklich, das sagte er auch in seiner kurzen Ansprache. Ich fand am besten, dass ich den ganzen Urlaub bestellen durfte, was ich wollte. Es gab traditionell spanische Küche, und ich liebte es. Der kreisrunde Bau bot so viel Platz, dass mein Vater sich einen Teil als Wohnung eingerichtet hatte. Doch während Papi seinen neuen Erfolg auf der Insel genoss, übersah er eins: seinen spielsüchtigen, alkoholabhängigen Geschäftspartner, der fleißig und mit beiden Händen einen Teil der jeweiligen Tageseinnnahmen ins Casino nach Palma trug. Den Rat meiner Mutter, er müsse die ersten Monate genau kontrollieren, was in die Kasse rein- und auch rausginge, ignorierte er. Dazu habe er ja seinen Kollegen, der ein Viertel der Anteile an dem Laden hielt, entgegnete mein Vater gutgläubig. Von dessen Hang zu Spielgeld ahnte Papi nichts. Trotz der skeptischen Stimmen von Freunden zu dem aufgedunsenen Düsseldorfer, der wie eine asiatische Winkekatze an der Kasse stand, mit »Ollala« die Gäste begrüßte und mit »Adiiiiiosssos« verabschiedete. Mit seinem Schimanski-Schnauzer und dem elenden Kölsch-Akzent im Arenal-Spanisch stahl er dem Restaurant jedweden Stil. »Er bemüht sich doch mit der Sprache«, entschuldigte mein Vater den grinsenden Import-Gastronom sogar noch. Es dauerte eineinhalb Jahre, bis mein Vater die überraschend niedrigen Umsätze bei stetig hohen Besucherzahlen nicht länger ignorieren wollte. Und dann ging alles ganz schnell: Der rheinische Black-Jack-Zocker wurde mit sofortiger Wirkung aus den Verträgen entlassen. Doch nicht nur das. Mein Vater verkaufte das Ganze an den Koch – und kam zurück nach Hamburg. Warum? Ich weiß es nicht. Es gibt bis heute verschiedene Versionen, was sein Antrieb zur Aufgabe war. Aber inzwischen auch eine Einsicht: Beruflich war es der größte Fehler seines Lebens. Das Restaurant wäre seine Altersvorsorge gewesen, sein wahr gewordener Traum auf der Insel seines Herzens. Als ich fünfzehn war, feierte mein Vater nicht mehr mit uns Weihnachten, und meine Eltern waren getrennt. Nur etwa ein Jahr blieb er damals in Deutschland – um dann, inzwischen als geschiedener Mann mit Mitte sechzig, wieder auf die Baleareninsel zu ziehen. Ohne Job, ohne Rente, ohne Familie. Aber immer mit Zuversicht. Und mit dem unerschütterlichen Glauben an sich selbst.

Lara

Das Gute am Scheidungskind-Sein sind die Geschenke, die man von dem bekommt, der meistens nicht da ist. Während meine Freundinnen höchstens mal einen kleinen Schlüsselanhänger der Marke Steiff zum Geburtstag bekamen, hatte ich allein vier von den richtig großen Tieren mit dem Knopf im Ohr: die Löwin Lotta, Esel Bonor, das Wildschwein Stefan und einen Bären, dessen Namen ich nicht mehr erinnern kann, denn irgendwie fand ich zu ihm keinen Draht.

Wunderbar war das, wenn mein Vater eines dieser weichen Pakete mitbrachte. Zumal ich gar nicht besonders unter der Scheidung meiner Eltern litt, ich kannte es ja nur so. Sie trennten sich vor so langer Zeit, dass ich mich gar nicht an sie als Paar erinnern kann, und im Grunde passen sie auch nicht besonders gut zusammen. Meine Mutter hat mir mal erzählt, dass Papa manchmal fast wie ein drittes Kind für sie war. Komisch, dachte ich, wieso sollte er auf die Fürsorge seiner Frau angewiesen sein; schließlich hatte er doch einen Doktortitel, seine eigene Praxis und einen schönen neuen Nissan in Blau. Jetzt verstehe ich besser, was sie damit gemeint hat. Er ist ein Mensch, der mit den Anforderungen des Lebens schon immer zu kämpfen hatte. Der meist dorthin schaut, wo es dunkel ist. Und dem ich nie den Aufbau eines IKEA-Schranks überlassen würde. Weil sich jedes Werkzeug in seinen Händen in eine tödliche Waffe verwandelt.

Auch wenn ich die Vorstellung seltsam finde, dass meine positive, pragmatische Mutter und mein ewig grübelnder Vater mal Arm in Arm auf dem Wochenmarkt meiner Heimatstadt frisches Bio-Gemüse fürs gemeinsame, makrobiotische Abendessen einkauften, so gibt es doch Beweise dafür, dass sie mal zusammengehörten: meinen Bruder Paul und mich; einen kurzen Super-8-Film, auf dem die vier Beers auf Omas braun-weiß gestreiftem Sofa sitzen; und ein einziges Foto, das uns als Familie zeigt. Beim Spazierengehen im Wald. Ich in Windeln und Frotteeshirt aufrecht in der Babykarre thronend, so als ahnte ich, dass dieser Moment im Wald etwas Besonderes war. In Wirklichkeit ahnte ich natürlich gar nichts, sondern freute mich nur über die Aussicht, aber auf dem Foto, da sehe ich seltsam triumphierend aus. Wenn man das Bild betrachtet, könnte man leicht denken, dass hier die größeren Geschwister auf die kleineren aufpassen, meine Eltern – Papa mit fragwürdigem Schnauzbart und gestreifter Latzhose, Mama mit Mädchenfigur und Sommerkleidchen ohne BH drunter – wirken noch jünger, als sie damals waren. Vier Kinder im Wald.

Meine Mutter bekam meinen Bruder, als sie einundzwanzig war, in einer Wohngemeinschaft in Berlin-Kreuzberg, mit indischen Teppichen an den Wänden und Regalen aus Ziegelsteinen und Brettern vom Sperrmüll – und offenbar sehr toleranten oder völlig dichten Mitbewohnern, denn sie entschieden sich für eine Hausgeburt. Wenn ich heute zu Besuch in Berlin bin und an dem rostroten Jugendstilbau vorbeilaufe, schaue ich immer hoch in den zweiten Stock, zu der Wohnung, in der Paul zur Welt kam, mein Vater für sein Medizinstudium lernte und meine Eltern sich gegenseitig mit Frankenstein-Masken fotografierten. Diese Bilder auf dickem, vergilbtem Papier liegen in einer großen Schachtel in meinem Wohnzimmer. Und wenn ich sie ansehe, dann frage ich mich, was sie sich damals wohl für eine Zukunft miteinander vorgestellt haben mögen.

Als sich drei Jahre nach Ankunft meines Bruders meine Geburt ankündigte, war die Begeisterung für Hausgeburten bei meinen Eltern so weit abgekühlt, dass man sich doch lieber für ein anthroposophisches Krankenhaus entschied. Hier wurde dann wohl auch der Grundstein für unsere spätere Schullaufbahn gelegt, die mein Bruder und ich mit Wachsmalern, Blockflöten und orangefarbenen Eurythmie-Kitteln bestreiten sollten. Wie viele Eltern mit Hang zu selbst gestrickten Wollpullis und antiautoritärer Erziehung schickten auch unsere uns auf die Waldorfschule.

Laut Papa war ich ein absolutes Wunschkind, laut meiner Mutter ein sehr willkommenes Versehen, das, wie mein Vater mir berichtete, unter Einfluss verschiedenster Rauschmittel gezeugt worden sei. Damals hatte er begonnen, neben Joints und Wodka Lemon mit härteren Drogen zu experimentieren: erst mit LSD und Opium, später dann auch mal mit Heroin und Morphium. Von Papa weiß ich, dass mein Bruder in einer Phase entstand, in der er eher auf psychedelische Drogen abfuhr, ich aber ein eher »opiatgeprägtes Kind« sei. Heute frage ich mich, was man als Tochter mit einer solchen Information anfangen soll: Heißt es, dass die Eltern beim Sex besonders viel Spaß hatten oder sich nur schemenhaft daran erinnern? Oder dass die Opiate irgendwas mit meiner Persönlichkeit angestellt haben, von dem ich nichts weiß? Kokettiert man damit vor seinen Freunden? Fühlt man sich dadurch besonders? Schämt man sich? Ich glaube, dass ich mich unbewusst fürs Leugnen entschieden habe, denn jetzt fällt mir auf, dass ich nie jemandem davon erzählt habe. Bei meinem Vater bin ich mir da weniger sicher, denn manchmal neigt er zu fast kindlicher Offenheit.

Die Geschichte, wie seine Patienten ihn dafür lobten, dass er so gekonnt die Spritzen setzte, packt er nur zu gern aus. »Danke, darin bin ich tatsächlich sehr geübt«, antwortete er dann bedeutungsvoll. Für jemanden, der sich in der schlimmsten Phase seiner Sucht mehrmals täglich mit Stauschlauch und Spritzbesteck auf die Personaltoilette der eignen Provinzpraxis zurückzog, um wenig später beschwingt Verbände zu legen und Antibiotika zu verschreiben, eigentlich ja nichts Besonderes. Aber eben trotzdem eine gute Geschichte. Papa jedenfalls verschwand so häufig hinter der Toilettentür, dass es an der Oberfläche seiner Arme heute keine brauchbare Vene mehr gibt. Muss Blut abgenommen werden, so geht das bei ihm nur noch über eine letzte funktionierende Vene am rechten Zeigefinger.

Bis ich zehn Jahre alt war, war mein Vater nicht wirklich weit weg, jedenfalls räumlich. Eine Weile wohnten meine Eltern sogar wieder zusammen, in einem Bauernhaus im Alten Land unweit von Hamburg, gemeinsam mit:

Mamas neuem Freund Nico,

Papas schwedischer Freundin Mette,

Mettes Exmann Ronald,

Tom und Jannis, den Kindern von Mette und Ronald,

und einigen sympathischen Sole-Zahnpasta-Verwendern ohne Frisuren.

Für mich war diese Zeit wie in einem Buch von Astrid Lindgren: warm und unbeschwert. Aber auch ein bisschen wie die großen Ferien, bei denen man jeden Tag in dem Bewusstsein genießt, dass der Traum bald ein Ende hat. Obwohl das natürlich nicht sein kann, ist in meiner Erinnerung an diese Zeit auf dem Bauernhof immer Sommer, und ich laufe den ganzen Tag nur in Unterhosen durch den Garten, sammle Kaulquappen im Bach oder sitze auf der Schaukel unter der riesigen Rotbuche. Diese Zeit duftet nach Flieder und schmeckt nach Rhabarber, den wir Kinder in Zucker stupsten – nur in den gesünderen braunen natürlich!

Ich liebte es, barfuß über die taunasse Wiese zu springen und mir schon morgens vorm Frühstück die größten Himbeeren direkt vom Strauch in den Mund zu stecken. Auf der Weide nebenan grasten Schafe, die Milch holten wir in zwei Plastikkannen vom Bauern. Und manchmal feierten wir ein großes Fest. Dann kamen noch mehr Leute ohne Frisuren, einige lebten auf einem anderen Hippie-Hof ein paar Kilometer die Straße herunter, es wurde Gitarre gespielt und so viel geraucht, dass ein grauer Nebel durch die Räume zu wabern schien. Wenn die Eltern am nächsten Tag lange schliefen, tranken wir Kinder heimlich Bierreste aus den herumstehenden Flaschen. Und schüttelten uns genüsslich, denn Verbotenes musste einfach scheußlich schmecken!

Mit Jannis, einem von Mettes Söhnen aus erster Ehe und gerade mal ein halbes Jahr älter als ich, baute ich am Straßenrand manchmal einen kleinen Stand mit selbst gemachtem Fliederbeersaft auf, den wir an Spaziergänger zu verkaufen versuchten. Dass kein Mensch das Gebräu haben wollte, machte uns überhaupt nichts. Der Hof war groß genug, dass wir den ganzen Tag blödsinnige Dinge anstellen konnten, ohne dass unsere Eltern es mitbekommen hätten.

Es bereitete uns eine diebische Freude, den Erwachsenen zerdrückte Hagebutten in die Bettwäsche zu reiben (angeblich sollten die furchtbar jucken) oder unseren Katzen die Wollknäuel zum Spielen zuzuwerfen, aus denen irgendwelche Hausbewohner eigentlich Ringelschals anfertigen wollten. Aus einer alten Baumwurzel baute ich mit den Nachbarskindern eine Zwergenburg und richtete sie mit allem ein, was ich im Garten finden konnte. Aus Rinden wurden Bänke, aus Blütenkelchen kleine Lampen.

Unser Hof war so etwas wie eine Kommune unter bürgerlichen Rahmenbedingungen. Die Erwachsenen gingen morgens zur Arbeit oder passten auf die Kinder auf, abends saßen alle zusammen am großen Holztisch in der Küche und aßen Eintöpfe mit Zutaten aus dem eigenen Garten. Und abgesehen von Ausflügen an die Nordsee, bei denen unsere Eltern nackt vom Boot sprangen (und wir Kinder in Badeklamotten hinterher), waren sie auch meistens angezogen. Im Garten wurde Cannabis angebaut, aber Drogenexzesse oder Sexorgien gab es keine. Unsere Eltern hatten sich bloß gewünscht, dass wir Kinder mit Vater und Mutter aufwachsen sollten – auch wenn sie nicht mehr zusammen waren. Aber wo Expartner sind, da sind eben auch Konflikte, unausgesprochene Vorwürfe, Eifersüchteleien. Und so war es auch in unserem reetgedeckten Bauernhaus.

Als die Himbeerhecken-Idylle anstrengend wurde und wir Kinder auch mal gebeten wurden, so lange im Zimmer zu bleiben, bis man uns holen würde – weil die Erwachsenen sich in Ruhe im Flur anschreien wollten –, zogen meine Mutter, ihr Freund Nico, mein Bruder Paul und ich zurück in die Kleinstadt, aus der wir kamen. Und bald wohnte auch mein Vater mit seiner neuen Familie wieder ein paar Straßen weiter.

Paul schaut nicht gern zurück auf das, was früher war. Mit Jannis rede ich aber gern über unsere Kindheit. Wir sind auch mal zusammen zu dem Bauernhof gefahren, auf dem wir damals gewohnt haben, und regten uns entsetzlich darüber auf, dass nun kein Moos mehr zwischen den Gehwegplatten wuchs. Wir ärgerten uns über den akkurat frisierten Rasen und den Hundezwinger mit zwei deutschen Schäferhunden (»Hier wache ich«), der nun dort stand, wo Mama früher ihre Bio-Tomaten pflanzte. Wir beide hatten hier wohl die unbeschwerteste Zeit unserer Kindheit verbracht. Und darum schmerzte es uns, zu sehen, dass dieser Ort nur noch in unseren Gedanken existierte, hier nun Zucht und Ordnung herrschten und nichts mehr an das lebendige Chaos erinnerte, in dem wir uns beide so wohlgefühlt hatten.

Wenn Jannis und ich uns sehen, kommt fast immer irgendeine Geschichte von früher auf den Tisch. Und weil bei jedem ganz unterschiedliche Sachen haften geblieben sind, erfahre ich auch heute noch Neues. Wie etwa von der netten Familie, die uns oft auf dem Hof besuchte, wenn sie nicht gerade bei irgendeinem Entwicklungsprojekt in Indien half oder lange Reisen machte, um neue Yogatechniken zu erlernen oder sich selbst zu begegnen. »Die haben ja immer extra alle Kinder mitgenommen, wenn sie in Holland Drogen gekauft haben«, erzählt mir Jannis bei einem Stück Schokoladentorte. »Das war einfach am glaubhaftesten, die sind nie kontrolliert worden. Und selbst wenn, die Taschen der Kinder hätte doch bestimmt keiner durchsucht.« Das macht natürlich Sinn. Trotzdem bin ich froh, nicht im Windelalter von meinen Eltern als Drogenkurier missbraucht worden zu sein. Nicht, dass ich sie je danach gefragt hätte, ich weiß einfach, dass sie so was nie getan hätten.

Auch nach dem Auszug aus unserem Bauernhaus sah ich Papa recht regelmäßig, aber doch selten genug, dass sich aus der Distanz eine Haltung entwickelte, die vor allem aus unverhohlener Begeisterung und bedingungsloser Liebe bestand. Mein Vater konnte mit den selbst gestrickten Zwergen und Tieren aus biologisch-dynamischer Angorawolle (ja, alle Klischees über Waldörfler sind tatsächlich wahr!) Szenen aufführen, für die ich jeden Disney-Film hätte stehen lassen. Und das, obwohl ich nur sehr selten fernsehen durfte. Wenn die Wollband »Bad Moon Rising« von Creedance Clearwater Revival auf der Lehne des Ledersofas sang, taten mir alle Kinder leid, die nicht so einen verdammt coolen Vater hatten wie ich. Immer gut drauf war der und so lustig, dass ich mich vor Lachen krümmte. Manchmal schlüpfte er in die Rolle der pensionierten Ente Herta, dann sprach er mit hoher, brüchiger Stimme und löste damit eine unbeschreibliche Freude in mir aus. Am liebsten hätte ich meinen Comedy-Vater mit in die Schule genommen und allen stolz gezeigt.

Als Kind habe ich seine melancholische Seite nicht bemerkt. Obwohl ich mich meinem Vater so nah fühlte, konnte er mir offenbar viel vormachen, sogar, jemand ganz anderer zu sein. Heute tut es mir leid, dass ich ihn als kleines Mädchen so übersehen habe. Für mich war alles gut, solange es meinen Vater gab. Leider war nur für ihn nie alles einfach gut, und das konnten auch mein Bruder und ich nicht ändern.

Kurz nach meinem zehnten Geburtstag verkündete Papa uns im getäfelten Wohnzimmer meiner Mutter, dass er jetzt für eine längere Zeit in eine Einrichtung im Schwarzwald müsse. Ich weinte so voller Hingabe, dass ich irgendwann Schluckauf bekam. Weil ich wusste, dass ich ihn schrecklich vermissen würde. Dass er nicht als Arzt in die psychosomatische Klinik ging, sondern als Patient, fand ich vollkommen unverständlich. Schließlich hatte mein Vater weder einen Gips noch sichtbare Krankheiten, die einen Klinikaufenthalt für ein Kind gerechtfertigt hätten. Und dass er die Hemdsärmel nie bis zur Armbeuge krempelte, über so was wundert man sich als Viertklässlerin doch nicht. Ich hörte unbekannte, komplizierte Worte wie »Depressionen« und »Opiatabhängigkeit«, und obwohl ich sie weder schreiben noch sonst irgendwas mit ihnen anfangen konnte, war mir bewusst, dass andere Väter so etwas nicht haben. Doch im Grunde bestätigte das für mich nur, dass mein Papa irgendwie besonderer war als die heimwerkenden Akkuschrauber-Besitzer, die meine Freundinnen manchmal von der Schule abholten.

Ich glaube, auch meine Mutter war damals sehr erschrocken zu erfahren, wie groß die Probleme meines Vaters wirklich waren. Sie wusste um seinen Hang zu Drogen, hatte als junge Frau auch mal selbst ein bisschen herumexperimentiert, aber wie sehr ihm irgendwann alles entglitten war, ahnte auch sie nicht. Wohl auch deswegen, weil er abstürzte, während er nach außen hin ein perfektes Leben führte. Und in den Jahren, in denen die Abhängigkeit zunehmend sein Denken und Handeln bestimmte, hatten sie ja auch nicht mehr zusammengelebt.

»Warum ist dein Vater drogensüchtig geworden? Was ist ihm Schlimmes passiert?« Manchmal fragen mich Leute das. Sie denken dann an Eltern, die ihr Kind verprügeln oder vernachlässigen. Aber das ist es nicht. Papas Vater Alois starb, als Gert sechzehn war. Seine Mutter, meine Oma Annegret, war ihm nie wirklich nah. Warum das so war, fällt mir schwer zu verstehen. Wenn ich an meine Großmutter denke, ist da ein Gefühl von Nestwärme, die Erinnerung an süßen Pfefferminztee mit Honig, ihr Singen in der Küche. Bei meinem Vater sind es vor allem Schuldgefühle. Die Beschäftigung mit meinem Vater ist immer auch eine Suche nach Antworten. Manchmal finde ich welche – in seinem Buch, das er mal über seine Geschichte geschrieben, für das er aber nie einen Verlag gesucht hat. 127 Seiten, manchmal zu verkopft, »furchtbar narzisstisch«, wie er selbst findet, aber größtenteils fantastisch geschrieben – und immer wieder so komisch, dass ich kleine Post-its an meine Lieblingsstellen klebe, damit ich sie immer wieder lesen kann. Darin finden sich auch Auszüge aus seinem Tagebuch. Wie diesen, der viel über sein Inneres verrät:

»Innen bin ich brüchig, leer und verwirrt. Die Psychoanalyse spricht von strukturellen Defiziten. Immerhin gibt es einen Begriff dafür. Die Schlussfolgerung ist erlaubt, dass andere Menschen ähnliche Beschwerden haben. Ich habe viel mehr Angst vor der Nähe zu mir selbst als davor, einem anderen Menschen nah zu sein. Niemand außer mir quält mich nämlich wirklich. Niemand.«

Als meine Oma ihm als kleinem Jungen warnend von einem Nervenarzt erzählte, der süchtig nach Morphium war, setzte sich in ihm der Gedanke fest, dass es ein Mittel gibt gegen das dumpfe Gefühl innen drin. »Was ist denn ein Morphinist?«, fragte er seine Mutter, als sie an dem Haus des Arztes vorbeigingen. »Das ist ein Mensch, der sich selbst Morphium spritzt und daran zugrunde geht.« Gert meinte etwas Geheimnisvolles, Sehnsüchtiges in der Stimme seiner Mutter zu hören. Seitdem konnte er nicht mehr aufhören, daran zu denken. So erzählt es mein Vater. Und tatsächlich fand auch er ein wirksames Mittel gegen den Schmerz, als er als junger Erwachsener anfing, mit Heroin zu experimentieren, allerdings nur für kurze Momente. Wenn ich ihn heute bitte, mir die Wirkung zu beschreiben, dann spricht er von »Entladungen puren Glücks aus allen Nervenzellen«. Fügt dann aber jedes Mal hinzu: »Nur das Runterkommen war furchtbar.«

In jeder Drogenberatungsstelle würde man empört aufschreien, wenn man dort lesen würde, was mein Vater einmal über jenen Moment geschrieben hat, wenn er sich eine neue Dosis einverleibte. Zumal man den Zynismus wohl nur versteht, wenn man ihn persönlich kennt: »Meine schönsten Momente waren es, wenn ich die Kanüle sicher in einer Vene untergebracht hatte und den Kolben nur noch leicht anziehen musste, um die rote Blutsäule in die Spritzenfüllung schießen zu sehen. Das Blut löst sich sofort in winzige, wunderschöne Ornamente auf, zuerst einer Blume ähnlich, dann orientalischen Mustern, bis ein Bild entstand, das an eine chinesische Tuschezeichnung erinnerte. Dann kam die Erlösung von aller Not und Pein. Doch die hielt immer nur kurz, und die Gier wurde jeden Tag größer.«

Wenn mich heute Leute fragen, wie man als Kind einen drogensüchtigen Vater erlebt, kann ich darauf nur antworten: Ich bin sicher nicht in erster Linie das Kind eines Fixers, sondern eines wunderbaren Menschen. Und auch wenn es seltsam klingen mag: Ich habe tatsächlich nichts bemerkt von seiner Krankheit. Denn er funktionierte ja lange Zeit nicht nur trotz, sondern vielleicht sogar durch die Opiate, die er sich täglich mehrmals mit einer kleinen Zwei-Millimeter-Spritze verabreichte. Sie gaben ihm künstliche Gelassenheit, nahmen die Angst. Er konnte arbeiten, Anerkennung ernten. So lange, bis irgendwann der Absturz kam.

Der Tag, an dem er beginnt, ins Bodenlose zu fallen, ist der 16. Mai 1988. Mette hatte ihn rausgeschmissen, auch seine Mutter schlägt ihm die Tür vor der Nase zu. Seine Arme sind inzwischen übersät mit Entzündungen, er sitzt zitternd in der Praxistoilette und findet keine brauchbare Vene mehr. Sein Puls rast, er fühlt sich in einem Zustand zwischen Traum und Wirklichkeit. Wie er an diesem Tag aus der Praxis gekommen ist, erinnert er nicht. Nur, dass er irgendwann bei Mette vor der Tür steht. Nur unter einer Bedingung könne er mit ihrer Hilfe rechnen, sagte sie: einem Entzug.

Von unserem Besuch bei ihm in der Klinik, mit Mette, ihren zwei Söhnen und meinem Bruder, erinnere ich wenig – außer schweigendes Auf-dem-Bett-Rumsitzen, Tränen und das Geschenk, das ich in der Schule für Papa gestrickt hatte: einen grauen Esel mit blauen Augen, den ich in meinen klammen Händen hielt. Ich hatte mir damals angewöhnt, an den Bündchen meiner Pullover zu kauen, und auch jetzt wanderte der Stoff immer wieder zum Mund. Meine Mutter hat mir später Bündchen aus Wolle an die zerfetzten Enden meiner Pullis genäht, und ich frage mich, ob sie sich wohl

Sorgen um mich gemacht hat. Papa jedenfalls hat sicher nichts bemerkt, der war ja mitten im Entzug und kämpfte gerade gegen sich selbst. Er und Mette hatten geheiratet, ganz spontan, erzählten sie uns, aber irgendwie schien das kein Anlass zu großer Freude zu sein.

An meine nächste Visite in einer anderen psychosomatischen Klinik in Süddeutschland, in der mein Vater lernte, abstinent zu leben, erinnere ich mich hingegen recht deutlich. Wenn sich Menschen auf den Fluren trafen, umarmten sie sich, als wäre es das letzte Mal. Eine solche Umklammerung war so fest und dauerte so lange, dass es für alle anderen unangenehm war. Papa trug jetzt auch eine Gürtelschnalle mit den Buchstaben AA, was, wie er mir erklärte, für »Anonyme Alkoholiker« stand, zu denen er seit einer Weile ging. Großartig, dachte ich, jetzt war mein lustiger Vater nicht nur plötzlich sehr unglücklich, sondern auch noch Alkoholiker. Später hat er mir erzählt, dass er nicht primär wegen seiner Alkoholabhängigkeit dorthin ging. »Suchtmittel sind austauschbar«, erklärte er mir: »Ich hatte von der Klinik die Auflage bekommen, jeden Abend an irgendeinem Meeting teilzunehmen, sonst hätten die mich rausgeschmissen. Und die Anonymen Alkoholiker gab es eben einfach überall. Deswegen bin ich zu denen gegangen.«

Vielleicht würden wir alles besser verstehen, wenn mein Bruder und ich in ein »Al-Anon«-Meeting für Angehörige mitkommen würden. Was sich für mich anhörte wie eine Businesssitzung mit Overheadprojektor und Männern in dunklen Anzügen, entpuppte sich als Gesprächskreis mit Leuten, die ziemlich mies gelaunt waren und viel weinten. Als Erstes musste sich jeder vorstellen. Nachdem also mein Vater sagte, wie er heiße (obwohl das alle längst wussten) und dass er Alkoholiker sei (was auch alle längst wussten), sagte ich, wie ich hieße und dass mein Vater Alkoholiker sei, was nun wirklich jeder im Raum verstanden haben musste. Ich fühlte mich deplatziert, denn trotz all meiner Bemühungen wollte mir keine einzige Situation einfallen, in der mir mein Vater entgegengetorkelt wäre, in der sein Atem süß oder die Lippen von Rotwein verkrustet gewesen wären. Vielleicht war das reiner Zufall, aber ich hatte ihn nie so erlebt.

Wenn ich Leuten, die ihn nicht kennen, von der Drogenabhängigkeit meines Vaters erzähle, dann weiß ich genau, welche Bilder ihnen durch den Kopf gehen. Sie sehen einen ausgemergelten, zittrigen Mann mit weit aufgerissenen Augen, der keine Kontrolle mehr über sich und sein Leben hat. Diese Bilder haben mit meiner Wahrheit nichts zu tun. Mein Vater wusste seine Krankheit so gut vor anderen zu verbergen, dass ich es mir selbst kaum erklären kann. Ich habe keine Ausfälle mitbekommen, nie das Gefühl gehabt, dass Papa irgendwie komisch ist, er hat nicht mal einen unserer Geburtstage vergessen. Alles, was ich über seine Abstürze weiß, hat er mir selbst erzählt.

»Hallo, Lara!«, sagte die Selbsthilfegruppe anerkennend im Chor, obwohl ich nach meinem Empfinden ja gelogen hatte, und ich war froh, dass mein Bruder Paul jetzt dran war. Der erzählte auch noch mal allen, dass unser Vater Alkoholiker sei, obwohl er ganz sicher auch nicht daran glaubte, aber was hätte er auch sonst sagen sollen? Obwohl die einzigen Kinder hier, wären wir nie auf die Idee gekommen, Kuscheltiere mitzubringen. Die Erwachsenen schon. So als rechtfertigte das Label Sucht jedes noch so seltsame Verhalten, wurden die Bären und Nashörner hypnotisch im Schoß gewiegt oder an die Brust gepresst. Hatte man kein Stofftier, umarmte man auch mal seinen Sitznachbarn. Was gesprochen wurde, weiß ich nicht mehr. Ich dachte sowieso die ganze Zeit nur daran, wie ich meinen Freundinnen später von dem absurden Gebaren erzählen würde, und ich wusste schon jetzt, an welchen Stellen ich Pausen machen oder besonders übertreiben würde. Am Ende sagten alle ein Gebet, das ich inzwischen so häufig gehört habe, dass ich es auswendig kann. Wie alle Anonymen Alkoholiker. Und deren Kinder.

> *»Gott, gib mir die Gelassenheit, Dinge hinzunehmen, die ich nicht ändern kann, den Mut, Dinge zu ändern, die ich ändern kann, und die Weisheit, das eine vom anderen zu unterscheiden.«*

Auch ich konnte verschiedene Dinge nicht ändern und ertrug sie, ja, irgendwie auch mit Gelassenheit. Ich erinnere mich vor allem daran, dass ich auf dem grünen Wildledersofa im Wohnzimmer in ein paar Zeitschriften meiner Mutter blätterte, da war ich vielleicht neunzehn Jahre alt. In einem bekannten Nachrichtenmagazin mit nennenswerter Auflage blieb ich bei einem einseitigen Schwarz-weiß-Foto hängen. Das Bild zeigte einen kleinen, dunkelhaarigen Mann im hellen Anzug mit gesenktem Kopf über eine Straße gehen, die ich als Hamburger Reeperbahn identifizierte, hinter ihm leuchtete ein Reklameschild mit den Worten »Eros Girls«. Man sah den Mann von hinten.

Der Anzug war in Wirklichkeit türkis und aus dünnem Leinen, das wusste ich, denn er gehörte meinem Vater. Was ich nicht wusste, war, dass er anonyme Interviews gab. Geschweige denn, dass er plötzlich auch noch an Spielsucht litt und im Zuge seiner nächtlichen Hausbesuche regelmäßig an Daddelautomaten haltmachte oder irgendwelche Zockerläden bevölkerte, die hier beschrieben wurden. Nachdem ich allgemeines Unglück, Drogensucht und Alkoholismus verkraftet hatte, hätte mir diese neue Entdeckung fast schon egal sein können. Doch die Tatsache, dass es offenbar so schlimm um meinen Vater stand, dass sich jetzt sogar schon Journalisten darüber ausbreiteten, erfüllte mich mehr als alles andere mit Scham. Bis heute glaube ich auch nicht recht an diese Eigendiagnose und erkläre mir diesen Auftritt mit einer allgemeinen Affinität zu Problemen und Süchten aller Art, die er in diesen Jahren auf jeden Fall hatte. Vielleicht suchte er einfach nur nach einem Etikett für seine Verzweiflung.

Ich habe die Zeitschrift damals eingesteckt und in einen Kasten mit Liebesbriefen und anderen peinlichen Dingen gelegt, die keiner sehen sollte. Komischerweise hat meine Mutter sie damals nicht als vermisst gemeldet. Vermutlich wollte auch sie am liebsten ganz schnell vergessen, was dort von einer aufstrebenden Redakteurin textlich verwurstet worden war: ein Schicksal, das man leider nicht einfach weiterblättern konnte, weil es in unserer Familie stattfand. Ich habe das Heft jedenfalls nie wieder herausgenommen. Und meinen Vater auch erst viele Jahre später darauf angesprochen. Verdrängung heißt diese Überlebenstechnik, die vermutlich kein Mensch dieser Welt so schlecht beherrscht wie Papa.

Doch zurück zur seelischen Entgiftung, die mein Vater nun zum Daseinsmittelpunkt machte wie zuvor seine Sucht. Nicht mit Scham, nicht mit Gelassenheit, sondern mit kindlicher Albernheit reagierte ich auf das, was er tat, um sein Leben wieder in den Griff zu bekommen. Rückblickend erscheint mir das vernünftig. Denn auf der Selbsterfahrungs-Schnitzeljagd, auf die er und seine neuen Bekannten aus den Selbsthilfegruppen sich begeben hatten, begegnete einem so manch Unerklärliches, über das man auf jeden Fall lachen konnte – gerade dann, wenn man die Traurigkeit dahinter noch nicht verstand.

Am Wochenende etwa zog mein Vater, inzwischen selbst Psychotherapeut, mit den Klinikinsassen in die Berge, um Laub- und Nadelhölzer zu umarmen oder herauszufinden, wie viel Konfrontation mit sich selbst und anderen man ertragen konnte. Dort wurde sich oft und gern »abgegrenzt«, ein Wort, das ich jetzt dauernd hörte und das dann meistens etwas mit hysterischem Selbstschutz und unhöflichen Zurückweisungen von Kellnern oder Müttern zu tun hatte, die einfach nur nett sein wollten.

Eine besondere Challenge, die ich meinen Vater immer wieder zu beschreiben bat, denn seine Ausführungen klangen zu unglaublich, war die »Mattenarbeit«, an der er aktiv teilnahm, über die er sich aber gleichermaßen auf seine wunderbare Weise lustig machte. Als Kind habe ich die therapeutische Maßnahme so verstanden, dass Menschen, die sich entweder besonders wenig kannten oder besonders wenig mochten, auf Sportmatten übereinandergestapelt wurden. Nach einer kurzen Zeit, in der sie versuchten, den fremden Körper über oder unter sich zu ertragen, rasteten sie dann planmäßig aus, vor Ekel, vor Enge oder weil irgendwas von früher hochkam. Ich habe inzwischen herausgefunden, dass es diese Verkeilungstechnik tatsächlich gibt: »Bonding« heißt sie, und man soll dadurch emotionale Offenheit durch körperliche Nähe herstellen. Natürlich glaube ich den Aussagen meines Vaters, wenn die sich auch ungleich drastischer anhörten, denn der war schließlich dabei beziehungsweise unter fremden Leibern begraben. Und zu diesem Zeitpunkt so entgiftet, wie ein Lebewesen es nur sein kann.

Es fällt mir schwer, diesen Erfolg den Bondingmatten oder der AA-Gürtelschnalle zuzuschreiben; doch mein Vater – schon immer ein Mann der Extreme – hatte es geschafft, seine Abhängigkeit von bewusstseinsverändernden Stoffen jeglicher Art gegen neue, geradezu wellnessmäßige Süchte einzutauschen: Rooibostee, Ananas und die spirituelle Übung der »Fünf Tibeter«, die laut Papa zu einem Mindestalter von hundert Jahren führen sollte, waren sein Ersatz für den Rausch. Und wurden mindestens genauso exzessiv konsumiert beziehungsweise praktiziert wie zuvor sein Lieblingsschmerzmittel Temgesic oder Heroin und Opium. Zusammen mit seiner neuen Freundin Gabriele, die Papa, obwohl zu dieser Zeit noch recht frisch mit Mette verheiratet, in der Klinik kennengelernt hatte.

Ich hatte mir so was schon gedacht, als ich ein Paar hellblaue Damenschlappen im Badezimmer seines Ein-Zimmer-Appartements entdeckte. Angeblich gehörten die seiner Putzfrau, obwohl die Wohnung nicht den Eindruck erweckte, als würde hier regelmäßig jemand mit Mikrofasertuch und Wischmopp durchwienern. Es dauerte nicht lange, und Papa wohnte bei Gabriele, in einem urkonservativen Dorf im tiefsten Oberbayern. Bei Gabriele war es immer sehr warm und sehr ordentlich, es gab viel Tee und noch mehr Geborgenheit. Ich genoss das, Papa sowieso. Ich war mir sicher, dass jetzt alles gut werden könnte.

Und das wurde es. Für viele Jahre hatte mein Vater ein glückliches Leben. Manchmal schien es, die beiden hätten sich gegen den Rest der Welt verschworen, legten sich mit Nachbarn an, wetterten gegen Kellner, Schaffner oder Verkäufer aus der Herrenoberbekleidungs-Abteilung, die es angeblich auf sie abgesehen hatten. Es krachte auch ordentlich zwischen ihnen, und meistens zog einer dann beleidigt ab. Ihre Liebe war sicher nicht unkompliziert, aber intensiv und innig. An den Wochenenden packten sie manchmal das Auto mit Flohmarktsachen voll, fuhren nach München, wo sie die Nacht durchtanzten und am nächsten Morgen ihren Stand aufbauten. Gabriele half ihm in der Praxis, und wenn keine Patienten da waren, gingen die beiden runter zum See ins Eiscafé.

Ich erinnere mich an viele liebevolle Streitereien. Es ging dann um Gabrieles leidenschaftliche Verehrung für Eros Ramazzotti und Papas für Patti Smith. Um seine Abwehr gegenüber dem Skifahren, das sie so liebte und das er – nachdem er mitten in einer Gruppe blutjunger Schülerinnen zu Fall gekommen war – aus tiefster Seele verabscheute. Sie, die selbst nie Kinder hatte, stellte mich gern als ihre Tochter vor, und ich hatte nichts dagegen. Wir kauften Leggings und Glitzerturnschuhe im Partnerlook. Und erzählten uns Männergeschichten.

Wenn ich mit dem Zug aus Norddeutschland kam, konnte ich es kaum erwarten, die beiden am Bahnsteig stehen zu sehen. Meistens waren sie sommerlich braun und – seit Gabriele meinen Vater zum Shoppen in italienische Designerläden schleppte – sehr gut angezogen. Ich schlief meistens lang. Und wenn ich endlich aufstand, fand ich sie, noch verschwitzt vom Joggen, barfuß in der offenen Küche. Dort wurden riesige Mengen Säfte frisch gepresst und grüner Tee zubereitet, es gab Sesammus und die angeblich besten Butterbrezen der Welt. Die Tage verbrachten wir mit Ausflügen in die Berge, endlosen Gesprächen im Biergarten, abends gingen wir ins Kino. Es fällt mir heute sehr schwer, Fotos aus dieser Zeit anzusehen. Weil sie all das in Hochglanz zeigen, was wir verloren haben. Und mir bewusst machen, dass man Glück nicht festhalten kann.

Es gab aber auch Tage, an denen Gabriele still und mürrisch war und allein sein wollte. Dann konnte sie, die sonst vor Energie übersprudelte, an nichts mehr Freude finden. Papa und ich zogen ohne sie los. Und meistens ging es ihr am nächsten Tag besser. Es war nie ein Geheimnis, dass auch Gabriele mit sich zu kämpfen hatte, sie hatte früher getrunken, ging jede Woche zur Therapie und zu Selbsthilfegruppen. Aber wenn ich ehrlich bin, habe ich nie begriffen, wie groß ihre Schwierigkeiten waren. Ich dachte immer, sie setzt sich intensiv mit den Themen auseinander, die meinen Vater beschäftigen. Sie kam mir stärker vor als er. Solange ich die beiden zusammen erlebte, habe ich sie stets als Stütze meines Vaters wahrgenommen, als diejenige, die ihn antrieb, ihm Lebenssinn gab. Heute glaube ich, dass sie sich gegenseitig Halt gaben. Bis ihr irgendwann die Kraft ausging.

Rollentausch

Lydia

Das Gefühl ist schwer wie Blei. Seine Hilflosigkeit hängt wie kiloschwere Gewichte an meinem Körper. Er weiß es nicht. Er sagt, er kann es nicht. Er wisse gar nicht, wohin er muss. Wo er anrufen muss. Eigentlich weiß er auch gar nicht, was er da überhaupt soll, beim Amt. Er brauche nichts, sagt mein Vater immer wieder. Und wenn ihm einfiele, dass er doch etwas braucht, dann wisse ICH ja, wie das geht. Wo er »so etwas« bekäme. Mein Vater spricht, als ginge es um weißen Trüffel oder um eine reife Mango, die nicht unbedingt griffbereit in jedem Discounter zu finden ist. Dabei geht es um sein Leben. Um eine Wohnung. Um eine Krankenversicherung. Es geht um seinen Lebensunterhalt. Doch mein Vater ist nicht handlungsfähig.

Er sagt, er sei neu hier, hier in Deutschland. In seiner Heimat. Er kenne das System nicht, die Behörden und so. Dabei sind es doch seit Kriegsende die gleichen Behörden für die gleichen Zuständigkeiten, denke ich. Letztlich hat er genau das gleiche Problem wie ich in diesem Moment: Er weiß nicht, wo man was beantragen muss, welche Unterlagen nötig sind und welche Papiere vorgelegt werden müssen, um sozusagen wieder zu existieren. Um auf dem Papier offiziell in Deutschland gemeldet, versichert und vor allem abgesichert zu sein – so weit das denn möglich ist.

Ich habe vier Wochen Zeit, um meinem Vater ein neues Leben aufzubauen. Zwanzig Urlaubstage, um eine Bleibe zu finden, die nicht in einer Hochhaussiedlung liegt. Um für meinen Vater das Existenzminimum zu beantragen sowie die Voraussetzung zu schaffen, dass er zum Arzt gehen kann. Es ist Sommer, und anstatt wie sonst nach Mallorca zu fliegen, wohnt Papi seit zwei Tagen bei meinem Mann und mir auf einem Klappbett im Arbeitszimmer und wartet. Auf seine Möbel, die ich aus dem Speicher von Freunden holen soll. Auf die Regelung seiner nicht mehr vorhandenen Finanzen, seiner Prostataprobleme und auf die Entlausung seines Hundes, um die ich mich kümmern soll. Warum ich? Weil mein Vater es nicht weiß. Oder nicht will. Oder nicht kann. Oder von allem ein bisschen.

Wie also stellt man innerhalb eines Monats das Leben des eigenen Vaters neu auf die Beine? Wie, wo, was – und vor allem was zuerst? Normalerweise gibt es doch für alles ein schlaues Buch. »10 Kilo abnehmen in zwei Wochen« oder »Fünf Gänge kochen in 12 Minuten«. Aber »Neues Leben für den Vater in zwei Tagen« finde ich nirgendwo im Internet und sehe von einem Gang in die Buchhandlung ab, da ich keine gestanzte Lebenshilfe auf 300 Seiten im Regal vermute. Erst mal etwas essen, denke ich. Und das kann ich zum Glück, oder leider, immer, egal, ob Drama oder Highlight.

»Papi, sitz bitte gerade«, ermahne ich meinen Vater, der zusammengesunken am Küchentisch kauert, als hätte er einen Buckel. Den Mund bis zum Rand voll mit Knäckebrot und bitterer Orangenmarmelade, antwortet er, ich solle aufhören, ihm Vorschriften zu machen. »Sprich bitte nicht mit vollem Mund«, schiebe ich hinterher. Unglaublich, staune ich; ich klinge wie er und frage mich, wie er all seine Erziehungsauflagen vergessen haben kann. Jahrelang mussten wir Kinder uns korrigieren lassen, wie Kerzen am Tisch sitzen, bitte, danke, bitte, danke, erst runterschlucken, dann sprechen. »So ist das eben, wenn man ewig allein lebt und allein isst«, erklärt mein Vater, der an meinem zerknirschten

Gesicht gesehen haben muss, dass mein mir mühsam anerzogenes Pietätsempfinden durch seine mangelnden Tischmanieren verletzt ist. Ich nehme mir vor, in Zukunft nicht darauf zu achten, ob mein Vater mit vollem Mund spricht oder wie eingerollt am Tisch sitzt. Und zack: »Papi, schneid doch bitte das Schwarzbrot ein bisschen kleiner, oder willst du dir eine Maulsperre holen?«, entfährt es mir, als ich das dreieckige XL-Stück »Harrys Korn an Korn« mit vier Zentimeter dickem Leberwurstaufbau in den weit aufgerissenen Mund meines Vaters segeln sehe.

Ich atme tief ein, fasse nicht, dass ich das gerade gesagt habe, während er sich das Schwarzbrot so lange mit der Gabel gegen seine geöffneten Lippen drückt, bis der Getreideverbund zerbricht, er mühsam den Mund schließt und direkt anfangen will, mir zu sagen, dass ich ihn nicht kritisieren soll. Es überrascht mich nicht, meinen Vater mit der Wurstbrotmasse kämpfen zu sehen; die ersten Worte seiner Rebellion bleiben stecken. Während noch Brotbrocken aus seinem Mundwinkel auf den Boden krümeln, wird gebrummt, Unverständliches gemurmelt. In Spanien wäre Labrador Tito begeistert angewackelt gekommen; jetzt wird es an mir hängen bleiben, die Reste von Papis Streichwurstorgie zu beseitigen, da der Hund bei meinem Bruder untergebracht ist. Komplett genervt verlasse ich die Küche nach nur zwei Tagen Verantwortung für einen anderen Menschen, der die eigene offenbar auf Mallorca am Charter-Gate beim Abflug abgegeben hat.

Ich fühle mich furchtbar, ein Hin und Her zwischen Wut und Trauer entzieht mir meine ganze Energie. Wieso ich, wieso mein Vater, wieso so? Es fühlt sich an, als wäre ich über Nacht zur Mutter meines eigenen Vaters geworden. Wie hat dieser Mann bislang sein Leben geregelt?, frage ich mich. Immer wieder. Hat er nicht, sagt meine Mutter am Telefon. Zumindest die letzten Jahre nicht. Das Leben ist ihm entglitten. Und wir alle hatten offenbar insgeheim gehofft, dass er es wieder in den Griff bekommt.

Dies ist ein Moment, in dem man am liebsten alles hinschmeißen will. Die überteuerte Mitgliedschaft kündigen, aus dem Verein austreten. Eine abgrundtiefe Unzufriedenheit, in der man sich wünscht, sich frei zu machen von dem Gefühl, irgendwas »zu müssen«. Wenn ich anfange zu überlegen, was ich im kommenden Alltag alles »müssen muss«, bekomme ich zu viel. Ich will wollen, nicht müssen. Und vor allem würde ich gern gefragt werden, was ich will. Nicht immer nur gesagt kriegen, was ich muss. Aber wozu hat man die liebe Familie? So heißt es doch immer so rosarot, so verheißungsvoll, so unterstützend. So ein Scheiß.

Obwohl ich NICHT zur Hamburger Sparkasse will, muss ich. Beziehungsweise mein Vater. Also fahren wir zur Filiale seines Vertrauens. Den Sparkassenmann kenne er schon ewig, erzählt er im Auto, ach, so ewig, noch aus den Zeiten, als mein Vater fast ein zweites Konto brauchte, weil das erste voll war. Das allerdings ist lange her. 447,23 Euro steht unten auf dem Kontoauszug, immerhin in Schwarz. »Nicht alles auf einmal ausgeben«, sagt der spießige Haspa-Mann dämlich grinsend zu meinem Vater, der bereits den Keksteller leert. »Ganz köstlich, das sind Vanillekipferl, nicht wahr?«, fragt mein Vater den Mann, der offenbar nicht weiß, wie leicht entzündlich und dadurch lebensgefährlich Polyesteranzüge sind. Und dass man keine Ponys auf Krawatten trägt.

Ich hingegen behalte das, was ich denke, für mich. Das wurde mir so beigebracht. Allerdings nicht von meinem Vater, fällt mir immer mal wieder auf, wenn ich mit ihm unterwegs bin und er grundsätzlich sofort losredet, obwohl mindestens jeder dritte seiner Kommentare besser nur in seinem Kopf geblieben wäre. Und jetzt fällt meinem Vater auch direkt etwas ein, was unbedingt mitgeteilt werden muss: »Meine Mutter, eine wunderbare und so herzliche Frau, die konnte Vanillekipferl backen, das können Sie sich nicht vorstellen«, beginnt er, in Erinnerungen zu schwelgen. »Sie hatte das Rezept von einem uralten Freund der Familie, Wilhelm, also der alte Wilhelm, der Senior. Ein irrsinnig reicher Mann, wissen Sie. Kennen Sie die große Gründerzeitvilla an der Elbchaussee, Höhe …, na, wie heißt denn die Straße noch gleich?« – »Papi, der Mann muss noch arbeiten«, unterbreche ich ihn. Der Banker nutzt den Moment und schwenkt um ins Geschäftliche, eine neue EC-Karte wird beantragt, der Zugang für ein Onlinekonto eingerichtet, damit ich künftig notwendige Daueraufträge veranlassen kann. »Das macht alles meine Tochter, das mit dem Internet«, erklärt Papi dem Banker wie selbstverständlich, obwohl wir nie drüber gesprochen haben. Und bevor mein Vater ausholen kann, was ich neben dem Internet noch alles so beherrsche, stehe ich auf, um unseren Aufbruch anzukündigen. Dankbar nickt der Sparkassenmann mir zu. »Schicke Krawatte übrigens«, sage ich lächelnd und hake mich bei Papi ein.

Mein Vater knuspert beim Rausgehen noch am letzten Keks und fragt dann: »Du fandest doch nicht etwa diese alberne Krawatte schön. Ich bitte dich, deine Mutter und ich haben dir doch einen besseren Geschmack vermittelt als Tierkrawatten.« Ich muss lachen, für den Moment ist er ganz der Alte.

Auf meiner langen Liste mit dem Titel »Papis neues Leben« streiche ich »Sparkasse«. Wieder was geschafft. Gleichzeitig merke ich, wie die wirklich unangenehmen Punkte mich immer unruhiger machen. Der Besuch beim Sozialamt steht bevor. Aber ich weiß, dass mein alter Herr diesen Termin niemals allein schaffen würde. Mein Vater ist durch den Umzug stark gealtert. Er wirkt geschwächt, verwirrt, orientierungslos, hilflos. Sogar sein Gang ist unsicher, als hätte er Schmerzen beim Auftreten. Alte Bäume soll man nicht verpflanzen, das ist wohl so. Aber alte Bäume brauchen auch nicht plötzlich ein neues Dach über dem Kopf, eine Krankenversicherung und einen gültigen Rentenbescheid.

Während ich inzwischen zum vierten Mal die Einbahnstraße vor dem Sozialamt im Schritttempo langfahre, überlege ich, ob es wohl ein Zeichen ist, dass wir keinen Parkplatz finden und lieber morgen wiederkommen sollten. Oder am besten nie wieder. Doch zu spät: Bei einem grünen Opel Astra gehen die Rückleuchten an, ich bremse, parke im Schneckentempo ein, steige aus, vergesse abzuschließen und gehe einen halben Meter vor meinem Vater in das typisch bürokratiegraue Gebäude. Am Info-Counter sitzt ein älterer Herr. Ich frage ihn, ob er wisse, wohin man muss, wenn man alles beantragen will, was es hier so gibt. Er lächelt und schickt mich freundlich in den ersten Stock. Ich gehe durch den großen Warteraum im Erdgeschoss, mein Vater folgt mir. Ich höre Fetzen aus Beratungsgesprächen, aber kann nicht aufschnappen, worum es jeweils geht. Wir fahren mit dem Fahrstuhl ins Obergeschoss. Ein karger Flur mit zwei Tischen und vier Stühlen liegt vor uns, keine Stimmen, keine Wartenden. Wir setzen uns und gucken gegen die Wand. »Sind wir hier richtig?«, fragt mein Vater mich nach 40 Sekunden. Ich nicke nur und finde den Flur unangenehm trist. Alle Türen zu den Büros sind geschlossen. Nichts passiert, für mindestens eine halbe Stunde. Ich überlege, wie es gleich weitergehen wird, welche Unterlagen fehlen könnten, welche Auflagen für eine Wohnung gelten. Wie unfreundlich die Sozialamtsmitarbeiterin wohl sein wird, die für den Buchstaben B zuständig ist. Was mein Vater sagen wird und ob wir uns besser fühlen, wenn wir das Amt wieder verlassen. Dann geht eine Tür auf und der Sachbearbeiter-Albtraum steht vor uns. Genervt ruft die scheintote Schreckschraube den Nachnamen meines Vaters durch den Flur, als säße eine Auswahl Wartender vor ihr. »Jawohl, hier«, antwortet mein Vater in gewohnter Manier. Papi steht auf, geht freundlich lächelnd auf die Frau zu, streckt ihr die Hand entgegen. Ihr rechter Arm bleibt schlaff an der birnenähnlichen Figur hängen, sie blickt meinen Vater abschätzig an. Eine Handbewegung lässt ihn und mich in ihr Territorium eintreten. Sie setzt sich hinter den grauen Schreibtisch, beschäftigt sich mit ihrem Computer, blickt nicht auf, beachtet uns nicht. Schließlich schiebt sie den Bildschirm zur Seite, guckt mich an und fragt bissig: »Und wer bitte sind Sie?« – »Ich bin die Tochter«, sage ich kurz. »Und woher soll ich das wissen?«, zickt sie mich an. Wissen tust du vermutlich eh nicht viel, deshalb sitzt du ja auch hier und lässt deine Frustration an Menschen aus, die gerade kurz vor der Selbstaufgabe stehen – denke ich. Und würde ich nicht etwas von dieser Furie wollen, hätte ich meine Gedanken auch laut ausgesprochen. Doch die Situation ist auf eine noch nie erlebte Weise beklemmend. Und ich versuche, möglichst leise tief zu atmen, um einen klaren Kopf zu behalten.

Als würden wir ihre kostbare Zeit stehlen, rattert die Sozialamttante ihre Fragen runter. Sie lässt keine Gelegenheit aus, um meinem Vater mitzuteilen, dass er besser hätte vorsorgen können, anstatt jetzt dem Staat auf der Tasche liegen zu müssen. Etliche Unterlagen werden ausgefüllt, Papi muss zigfach unterschreiben, kann den Abläufen und dadurch zum Glück auch den Gemeinheiten der Behördenfrau nicht folgen. Ab dem nächsten Monat bekäme mein Vater Grundsicherung, erklärt der Drachen mir in einem Ton, als würden wir um Geld aus ihrem Privatvermögen bitten. Mein Vater blickt mich fragend an, das Wort »Grundsicherung« ist offenbar neu für ihn. »Was ist, haben Sie eine Frage?«, faucht sie Papi entgegen. »Ist ja gut«, versuche ich ihren Ton zu mäßigen. Mein Vater schüttelt eingeschüchtert den Kopf. »Ich kläre das mit meiner Tochter, danke«, sagt er leise und guckt auf die Papiere, die vor ihm liegen.

Die Höhe des von der Behörde gezahlten Satzes richtet sich nach der Rente meines Vaters. Am Ende soll der gängige Hartz-IV-Satz von etwa 350 Euro im Monat als Lebensunterhalt gewährleistet sein. »Wie hoch ist Ihre Rente?«, fragt die Sachbearbeiterin und linst über ihre rote, rechteckige Brille. »Das weiß ich gar nicht genau jetzt, hier liegen so viele Zettel«, antwortet mein Vater und beginnt die Blätter nach seinem Rentenbescheid zu durchsuchen. »Hier, Papi«, schalte ich mich ein, »ich hab deinen Rentenbescheid. Es sind 154 Euro«, sage ich zur Behördenfrau. »154 Euro«, wiederholt sie gespielt überrascht, als würde sie voller Ironie sagen wollen, dass mein Vater sich ja in aller Ruhe auf die faule Haut legen könne bei so viel »Reichtum«. »Und die private Rente haben Sie sich auszahlen lassen, richtig?«, fragt sie schnippisch, und man hört schon ihren nächsten Gedanken, während sie die Lippen spitzt und gönnerhaft nickt: »Und jetzt soll der Staat zahlen, nur weil Sie nicht mit Ihrem Geld umgehen konnten, richtig?«

»Ja, mein Vater hat sich vor vielen Jahren leider seine Rente auszahlen lassen«, antworte ich auf ihre Frage, während sie geradezu empört die nikotinvergilbten, spitz gefeilten Nägel in die Tasten des Computers hackt. Grundsätzlich bin ich ja des Drachens Meinung: So was müsste verboten sein. Also, sich die Rente auszahlen zu lassen. Aber es ist wie es ist. Wer kann mir heute schon sagen, ob auch nur eine meiner drei abgeschlossenen Rentenversicherungen zahlungsfähig ist, wenn ich Ende 60 bin? Und werde ich überhaupt einen Cent aus meiner gesetztlichen Rente bekommen, wenn ich mal so alt bin wie mein Vater heute? Die meisten Leute sagen: »Nein.« Weiter einzahlen soll man trotzdem.

Die Sachbearbeiterin tippt und tippt, während mein Vater aus dem Fenster guckt. »Welche Krankenversicherung?«, fragt sie genervt und reißt Papi aus seinem Tagtraum. »Ja, also, ich war 38 Jahre privat versichert, aber jetzt habe ich leider schon seit etwa zwei Jahren keine Krankenversicherung mehr«, erklärt mein Vater entschuldigend. Sie fixiert ihn wie eine Schlange vorm Zubeißen und sagt mit versteinerter Miene: »Welche Krankenversicherung Sie künftig wollen, will ich wissen. Wo Sie früher versichert waren, interessiert mich nicht.« – »DAK«, sage ich, um den ungleichen Nahkampf abzubrechen. Doch die Furie ist mittlerweile in

Hochform. »Ich habe Ihren Vater gefragt! Das muss er entscheiden, hören Sie?«, zischt sie, ohne den Blick von meinem Vater zu nehmen, der wie eine eingeschüchterte Maus auf dem Stuhl kauert, wohl wissend, dass die Kobra sich hoch vor ihm aufgerichtet hat. »Papi, würdest du der freundlichen Dame bitte sagen, dass du gerne bei der DAK versichert sein möchtest?« Und der gibt kurz und bündig weiter: »DAK. Bitte.«

Mir fällt ein Stein vom Herzen. Es waren sogar fast drei Jahre, die mein Vater ohne Krankenversicherung in Spanien lebte. Eine lange Zeit, in der ich anfangs immer wieder Szenarien im Kopf hatte, wie meinem Vater irgendwas zustößt und ihn die Ärzte links liegen lassen, weil er nicht versichert ist. Oder wie er eine Woche oder länger im Krankenhaus behandelt werden müsste, und mein Bruder und ich ruck, zuck verschuldet wären. Zweimal kauften mein Bruder und ich unseren Vater tatsächlich wieder in seine deutsche Privatversicherung zurück, als wir mehrere Monate nach dessen Kündigung erfahren hatten, was los war. Doch die Tausende von Euros waren schneller weg, als der Versicherungsschutz wieder dauerhaft bestand. Denn sobald mein Vater wieder selbst zahlen sollte – und er versicherte stets, das zu können –, flog er kurz darauf wieder raus, weil er nicht zahlte. Zu dem Zeitpunkt wussten wir nicht, dass er so gut wie keine Rechnungen mehr beglich. Die Miete nicht, die KFZ-Steuer nicht, die Telefonrechnung nicht, die Stromrechnung nicht, die Krankenversicherung nicht. Wozu gab es verschiedene Energielieferanten oder etliche Telefonanbieter in Spanien?

Doch so plötzlich die Erleichterung über den ab sofort bestehenden Versicherungsschutz in der vom Amt bezahlten gesetzlichen Krankenversicherung da gewesen ist, so schnell ist das gute Gefühl auch schon wieder verflogen, als die Frau mir die Liste für die Wohnungskonditionen vorlegt. »In der Regel dauert es drei bis fünf Monate, eine Wohnung dieser

Art zu finden. Wo wohnt Ihr Vater aktuell?«, fragt sie mich. »Bei mir«, sage ich. Und dass ich nicht drei bis fünf Monate Zeit habe. »Ihr Pech«, antwortet sie schnippisch und tippt wieder. Was erlaubt diese formatlose Furie sich eigentlich, frage ich mich und muss wieder konzentriert atmen, um ruhig zu bleiben. Mehr als 30 Jahre hat mein Vater in Deutschland Steuern gezahlt. Und nicht gerade wenige. Jetzt meint so eine verdörrte Schachtel, ihn beleidigen zu dürfen und wie einen Asozialen behandeln zu können. In meinen brodelnden Gedanken weise ich die Ätztante so lautstark auf ihr Fehlverhalten hin, dass ihre gelbstichigen Fisselhaare nach hinten fliegen. »Haben Sie sonst noch was, oder reicht's für heute?«, fragt sie herrisch. »Ich weiß es nicht«, sagt mein Vater, als wäre er nur die Begleitung, und guckt mich erwartungsvoll an. »Komm«, sage ich zu ihm – und »Herzlichen Dank« zu der Frau, die bereits wieder auf ihrer Tastatur rumhackt und so tut, als wären wir schon weg.

Mein Vater trottet vor mir her zum Auto. Früher hätte er geschimpft, sich in die unverschämte Art der Behördenfrau reingesteigert. Doch die energische, ungeduldige Art hat er schon vor Jahren abgelegt. Die Ungeduld, die ihn damals schnell aus der Fassung gebracht hat, ist verflogen. Das muss die Altersmilde sein, überlege ich, während meine Wut noch anhält.

Die wird sich wundern, kocht es in mir. Wenn ich wieder klar denken kann, wende ich mich direkt an ihren Chef, nehme ich mir vor. Niemand muss sich so behandeln lassen, denke ich kämpferisch und knalle die Autotür zu.

Krankenversicherung und Grundsicherung streiche ich energisch von meiner Liste und merke, wie erschöpft ich bin. Jetzt schon, nach nur einem Behördenbesuch. An die Wohnungsarie mag ich noch gar nicht denken. So viele Sachen rasen durch meinen Kopf, dass ich dasitze, ohne den Wagen zu starten, weil mir gerade entfallen ist, wo wir als Nächstes hinmüssen. Und obwohl es keine Neuigkeit für mich ist, kommt mir Papis ausgezahlte Rente wieder in den Sinn. Wieso hat er sich nie Gedanken übers Alter gemacht, über seine Vorsorge, seine Absicherung? Ich hole Luft und will meinen Vater fragen: Warum? Als ich ihn angucke, starrt er auf das Handschuhfach, sein Blick ist leer und leidend. Die Situation im Amt hat ihn mitgenommen, sichtlich. »Traurig«, sagt er leise, ohne mich anzugucken, »das ist alles sehr traurig.«

Trotz der Wut im Bauch tut er mir plötzlich endlos leid. Das Mitgefühl für meinen alten, aufgeschmissenen Vater zerreißt mir fast das Herz. Ich weiß, dass er in diesem Moment an all das denkt, was er sich für sein Alter gewünscht hat, wie er sich seine letzten Jahre vorgestellt hat. Und ich weiß, dass all das nicht in Hamburg passieren sollte, dass er zurück will auf die Insel, ein selbstbestimmtes Leben führen.

Ich versuche, mir vorzustellen, wie sich das alles für ihn anfühlen muss. Erinnere mich an Niederlagen, an misslungene Bewerbungen, an zurückgewiesene Liebesgefühle. Aber eins wusste ich bei jeder negativen Erfahrung, die ich bisher gemacht habe: Das nächste Mal wird es klappen. Für meinen Vater aber gibt es kein nächstes Mal mit Rente. Er ist mit Ende siebzig in einem Alter, in dem man vieles eher zum letzten Mal macht. Und ebendieser Gedanke an die Aussichtslosigkeit seiner Situation treibt mir die Tränen in die Augen. Alles schnürt sich in mir zusammen. Ich öffne das Fenster, damit der Verkehrslärm mein lautes Schlucken übertönt. Die Situation im Auto ist unerträglich; ich traue mich nicht, meinen Vater anzublicken, aus Angst, ihn weinen zu sehen. Ich habe ihn noch nie weinen sehen. Und ich möchte es auch heute nicht. Anstatt, wie geplant, zu einer Wohnungsgenossenschaft fahre ich an den Hafen. Als ich wieder sprechen kann, schlage ihm vor, ein, zwei Bier mit Elbblick zu trinken. Papi willigt ein; die ganze Fahrt über spricht er kein Wort. Ich auch nicht. Ich mache das Radio an, Simon & Garfunkel heben mit »Bridge over troubled water«

nicht gerade die Stimmung. Wir fahren die Elbchaussee entlang, vorbei an der großen Gründerzeitvilla von Onkel Wilhelm. Noch nie hat er das imposante Gebäude seines Cousins unkommentiert gelassen, jedes Mal hat er den Blick aus dem Garten auf die Elbe so ausschweifend beschrieben, dass man schon längst eine Kreuzung weiter war, bis er zu schwärmen aufgehört hatte. Heute nichts dergleichen. Erst als ich parke und den Motor abstelle, hebt er den Kopf, guckt mich an und runzelt fragend die Stirn. »Komm, Papi, wir trinken jetzt Bier«, sage ich auffordernd. »Ja, eine gute Idee«, antwortet er und steigt aus. Trotz Sonne und Elbblick bleibt es ein stiller Tag. Keiner von uns hat Lust zu reden, jeder denkt sich seinen Teil. Nur einen Kommentar kann sich mein Vater nicht verkneifen: »Diese Brille«, sagt er ungläubig über die Frau im Sozialamt. »Und diese Haare.« Und dann ehrlich erschüttert: »Arme Frau.«

Während wir auf die Elbe gucken und große Containerfrachter sich an uns vorbeischieben, sehe ich mich als Kind mit Papi auf dem Fahrrad unten am Wasser entlangfahren. Der Hund einige Meter vor uns, immer mal fragend nach hinten blickend, ob sein Herrchen auch kommt. Papi hatte die kurze, dunkelbraune Lederleine meist um den Hals gehängt. Es war die Zeit, als man Hunde noch frei laufen lassen konnte und nicht mit schwarzen Plastikbeuteln im Busch nach dem »Gelösten« suchen musste. Plötzlich ist mein Fahrrad gar nicht mehr so schwerfällig; in meinen Gedanken sehe ich aus, als würde ich nichts lieber tun, als mit meinem Vater und dem Hund sonntags durch den Park zu radeln. Die Erfahrung der letzten zwei Stunden im tristen Zimmer des Sozialamts lässt jede Erinnerung goldschimmernd erscheinen.

Am Abend sitze ich vor dem Laptop und lese unzählige Wohnungsangebote. Neben mir liegt die Liste der Höchstmieten für Ein-Personen-Haushalte bis 50 Quadratmeter. Die Nettokaltmiete reicht von 358 Euro bis 382,50 Euro. Das muss ja zu machen sein, denke ich anfangs. Bis ich mir die Liste genauer ansehe und lese, dass die Mieten zusätzlich an das Baujahr des jeweiligen Gebäudes gekoppelt sind. Für einen Neubau ab 1994 wird demnach knapp 400 Euro gezahlt, für eine Wohnung in einem 50er-Jahre-Bau nur 277 Euro kalt. Nach diesen Kriterien eine Wohnung zu finden, die nicht in einer Hochhaussiedlung neben der Autobahn liegt, halte ich für abwegig. Und tatsächlich, am nächsten Tag schleichen mein Vater und ich durch den Grünstreifen einer Blockbebauung am Horner Kreisel, einer beliebten Hamburger Autobahnauffahrt. »Wenn du willst, dass ich hier einziehe, erschieße ich mich«, sagt mein Vater warnend. Als würde ich scharf drauf sein, dass mein Vater seine letzten Jahre im 13. Stock einer doch eher schwierigen Nachbarschaft mit Hang zu Kampfhunden und lautstarken Auseinandersetzungen am offenen Küchenfenster wohnt, versuche ich, ihm Hoffnung auf eine andere Bleibe zu machen: »Papi, ich will gar nicht, dass du hierherziehst, aber zwei Zimmer mit Garten und Elbblick in Blankenese wird schwer zu finden sein zu den vorgegebenen Konditionen.« – »Elbblick muss doch überhaupt nicht sein, aber Blankense wäre schön, auch wegen der alten Freunde, die da wohnen«, erklärt mein Vater mir wohlwollend. Ich spare mir meinen Kommentar und fühle mich wie in einem 80er-Jahre-Film inmitten der Hochhäuser, die alle in unterschiedlichen Pastellfarben gestrichen sind. Ich gehe mit Papi um das hellorangefarbene Haus, um vielleicht einen Blick in die annoncierte Erdgeschosswohnung werfen zu können. Und tatsächlich, eine einladende Fensterfront zeigt uns ein bereits geräumtes Wohnzimmer sowie eine kleine Einbauküche im Nebenraum in Entengrützengrün gehalten. »Guck mal, wie nett mit dem Garten, sogar akkurat eingezäunt, wie gemacht für dich und den Hund«, sage ich mit ehrlicher Begeisterung. »Ich erschieße mich«, antwortet mein Vater nüchtern, als wäre es beschlossene Sache. Na gut, dann also nicht im Abseits der Stadt an der Autobahn. Wir fahren quer durch

Hamburg gen Westen, bis kurz vor die Grenze der Hansestadt. Ich bin guter Hoffnung, im Wissen, dass der Stadtteil Rissen sehr nette Ecken hat. Nur leider nicht an der Straße, wo die 350 Euro teure Zwei-Zimmer-Wohnung frei ist. Erneut finden wir uns zwischen mindestens siebenstöckigen, grauen Betonklötzen wieder. Als ich Papi um ein Urteil bittend anschaue, guckt er mich an, als hätte ich gerade etwas Saufreches gesagt. »Treib es nicht zu wild, meine Liebe«, sagt er kopfschüttelnd und geht direkt zurück zum Auto. Ich bin für einen Augenblick nicht ganz sicher, ob er verstanden hat, was wir gerade tun; deshalb versuche ich, es ihm auf dem Rückweg noch mal in aller Ruhe zu erläutern: »Also, das Problem ist, dass du nicht so wahnsinnig viele Möglichkeiten hast, Papi, weil das Budget begrenzt ist. Wir haben jetzt diese Liste mit den Angaben, nach denen wir uns richten müssen. Und demnach müssen wir versuchen, das Beste daraus zu machen, verstehst du?« Mein Vater guckt mich zwar an, sagt aber nichts. »Hallo?«, frage ich. »Ja. Hallo. Und was ist deiner Meinung nach das Beste an einem Wolkenkratzerghetto? Etwa die Aussicht?«, fragt er zurück. »Anstatt die ganze Zeit nur zu nörgeln, könntest du mir ja helfen und auch mal ein paar Wohnungsangebote durchforsten«, entgegne ich genervt. Aber was erwarte ich von einem Menschen, der die letzten Jahre als Makler gearbeitet hat und sich mit Wohnungsangeboten doch bestens auskennen sollte? Offenbar zu viel. »Wo gibt es denn solche Angebote? Etwa in diesem Internet? Dann zeig mir bitte, wie das geht, und dann suche ich selber. Basta!«, schließt er energisch. Da ich meinem Vater »dieses« Internet schon etwa sechsmal »gezeigt« habe, ohne dass er es jemals selbstständig zu bedienen gewusst hat, sehe ich davon ab, ihm meinen Laptop anzuvertrauen. Auch davon, ihm die Wohnungsanzeigen in den Zeitungen vorzulegen, nehme ich bald Abstand. Er versteht die Abkürzungen in den Anzeigen nicht, missachtet die vom Amt vorgegebenen Höchstmieten und ist binnen Minuten wieder in seiner Art, sich das Leben zu gestalten. »Das klingt doch toll«, meint er und liest voller Begeisterung: »55 Quadratmeter in ruhiger Seitenstraße, nur wenige Minuten zum Park. Mit Garten, Terrasse und Schwimmbad im Keller. Tito liebt es zu schwimmen.« – »Und was kostet das?«, will ich wissen. »680 Euro plus Nebenkosten«, antwortet er leichthin, als wäre es umsonst. »Das ist zu teuer, Papi«, erkläre ich ihm und habe wirklich das Gefühl, als würde er den Ernst der Lage nicht verstehen. Aber will ich jetzt meinem bald 80-jährigen Vater zum vierten Mal erklären, wie die Situation ist? Nein! Also sage ich nichts und lasse ihn den Abend über weitere, für ihn unerschwingliche Wohnungsangebote durchlesen und sich in Gedanken als neuer Mieter durch die Räume laufen sehen. Kurz vor dem Abendessen checke ich meine E-Mails und lese bereits zwei Absagen von Genossenschaftswohnungen, die ich angefragt hatte. Das Absurde: Die Nettokaltmiete von 310 Euro liegt grundsätzlich voll im Rahmen der Amtsvorgaben, allerdings nicht für das Baujahr 1962, da hierfür nur maximal 280 Euro vorgesehen sind. Während ich Papis Klappbettlager im Arbeitszimmer für die nächste Nacht herrichte, mache ich mir ernsthaft Sorgen, ob wir unter diesen Bedingungen jemals eine Wohnung in Hamburg finden, ohne dass mein Vater sich vor dem Einzug erschossen hat. »Was gibt es zu essen?«, ruft mein Vater durch die Wohnung. »Keine Ahnung, ein Käsebrot.« Er könnte sich als aufgezwungener Gast ja auch mal nützlich machen, ärgere ich mich innerlich, während ich sein Bett mache, seine Wäsche wasche, seine Wohnung suche, seinen Unterhalt kläre … Leider nein. Papi bleibt grummelnd auf dem Sofa sitzen, den Immobilienteil der Zeitung in der Hand, und ruft: »Als meine Mutter so alt war wie du, da hat sie jeden Abend etwas Warmes für uns Kinder gemacht.« – »Ich bin aber verdammt noch mal nicht deine Mutter«, schimpfe ich laut durch das Arbeitszimmer. Ich fühle mich nur so.

Lara

In der Schublade, in der ich meine Papiere aufbewahre, liegt jetzt ein neuer Ordner. »Dad« habe ich mit einem dicken schwarzen Filzstift draufgeschrieben, und dort sortiere ich nun widerwillig lauter Dinge ein, die der Nachsendeservice direkt in meinen Alltag schickt, wo sie eigentlich überhaupt nicht hingehören. Weil ich mich mit den Schreiben von Ärztekammern nicht auskenne, weil ich keine Zeit habe für ein zweites Leben. Und weil ich in einem Alter bin, in dem die Eltern noch Ratgeber sind, sich um ihre Kinder sorgen, sie fragen, ob sie denn gut angekommen sind und auch genug Obst und Gemüse essen.

Da ich nicht weiß, ob Papa sich je wieder für so was interessieren wird, habe ich seine Unterschrift auf der Bankvollmacht gefälscht und überweise nun Geld an verschiedene Menschen, die zum Teil schon ziemlich lange darauf warten. Das verrät der Inhalt eines Wäschekorbs in Papas Wohnung, in dem neben einer Anleitung zur Zusammensetzung eines »Volcano Vaporizers« zum tabakfreien Cannabisgenuss ungeöffnete Briefe ohne erkennbares System aufeinandergeschichtet wurden. Ich entdecke auch eine Rechnung von Papas Finanzamt über 16.346 Euro, die leider kein Missverständnis ist, sondern aus der Zeit stammt, als er noch eine gut laufende psychotherapeutische Praxis am Tegernsee hatte, und darum bezahlt werden muss. Ich spreche mit einem Autohaus über einen frisch abgeschlossenen Leasingvertrag für einen blauen Golf, den Papa jemandem übertragen hat, dessen Namen man mir nicht verraten möchte; mit einem Anwalt über einen Rechtsstreit, den er mit seinem Umzugsunternehmen angezettelt hat. »Mein Vater hatte einen schweren Unfall, und ich habe nun seine Angelegenheiten übernommen«, sage ich dann jedes Mal und lüge damit ja nicht mal.

Weil ich insgeheim hoffe, dass er irgendwann wieder ins Leben zurückkehrt, sage ich natürlich niemandem, was mir die Assistenzärztin der Privatklinik, in die man Papa verlegt hat, inzwischen telefonisch mitgeteilt hat – nach zehn Tagen, in denen er erst eine Lungenentzündung bekam, dann mit einer Atemlähmung auf die Intensivstation gebracht wurde, und ich zwischen Alzheimer, posttraumatischer Störung, allgemeinem Wahnsinn und anderen Erklärungsversuchen umhertheoretisierte. Der Zustand, bei dem man seinen Sohn für den Chef eines Computerunternehmens hält und sich selbst für einen zum Tode Verurteilten, heißt Delirium tremens und ist ein organisches Psychosyndrom, herbeigeführt durch Drogenkonsum oder Drogenentzug. Wobei zu diesen Drogen vor allem Alkohol gehört, aber es zählen auch solche dazu, die einem der Arzt verschreibt – oder man sich selbst, wenn man eine Approbation hat wie Papa. Na ja, immerhin nicht so schlimm wie Demenz, denke ich, aber vielleicht stimmt das auch gar nicht.

Mir kommen jetzt wieder die Tabletten in den Sinn, die ich in seiner Gießkanne gefunden hatte. Ob die etwas damit zu tun haben? Und das, was ich mir inzwischen zu dem Medikament Tavor zusammengegoogelt habe? Man wird müde und gelassen, schreiben Leute in irgendwelchen Psycho-Foren, angeblich hört man auf zu grübeln, Angst und Schwere lösen sich, alles fühlt sich an wie in Watte gepackt. Alle warnen vor der großen Abhängigkeitsgefahr, preisen aber die tollen Eigenschaften des Medikaments, als wären sie Vertreter eines Pharmakonzerns. In einem SPIEGEL-Artikel von 1987, den ich im Internet finde, wird ein Slogan zitiert, mit dem das Beruhigungsmittel bei Markteinführung beworben wurde. Und von dem sich wohl jeder Mensch mit psychischen Problemen sehr angesprochen gefühlt haben muss:

»Angesichts persönlicher Krisensituationen können sich individuelle Angstsymptome verselbstständigen und so lange verstärken, bis alles schier unlösbar scheint. Ein Patient, der einmal in einen solchen Angstkreis hineingeraten ist, vermag sich aus eigener Kraft nur schwer zu befreien. Dabei ist es im Grunde nicht viel, was er braucht: angstfreie Gelassenheit bei Tag und psycho-vegetative Entspannung bei Nacht. Damit er seine Probleme lösen kann, statt sie zu verdrängen. Tavor entzieht der Angst den Boden.«[*]

Na also, wenn das so ist, wird Papa es natürlich nicht bei einer Packung belassen haben. Die legendäre Beer'sche Gründlichkeit …

Ich stehe gerade im Supermarkt vor der weichenstellenden Entscheidung, ob ich die grünen Oliven mit Mandeln oder die schwarzen kaufen soll, als meine Tante mich auf dem Handy anruft, sie klingt seltsam euphorisch: »Lara, ich war eben bei Gert im Krankenhaus. Ich glaube, da kommt doch was zurück. Du weißt doch, dass wir uns immer mit diesem plattdeutschen Spruch verabschieden, oder? Als ich heute gegangen bin, hab ich ›Mok good‹ zu ihm gesagt, und darauf hat er ›Mok beter‹ geantwortet, so wie immer. Er wird wieder der Alte.« Ich stehe mit einem Kloß im Hals vor dem Feinkostregal, nehme die Oliven mit und die ohne Mandeln und buche zu Hause ein Ticket nach Berlin.

Unter normalen Umständen hätte ich meinem Vater Bücher mitgebracht, jetzt weiß ich nicht mal mehr, ob er noch lesen kann. Ich beschließe, nichts zu kaufen, sondern etwas aus meinem Regal zu nehmen, das ich schon immer sehr beruhigend fand: *Ensel und Krete – Ein Märchen aus Zamonien* von Walter Moers, ein Erwachsenen-Kinderbuch. Der Wie-

* DER SPIEGEL, 51/1987, aus: »Tavor entzieht der Angst den Boden – Wirkungen und Nebenwirkungen von Uwe Barschels Psychodroge«, Seite 96

dereintritt ins Leben könnte sicher viel schlimmer sein als mit den Einhörnchen, doppelköpfigen Wollhühnchen, Elfenwespen und Flederratten, um die es hier geht.

Ich verspüre neuerdings eine mütterliche Zärtlichkeit für meinen Vater, die mich befremdet. Noch nie habe ich so lange in der Strumpfabteilung zugebracht, um auch ja die guten Socken aus reiner Baumwolle zu finden, die mit dem Gummizug, der nicht so einschneidet. Und noch nie habe ich mich in der Apotheke in Beratungsgespräche über hautschonende, parfümfreie Lotionen und den Porsche im Haftcreme-Sortiment verwickeln lassen. Fragen hierzu? Kein Problem, ich kenne mich bestens aus.

Meine Tante hatte mir schon angekündigt, dass es in der Nobelklinik, in die man meinen Vater verlegt hat (hat doch was, so eine Privatversicherung!), aussehen würde wie im luxuriösen Hotel Ritz-Carlton. Aber mit so viel Glamour hatte ich dann doch nicht gerechnet. Polierte Parkettböden, Insassen in pastellfarbenen Polohemden, ein Kuchenbuffet für Besucher. Hier nehmen betuchte Gäste sich eine kleine Auszeit vom Leben, so scheint es zumindest. Aber ist man auf einen Ernstfall wie diesen überhaupt eingestellt? Das wird sich jetzt zeigen. Denn der Oberarzt möchte gern erst einmal mit mir sprechen, bevor man mich zu meinem Vater lässt.

Der Doktor sieht aus wie einer Folge dieser US-amerikanischen Fernsehserien entsprungen, in denen die Schwestern viel zu kleine Arbeitskleidung tragen, die über der Brust spannt, und in denen die Patientinnen stets mit perfekt getuschten Wimpern und frisch geföhnter Strähnchenfrisur aus der Vollnarkose erwachen. Das Einzige, was mich daran zweifeln lässt, dass sich die Sterilität auch hinter der perfekten Fassade fortsetzt, ist seine Berufswahl. Wer würde sich für einen Job in der Psychiatrie entscheiden, hätte er nicht mindestens Gewaltfantasien gegenüber seiner gebrechlichen Mutter? Aber egal, Herr Dr. Michalzky wirkt auf mich wie die personifizierte Kompetenz. Der Kittel sitzt, jede Geste auch.

»Frau Beer, haben Sie irgendwelche Fragen?« – »Wissen Sie, für mich ist das alles eine einzige große Frage«, antworte ich ehrlich: »Was ist überhaupt ein organisches Psychodrom?« Michalzky schaut gerade so belustigt, dass es meiner unglücklichen Lage noch angemessen erscheint, und korrigiert dann: »Psychosyndrom, ja. Nun, das bedeutet, dass die Verwirrtheit Ihres Vaters, die Halluzinationen, die Orientierungsstörungen organischer Ursache sind. So ein Zustand kann zum Beispiel infolge eines Alkoholentzugs auftreten. Haben Sie in der Wohnung Ihres Vaters Anzeichen von Alkoholmissbrauch gefunden?« – »Getrunken hat er nicht, da bin ich sicher, aber wissen Sie, er hat einen Hang zu berauschenden Substanzen aller Art.« Ich überreiche ihm eine Liste mit verschiedenen Tabletten und Tropfen mit unaussprechlichen Namen, deren Verpackungen ich in Papas Chaos gefunden hatte, und erahne etwas wie professionell kaschiertes Entsetzen auf seinem Gesicht.

Ich will hier unbedingt einen guten Eindruck hinterlassen, dem akkurat gescheitelten Mann bloß keinen Anlass für Rückschlüsse geben, vom Vater auf die Tochter, von seinem Zustand auf meine mangelnde Fürsorge und Blindheit, von seinem Absturz auf meine Fähigkeit, im Leben zurechtzukommen. Ich würde mir sogar wünschen, dass der Luxusdoktor am Abendbrottisch seiner Familie – bestehend aus einer professionell manikürten Ehefrau plus zwei Kindern im Abstand von zweieinhalb Jahren und einem reinrassigen, stubenrein zur Welt gekommenen Golden Retriever – erzählt, dass dieser besonders schwere und tragische Fall eines Kollegen ihn doch sehr beschäftige: Für die Tochter, eine sehr freundliche, rechtschaffende Person, müsse das alles schrecklich sein. Wahrscheinlicher ist natürlich, dass er schon während der Unterhaltung darüber nachdenkt, ob die Gattin wohl beim Metzger seines Vertrauens ein paar zarte Rinderfilets für die Abendverkostung besorgt hat, oder dass er einfach eine voyeuristische Neugier für den Fall meines

Vaters hegt. Doch sein Haar liegt einfach viel zu perfekt, um ihm in die Karten gucken zu können.

Egal, ob das Interesse nun echt oder geheuchelt ist, mich jedenfalls plagen sofort Gewissensbisse und das Gefühl, meinen Vater verraten zu haben. Was, wenn die Medikamente gar nicht der Grund für seinen Zustand sind und ich mit der Fehlleitung seine Heilung verzögere? Was, wenn ich seine berufliche Karriere zerstöre, wenn ich solche Informationen gegenüber Kollegen preisgebe? Was, wenn der gewissenhafte Oberarzt nun alles der Ärztekammer melden muss? »Wir geben Ihrem Vater Medikamente, die seine Gedanken ordnen. Schon jetzt werden Sie einen Unterschied bemerken. Und Ende der Woche sollte es ihm deutlich besser gehen«, unterbricht Dr. Michalzky meine aufkeimende Panik. Ein Händedruck, ein aufmunterndes Nicken – der Mann hätte auch in Hollywood was erreicht, aber das kann er sich ja immer noch überlegen.

Ungeachtet seiner positiven Prognosen schlägt der Glamourarzt dann, schon halb in der Tür, mir noch ganz beiläufig vor (»Ach, eine formale Sache noch …«), eine Vorsorgevollmacht auszufüllen. Das Wort hört sich nach viel Verantwortung an, aber so gar nicht nach vollständiger Genesung. Schließlich wird damit geregelt, dass mein Bruder und ich uns um alle Belange meines Vaters kümmern, sollte er nicht mehr entscheidungsfähig sein. Wir müssten festlegen, wo er leben soll, und könnten über sein Geld verfügen. Dass es Papa deutlich besser geht, könnte also heißen, dass er sich an sich selbst und an uns erinnert, dass er keine Stimmen mehr hört und keine Leute sieht, die gar nicht da sind, dass er so weit ins Hier und Jetzt zurückkommt, dass er Hunger oder Durst empfindet. Aber heißt es auch, dass er allein zurechtkommen wird im Leben? Und heißt es, dass all das, was ihn ausmacht, wieder zurückkehrt, sein Humor, seine Intelligenz, seine Großzügigkeit, seine feine Beobachtungsgabe?

Seit diese vertrauten, fremden Augen letzte Woche im Krankenhaus durch mich durchgeguckt haben, kann ich mir nicht mehr vorstellen, dass alles einfach wieder gut wird. Ich habe auch Angst, dass wir ihm keinen Gefallen tun, wenn wir ihm seinen Wahnsinn nehmen, denn ich stelle mir vor, dass er wie eine dicke Daunendecke über allem liegt, was er nicht sehen will.

Doch ganz davon abgesehen, dass Dr. Michalzky wohl nichts von dem Vorschlag halten würde, einen Menschen vor der Klarheit zu verschonen, habe ich auch eine egoistische Hoffnung: Ich will meinen Vater wiederhaben. Ich möchte, dass wir uns zusammen furchtbar deprimierende Lars-von-Trier-Filme ansehen, ich möchte mit ihm scharfe Tofugerichte essen und Chai Latte XL trinken und das Verhalten irgendwelcher Bekannten und Verwandten anhand hochkomplexer psychoanalytischer Theorien ergründen. Das haben wir früher so oft getan. Bei grünem Tee aus bauchigen Bechern. Wenn Papa mir zu erläutern versuchte, warum Christian aus meiner Referatsgruppe an der Uni keine Beziehung mit mir eingehen wollte, dann konnte das Resultat nur sein, dass er durch all die positiven Eigenschaften, die Papa mir als seiner Tochter unterstellte, eingeschüchtert war und sich daher lieber nach unten orientierte. Nie hätte es an mir liegen können, was Papa mir so glaubhaft darzulegen vermochte, dass auch die bitterste Abfuhr mich noch mit Stolz erfüllen konnte.

Ich kann mir in diesem Moment kaum vorstellen, dass es solche Gespräche wieder geben wird. Selbst wenn er sich körperlich und geistig erholt, werde ich mit meinen Sorgen und allem, was mich beschäftigt, zurücktreten müssen, mich kümmern, Stütze sein. Das Gefühl ist eigentlich nicht neu, nur die Intensität, die ist neu, und die Endgültigkeit. Im Grunde sorge ich mich schon seit vier Jahren um Papa, das Gefühl sitzt mir ständig im Nacken wie ein trauriges Erlebnis, an das man nicht immer denkt, aber das trotzdem da ist.

Von dem Tod seiner Frau Gabriele erfuhr ich, als ich für ein Praktikum in London war. Ich arbeitete dort in der Redaktion eines Männermagazins und suchte mit Redakteuren in Heavy-Metal-T-Shirts aus den Einsendungen freizügiger Hausfrauen Playmates für einen Kalender aus, den die Abonnenten für ihre Treue erhalten sollten. Ich hatte gerade eine horrende Summe für ein Haarglätteisen ausgegeben (was mir später angesichts dessen, was parallel dazu in meiner Familie passiert war, immer wieder ein schlechtes Gewissen verursachen sollte), als meine Mutter mich auf dem Handy anrief. Weil sie immer wartet, bis ich von meinen Reisen zu Hause bin und mich von mir aus melde, war also gleich klar, dass jemand verletzt, wenn nicht sogar gestorben war.

»Gabriele ist aus dem achten Stock eines Hochhauses gesprungen«, höre ich Mama mit ungläubiger Stimme sagen. Hätten nicht zwei Polizeibeamte meinen Vater festgehalten, wäre er wohl mit dem Kopf gegen die Wand gelaufen. Was ich selbst gefühlt habe, kann ich kaum beschreiben. Denn wenn etwas so Unbegreifliches passiert, dann scheint es, als wäre das eigene Repertoire an Gefühlen viel zu klein, um auf das Grauen entsprechend reagieren zu können. Die Tragödie war viel zu groß, um einfach darüber zu weinen. Sie lähmte so lange jede Emotion, bis sie sich in meinem Kopf und meinem Herzen ausgebreitet hatte wie ein schleichendes Gift. Ich stelle mir bis heute immer wieder vor, wie sie sich das Haus ausgesucht hat, wie sie den Weg dorthin gegangen ist. Wann hat sie gewusst, dass sie dieses Mal nicht wieder umkehrt und nach Hause fährt? Einen Abschiedsbrief, der unsere Fragen und Papas Gefühl von Schuld hätte schmälern können, haben wir nie gefunden. Nur lauter unangerührte Packungen eines Antidepressivums, das sie abgesetzt haben muss, ohne mit ihrer Therapeutin oder meinem Vater darüber zu sprechen.

Noch am selben Tag habe ich mich in den Flieger nach München gesetzt. Nie werde ich das Bild meines Vaters vergessen, als er mich am Flughafen abholte. Ich sah ihn sofort, als ich aus der Ankunftshalle kam, dort, wo er sonst immer mit Gabriele auf mich gewartet hatte. In seinem schwarzen Hemd aus Cord und einer blauen Jeans, und ich war so stolz, dass er dort stehen, mich anlächeln, mich in Empfang nehmen konnte, nachdem so etwas Furchtbares passiert war. Aber das waren nur Automatismen in einem realen Albtraum. Wenn ich an die Tage nach Gabrieles Tod denke, an die Beerdigung, bei der alte Beatles-Songs gespielt wurden, an das Ordnen ihrer Sachen, wundere ich mich, dass er nicht schon viel früher den Verstand verloren hat. Die Trauer muss überwältigend gewesen sein. Die beiden waren siebzehn Jahre lang ein Paar. Sie gehörten zusammen. So fest, dass keiner einfach gehen kann, ohne den anderen mitzunehmen.

Ich war nicht dabei, als sie ihre letzte schwere Depression hatte, wir haben in dieser Zeit auch nicht mehr telefoniert, wie wir es sonst oft mehrere Stunden lang getan haben. Ein einziges Mal hatte ich sie noch dran, als ich eigentlich meinen Vater um eine Bürgschaft für meine neue Wohnung bitten wollte. »Ich kann dir gar nicht mehr helfen«, sagte sie müde, obwohl ich ihren Rat dieses Mal gar nicht brauchte, wie sonst so oft. Papa hat mir erzählt, dass es Gabriele kurz vor ihrem Tod endlich etwas besser ging, am Tag ihres Suizids ist sie sogar im Museum gewesen. Obwohl sie uns erzählt hat, dass sie schon als 18-Jährige den Drang verspürt habe, aus großer Höhe in die Tiefe zu sehen, konnte sich keiner vorstellen, dass sie tatsächlich eines Tages springt. Ich habe sie nicht überwiegend unglücklich erlebt, sondern als jemanden, der immer erzählte wie ein Wasserfall, laut lachte, rasant Auto fuhr, Italien liebte, Paul McCartney und ihren Garten.

Nach ihrem Tod war ich einige Tage bei meinem Vater in Bayern, in der gemeinsamen Wohnung am Tegernsee, in der sich alles so anfühlte, als käme sie gleich wieder nach

Hause. Erinnerungszettel mit ihrer Schrift an der Pinnwand, ein paar ihrer dunkelbraunen Haare auf der beigefarbenen Matte im Badezimmer, ihre Schlappen im Flur. Ich habe nachts mit einem Ohr wach gelegen. Einmal, als ich von dem Weinen meines Vaters erwachte, habe ich ihn in den Armen gewiegt wie ein Kind. Er hat wochenlang nichts mehr gegessen außer Vanille-Grießpudding. Das Gefühl, verantwortlich zu sein, beschützen zu müssen, ihn am Leben zu halten, ist seitdem nie wieder verschwunden. Denn den Punkt, an dem es ihm wieder gut gehen würde, erreichte er nicht. Er kam nur irgendwie zurecht.

Ich habe meinen Vater in den vergangenen Jahren sehr oft weinen sehen. Es ist wohl für jeden schwierig, die Tränen der eigenen Eltern auszuhalten, und die des Vaters besonders, denn von ihm erwartet man doch, dass er die Tränen seiner Kinder trocknet, ihnen den Rücken stärkt. »Jetzt geht es mir besser«, sagt Papa oft nach unseren Gesprächen: »Ich brauche nur mit dir zu reden, und alles geht leichter.« Das rührt mich. Nur fühle ich mich oft noch hilfloser als vorher, wenn ich aufgelegt habe. Manchmal ist er so in sich gefangen, dass außer seinem Leid kaum etwas zu ihm durchdringt. Ich komme mir schlecht vor, wenn ich ihm meine Probleme zumute. Wenn ich ihn sehe oder mit ihm spreche, dann bin ich meist gut gelaunt und voller Pläne.

Mein Vater war immer ein hervorragender Therapeut, einer, der sich gern um die besonders schwierigen Fälle kümmerte. Um wohlhabende Richter, Profifußballer und Polizeibosse mit viel Geld und noch mehr Problemen. »Den hab ich ganz gut hingekriegt«, sagte er zum Beispiel dann, wenn ein Patient seinen Verfolgungswahn so weit im Griff hatte, dass er nicht mehr vor jeder Sitzung das Behandlungszimmer auf Wanzen überprüfte oder zum wiederholten Mal einen Vaterschaftstest für seine Kinder anforderte, die ihm doch wie aus dem Gesicht geschnitten waren. Papa kriegte viele Leute »gut hin«. Er hat mehr über Psychologie und

Psychotherapie gelesen als ein ganzer Abschlussjahrgang an der Uni. Und mehr Supervisionen gemacht als Woody Allen. Sosehr er seinen Patienten, seiner Frau oder auch mir immer geholfen hat, ihm selbst brachte all die Erfahrung wenig. Wenn die Verzweiflung zuschlägt, macht das Wissen um die Ursachen sie auch nicht kleiner.

Ich komme mir heute manchmal lächerlich vor, wenn ich ihm helfe, seine Gedanken und Gefühle einzuordnen, ihm die Angst zu nehmen, ihm mit banalen Weisheiten, die man womöglich auch auf dem Etikett eines ayurvedischen Teebeutels wiederfinden kann, Orientierung zu geben. Er empfindet das aber gar nicht als Beleidigung seiner Analytikerehre. Er sagt, dass es ihm hilft, aber insgeheim denke ich doch: Was erzähle ich dir? Das weißt du doch alles viel besser als ich.

Am ersten Weihnachtsfest nach Gabrieles Tod verreisten Papa und ich zusammen, wir sahen uns Dresden und Leipzig an, besuchten im »Hygienemuseum« eine Ausstellung zum Thema Tod (ausgerechnet!) und saßen an Heiligabend in einem stylishen Hotelrestaurant und versuchten, uns gegenseitig davon abzulenken, warum wir zu dieser Zeit hier waren.

Obwohl ich mir mein Leben lang gewünscht hatte, dass mein Vater sich einmal Zeit nehmen würde, um nur mit mir wegzufahren, erfüllte sich meine Vorstellung von einer schönen Vater-Tochter-Tour natürlich nicht mehr. Die Bedingungen stimmten nicht, und ich bemühte mich angestrengt, das Thema Gabriele zu umschiffen. Und die Momente des Schweigens mit Kommentaren zum Buffetverhalten anderer Reisender oder mit Erzählungen davon, was meine ehemaligen Klassenkameraden denn jetzt so machten, zu füllen. Trotzdem waren diese Tage randvoll von jenem Menschen, der nicht mehr da war. Es gab sicher keine Sekunde, in der wir nicht beide daran dachten, dass Gabriele für immer weg war und wie mein Vater das jemals ertragen sollte. Es ging eben nicht darum, die Zeit miteinander zu genießen, sondern die Zeit ohne Gabriele zusammen auszuhalten.

Heute, vier Jahre später, besuche ich meinen Vater in der Psychiatrie. Und wenn ich auf das zurückblicke, was er durchgemacht hat, erscheint es mir als nichts anderes als die logische Konsequenz. Ich weiß, dass Gabriele furchtbar gelitten hat, ich weiß auch, dass sie nicht anders handeln konnte, als sie es getan hat. Und trotzdem gibt es in mir dieses Gefühl, dass sie Papa nicht hätte allein lassen dürfen. Mein Vater denkt nie so. Wahrscheinlich, weil er besser versteht als ich, wie es sich anfühlt, wenn man aufgeben muss.

»Sie sind bestimmt die Tochter von Herrn Beer! Er freut sich schon so auf Sie«, strahlt die Schwester, die mir im Klinikflur entgegenkommt. Mein Vater freut sich. Mir kommt das alles unwirklich vor, wusste er vergangene Woche ja noch nicht einmal meinen Namen. Als ich vorsichtig die Tür öffne, die kleine Reisetasche mit »Ensel und Krete«, Schlafanzügen, Rasierzeug und den abgelegten Badeschlappen von meinem Freund im Zimmereingang abgestellt habe und auf sein Bett zulaufe, sehe ich, dass es tatsächlich stimmt. »Hallo, Lara, danke, dass du da bist«, sagt er mit leiser Stimme und lächelt. Ich sehe ihn nur im Halbdunkel, die schweren Vorhänge sind zugezogen, obwohl draußen die Frühlingssonne scheint. Als ich näher komme, sehe ich, dass er ein bisschen anders aussieht als sonst. Sein Blick ist so weit und wach, dass ich mich fast beobachtet fühle. Jemand, dem ich sehr dankbar bin, hat ihm die Haare geschnitten und die Fingernägel gefeilt (ja, auch für einen gepflegten Look der Patienten wird hier Sorge getragen!). Er spricht plötzlich so, als würde er auf einem Kongress einen Vortrag vor Kollegen halten, überbetont, überdeutlich und in Sätzen, die jeder Grammatiklehrerin ein verzücktes Lächeln auf die Lippen gezaubert hätte. Das hat er noch nie gemacht. Aber wie ich später erfahre, ist das eine Nebenwirkung des Neuroleptikums, das er gegen die Psychose bekommt. »Lara, ich bitte dich, die Vorhänge geschlossen zu halten, denn mich blendet das Sonnenlicht sehr stark.« Ich muss über diesen gestelzten Satz schmunzeln, aber meinetwegen kann er für immer und alle Zeiten wie ein Germanistik-Professor reden. Hauptsache, er spricht wieder mit mir und nicht mehr mit dem Herrn Molinario oder dem Chef von Microsoft.

»Mensch, da bist du ja wieder!« So gut das mit seiner Armschlinge eben geht, nehme ich meinen Vater in den Arm, fühle, wie dünn er geworden ist – und bin schrecklich froh, dass er wieder weiß, dass ich seine Tochter bin. »Weißt du, was passiert ist?«, will ich von ihm wissen. Und mache mich innerlich bereit für eine abenteuerliche Geschichte. Stattdessen kommt etwas seltsam Profanes: »Die Waschmaschine ist ausgelaufen. Und beim Aufwischen muss ich wohl gestürzt sein.« Wir schweigen eine Weile, dann stehe ich auf, um die mitgebrachten Sachen in seinen Schrank zu sortieren. »Lara, es tut mir leid, dass ich mein Versprechen nicht halten konnte«, sagt er dann. Das Versprechen, nichts mehr zu nehmen, clean zu bleiben, nur für heute, das er uns so oft gegeben hat. »Das ist jetzt nicht wichtig, Papa. Ich bin nur froh, dass du zurückgekommen bist. Ich dachte, du bleibst jetzt für immer dieser schräge Typ mit der Schnabeltasse.« – »O Gott, hast du mich etwa besucht? Ich erinnere mich kaum an das, was während des Deliriums passiert ist. Aber ich habe mich im Wahn mit einer Kindernonne unterhalten, sie kam aus Afrika, war mir aber seltsam vertraut.« – »Also, wenn sie eine gestreifte Strickjacke anhatte, war ich das, Papa.« Mein Vater grinst.

Das Kind im Manne

Lydia

Sie ist so unschuldig, so grundehrlich. Einfach wunderbar erfrischend, diese offene und direkte Art, wenn die lieben Kleinen geradeheraus sagen, was sie denken, sehen, fühlen. Ganz anders aber verhält es sich, wenn die schier ungefilterten Kommentare nicht von Grundschülern, sondern aus dem Mund des eigenen Vaters kommen. Und, wie sollte es auch anders sein, nicht in den privaten vier Wänden, sondern am liebsten in der Öffentlichkeit. Zur Kassiererin im Supermarkt, zur Bedienung im Stammrestaurant, zur Schwiegermutter in spe. Eigentlich kommentiert mein Vater alles, was er sieht. Meistens ungefragt, selten ungehört, oft unglaublich unangenehm.

Doch die Hoffnung stirbt bekanntlich zuletzt, also bin ich guter Dinge, dass der heutige Abend ohne ausgesprochene Frechheiten über die Bühne geht. Es ist immerhin Weihnachten, mein Vater lebt seit einem halben Jahr wieder in Deutschland und wird gleich zum ersten Mal meine zukünftige Schwiegermutter treffen. Ich habe Premiere im Weihnachtsfestausrichten. Vier Stockwerke haben wir die XL-Nordmanntanne hochgehievt, seit morgens bin ich in der Küche zugange gewesen, die Tafel für fünf Personen habe ich festlichst geschmückt, wie ich es aus Kindheitstagen kenne. Ich habe an alles gedacht, da bin ich sicher. Natürlich auch an den zuverlässigsten Start für den Abend, um die Stimmung von Anfang an etwas aufzulockern: ausreichend Alkohol!

Mein Vater kommt mit Hund und ist überpünktlich. Kaum hat er den Mantel abgelegt, zieht er zwei grauschwarze Schalen aus einer Lidl-Tüte und überreicht mir: mein Geschenk. »Hier, für dich meine Liebe«, sagt er wohlwollend. Ich: »Ah, danke. Was ist das?« – »Das sind Silberschalen, ich glaube, von deiner Großmutter. Oder aus Peru. Ich hatte leider keine Zeit, sie zu putzen«, erklärt er, offenbar begeistert von der Tatsache, dass er immerhin daran gedacht hat, mir überhaupt etwas zu schenken. »Danke sehr. Ja, das ist wirklich schlimm mit deinem Stress als Pensionär. Aber schön, dass du Zeit hattest zu kommen«, sage ich und stelle die glanzlosen Behälter in die Kammer. »Einpacken hättest du das Geschenk ja wenigstens können«, rufe ich ins Wohnzimmer und merke, dass mir diese gelegentliche dezente Gleichgültigkeit meines Vaters schon nach zwei Minuten seiner Anwesenheit auf den – heute Heiligen – Geist geht. »Ja, da hast du recht, meine Liebe, da hast du recht«, antwortet er bestens gelaunt vom Sofa aus, wo er es sich direkt gemütlich gemacht hat.

Wenig später stoßen mein Bruder und meine baldige Schwiegermutter dazu, Zeit für das erste Glas Champagner. Mein Verlobter sorgt dafür, dass kein Glas auch nur halb leer werden kann. Seine Mutter bewundert den Baum, an dem die Kerzen für eine gesegnete Atmosphäre sorgen, mein Vater leert den Gebäckteller. Und fängt an zu erzählen. Erst von Onkel Wilhelm, der die besten Vanillekipferl von hier bis Texas backen könne, wie mein Vater mal wieder beschwört. Er erzählt von Südamerika, von Mallorca, von Pferden, Hunden und einer echten Paella. »Ah, ohhh, tatsächlich ...«, kommentiert die Mutter meines Verlobten die vielen bunten, lustigen Anekdoten aus seinem Leben. Wenn ich Papi zuhöre, bekomme ich oft das Gefühl, er müsse mindestens 150 Jahre alt sein, da es so viele so verschiedene Abschnitte in seinem Leben gab, dass ich mir einfach nicht vorstellen kann, wie das alles in nur achtzig Jahren passiert sein soll.

Etwas sprunghaft wechselt er die Themen, vergaloppiert sich manchmal detailverliebt in der Geschichte hinter der Geschichte, die wiederum dahinter noch eine Geschichte bereithält. So glaubt jedenfalls mein Vater und kommt aus dem Reden gar nicht mehr raus. Alles besser als peinliche Stille oder Langeweile; obwohl ich mir darüber nicht ernsthaft Sorgen gemacht habe, da ich sicher bin, dass Papi weder Langeweile kennt, noch dass ihm nichts zu erzählen einfiele. Während er so lebhaft Szenen von früher beschreibt, wirkt er weder besonders alt noch verwirrt oder unbeholfen. Er ist ein Mann mit massenhaft Erfahrung, einem Kopf voll mit Wissen aus unterschiedlichsten Themenbereichen – doch andererseits war er nicht in der Lage, die Wohnungsanzeigen zu lesen, wie ich seit seinem Neustart in Deutschland wusste.

Über den Tag verteilt habe ich in der Küche vier Gänge vorbereitet und wieder mal festgestellt, dass ich gern koche – jedoch nicht so viele verschiedene Sachen gleichzeitig. Egal, es ist Weihnachten, die Stimmung ausgelassen, das Roastbeef auf dem Punkt. »Hast du das alles etwa gekocht?«, fragt mich mein Vater beim Hauptgang bereits zum zweiten Mal an dem Abend. »Natürlich, deine Tochter ist eine tolle Köchin«, ergreift mein Verlobter Partei für mich. Papi zeigt sich überrascht, sagt dann anerkennend, dass er ja gar nicht gewusst habe, wie gut seine Tochter nun also auch noch kochen könne. Er betont seine Begeisterung meinem Freund gegenüber derart merkwürdig übertrieben, dass ich mir vorkomme wie auf dem Heiratsmarkt. Aus Sicht meines traditionellen Vaters steht dem jungen Glück also nichts mehr im Wege. In seinen Augen bin ich offenbar jetzt, da ich bewiesen habe, dass ich auch am Herd was kann, wirklich bereit, in die Ehe einzutreten. Während mein Vater noch von der preiswürdigen Bratensauce meiner Mutter schwärmt, die ich doch dringend noch lernen solle, frage ich in die Runde, ob noch jemand Fleisch, Kartoffeln, Salat oder Preiselbeeren möchte. »Du kannst es dir doch nun wirklich erlauben«, sagt mein Vater zu meinem Bruder im Hinblick auf den angebotenen Nachschlag.

Und da schießt es mir auch schon in den Kopf. Er wird es tun, ich weiß es! Er wird einen Kommentar Richtung Schwiegermutter abgeben, weil er gerade so schön in Fahrt ist. Und dann ist es auch schon zu spät. Er wendet sich zu ihr und poltert los: »Na, Angela, wir beide nehmen noch eine zweite Runde, nicht? Bei uns beiden ist doch längst alles zu spät«, sagt er lachend, umfasst seinen prallen Bauch und zwinkert ihr zu.

Ich gucke beschämt auf meinen leeren Teller, überlege krampfhaft, was ich Ablenkendes sagen könnte, während meine zukünftige Schwiegermutter offenbar noch nach einer passenden Reaktion auf Vadderns Frechheit sucht. »Oh, die Musik ist aus«, wirft mein Zukünftiger bemüht in die Runde. Ich stehe ruckartig auf, gehe laut überlegend zur Anlage, welches besinnliche Weihnachtskonzert ich als Nächstes auflegen soll, da meldet sich erneut mein Vater zu Wort: »Du hast doch so viele CDs; das ist doch kein Problem, nimm irgendwas.« Musikalisches Ablenkungsmanöver geglückt, denke ich. Nicht ahnend, dass die Gedanken meines Vaters sich immer noch um das Thema Übergewicht drehen … »Ein wirklich schweres Problem haben wir beide erst, wenn wir so dick sind, dass wir hier nicht mehr die Treppen hochkommen, nicht wahr, Angela«, legt mein Vater mit dem Charme eines Bulldozers noch obendrauf und prostet meiner Bald-Schwiegermama lachend zu.

Doch nicht jeder nimmt die Bemerkungen meines Vaters mit Humor. Mütter beispielsweise, deren übergewichtigen Kindern er lächelnd in die Wange kneift und fragt, ob sie nicht mal weniger Schokolade essen wollen, werden eher hysterisch.

So wie Kinder erst lernen müssen, anderen Menschen gegenüber bedacht zu sein, scheint diese mühsam angelernte

Gewohnheit im Alter wieder nachzulassen. Bei meinem Vater ist der Diskretfilter jedenfalls komplett durchlässig. Aber mithilfe von zwei Flaschen Champagner und vier Flaschen Rotwein wird im Laufe des Heiligen Abends zum Glück jede Entgleisung selig weggelächelt.

Zu dieser frechen, ungebremsten Lausbubenart gehört im Falle meines Vaters auch ein außergewöhnlicher Sinn für die Realität, manchmal ähnlich »reif« wie der eines Teenagers. Da gibt es zum Beispiel Papis Idee mit dem Auto. Unbedingt will er wieder hinter dem Steuer sitzen, nachdem wir seinen silbernen Flitzer auf der Insel zurücklassen mussten. Aber nachdem ich einmal danebensaß, als er den Kombi meines Bruders durch Hamburg lenkte, war ich absolut sicher: Niemals leihe ich ihm mein Auto!

Alles war interessanter als der Verkehr vor und hinter ihm: der Neubau an der Ecke, das Geschäft auf der anderen Straßenseite, die Taube auf der Verkehrsinsel. Die Fahrt mit ihm war lebensgefährlich, dauernd hupte jemand vor, hinter oder neben uns, meine Hand krampfte beim Aussteigen, nachdem ich fast den Griff in der Tür zerquetscht hatte. Papi hingegen war amüsiert. »Mein Gott, du kannst ja nichts mehr ab. Auf Mallorca ging die Kurve an der Küstenstraße auch noch nach 'ner guten Flasche Rotwein«, jauchzte er vergnügt. Kein Auto mehr, so viel ist mir seitdem klar.

Nach einiger Zeit akzeptiert er nun die Absage an den angeblich lebenswichtigen PKW. Er freundet sich langsam mit seiner Monatskarte für den öffentlichen Nahverkehr an, der Bus hält geschätzte zwanzig Schritte vor seiner Haustür. Und Papis Schritte werden kleiner. Unsicherer. Schwerfälliger. Am liebsten lässt er sich abholen und nach Hause bringen. Ohne Stock wirft es ihn leicht um, sein Körper baut ab. Schnell, rücksichtslos, unaufhaltsam. Doch mein Vater sieht das anders. »Ich brauche ein Fahrrad, irgendwie muss ich ja mobil bleiben, so ohne Auto«, nörgelt er jetzt, ein paar Monate nach der Fahrzeugdiskussion. Am liebsten will er ein

Klapprad, so eins, wie er es früher hatte. »Wo ist das überhaupt?«, fragt er mich, so wie er regelmäßig nach allen möglichen Dingen aus seinem früheren Leben fragt, als wären sie ihm geklaut worden und würden von irgendwem irgendwo gehortet. Mein Erklärungsversuch, dass ich nicht sicher sei, ob er überhaupt noch Fahrrad fahren könne, sorgt für heftige Empörung. Ich hätte keine Ahnung, was er alles noch könne, macht er mir beleidigt klar. Das solle ich mal schön seine Sorge sein lassen, wie gut oder schlecht er Rad fahren könne, wichtig sei, dass ICH IHM jetzt erst mal UMGEHEND ein Fahrrad besorge. Ich gehe über mein Handy ins Internet, gebe »Klapprad« als Suchwort ein, und da kommen sie: lauter bunte Zweiräder mit kleinen Reifen und großen Sätteln. »Mindestens 350 Euro musst du rechnen«, sage ich zu ihm. »Habe ich die denn?«, will er wissen, als wäre ich sein Anlageberater. »Mindestens 350 Euro müsste ICH bezahlen«, korrigiere ich meine Aussage. »Ja, das ist doch gut. Oder ist das etwa zu viel Geld für deinen alten Vater?«, fragt er mich schnippisch. Und dann kommt der Satz, den ich schon so oft gehört habe: »Ein Vater kann zehn Kinder durchbringen, aber zehn Kinder nicht einen Vater. Ja, ja, so ist das nämlich.« Ja, ja, denke ich und erspare mir, aufzulisten, was ich allein in den vergangenen Monaten für seinen deutschen Neustart gezahlt habe. Abgesehen davon, dass ich mich frage, welche acht anderen Kinder er wohl durchgebracht hat, von denen ich offensichtlich nichts weiß. Ich weiß allerdings, dass mein Vater nach der Scheidung meiner Eltern keinen Unterhalt für uns gezahlt hat, was seinen Vorwurf noch unberechtigter dastehen lässt.

Da ich mich stur stelle und ihm kein Rad kaufe, besorgt er sich eins über Freunde. Ein weiß glitzerndes Damenfahrrad von »Puch« steht wenige Wochen später in seinem Keller, »weil meine Tochter sich ja nicht drum kümmern wollte«, fügt er gern provozierend hinzu, wenn er von seiner neuen Anschaffung erzählt. »Und, wie fährt es sich?«, frage ich hämisch in der Gewissheit, dass das Fahrrad niemals das Gewicht meines Vaters durch die Gegend kutschieren wird. »Ich hatte noch keine Zeit zum Fahren«, antwortet er angesäuert. Und dabei bleibt es. Fernsehgucken, lesen, schlafen, telefonieren, mit dem Hund gehen – wie soll man da auch noch Zeit für eine kleine Radtour finden? Als Rentner ist er einfach zu busy.

Und als ich nach einigen Tagen gerade sicher bin, dass die Diskussion um jegliche Fortbewegungsmittel so weit abgeschlossen ist, kommt meinem Vater eine neue Idee. »Ich werde wieder reiten«, lässt er uns an einem Sonntagmittag bei einem Teller Spargelsuppe wissen. »Wie meinst du das?« Ich bin sehr gespannt auf seine Antwort.

»Na, auf Pferden! Hier stehen ja jede Menge wunderschöner Tiere, ich habe schon mit einem der Reitstallbesitzer gesprochen«, erklärt er selbstbewusst. Und der hat offenbar keine Augen im Kopf, denke ich, während mein Vater bereits von seiner Zeit in Peru erzählt, wo er jeden Tag elf, zwölf Stunden auf dem Pferd gesessen und die Arbeit auf den Zuckerrohrplantagen kontrolliert habe. Ich kenne die Peru-Erzählungen, auch die vielen Pferdefotos mit meinem Vater als erfahrenem Reiter drauf. »Das ist doch aber sechzig Jahre her, Papi«, beschwichtige ich seinen Enthusiasmus. Aber es hilft nichts, mein Vater widerspricht: »Mag sein, und jetzt werde ich wieder reiten. So was verlernt man nicht. Das ist wie Fahrrad fahren.« Genau. Und das sooooo wichtige Zweirad steht nun schon seit vier Monaten im Keller. »Wie willst du denn überhaupt auf das Pferd kommen?«, will ich wissen. Aha. Er überlegt, offenbar sieht er ein Problem. »Gute Frage«, murmelt er. Und grübelt kurz, bis er eine Lösung parat hat. »Jeder Bauer hat einen Schemel. Einen Tritt. Damit komme ich auf das Pferd rauf. Alles kein Problem, Probleme gibt's nicht«, schließt er gut gelaunt.

Nein, Probleme gibt's nicht, denke ich vor mich hin. Jedenfalls nicht, wenn man, wie mein Vater, immer jemanden hat, der sie für einen löst. Manchmal frage ich mich, ob das vielleicht das eigentliche Hauptproblem ist. Dass es bei jeder Schwierigkeit jemandem gab, der meinem Vater den Weg ebnete. Oder eine Brücke schlug. Oder eine Alternative bereithielt.

Manchmal bewunderte ich diese Leichtigkeit, mit der Papi durchs Leben ging; er machte immer den Eindruck, als würde er genügsam nur von heute bis morgen denken. Immer gut gelaunt, immer optimistisch, wie ein Stehaufmännchen. Ich bin sicher, es hat ihm damals ernsthaft leidgetan für den Vermieter, den mallorquinischen Telefonanbieter, den Stromversorger und die Inselwasserwerke, dass sie alle kein Geld mehr von ihm bekommen haben. Aber schlafen, essen, lachen und vor allem immer neue Pläne schmieden konnte er trotzdem weiterhin, weil es ihn offenbar nicht beunruhigt hat. Weil er nie ein Problem gesehen hat in aussichtslosen Situationen. Und weil er offenbar ein dickes Fell hat, diverse unangenehme Situationen an sich abprallen lassen zu können. Ob es eine Schutzhaltung war, ich weiß es nicht. Vielleicht lebt es sich mit dem Wissen, Schulden zu haben, irgendwann genauso leicht wie mit viel Geld.

Die Reitidee jedenfalls verwirft mein betagter Vater nach Auto und Fahrrad ebenfalls wieder. Als der Winter kommt, erklärt er mir, dass es ihm jetzt zu kalt sei für Ausritte, er wolle lieber bis zum nächsten Sommer warten.

Das Gehen macht ihm mittlerweile so zu schaffen, dass er die Wohnung kaum mehr verlässt. Der zweite Heiligabend, den Papi in Deutschland feiern soll, steht vor der Tür. Da mein Mann und ich uns nach dem vergangenen Jahr gegen familiäre Entgleisungen und für eine Flucht auf die Kanaren entschieden haben, denke ich, dass ich meinem Vater eine besondere Freude mache, wenn ich seine Wohnung vor dem großen Fest noch ein bisschen weihnachtlich schmücke. Kerzen, Tannenzweige, Lebkuchen dürfen nicht fehlen. Einen besonderen Platz habe ich bereits für die alte Familienkrippe ausgeguckt – mittig auf Papis brusthohem Bücherregal, so kann er die christliche Szenerie sowohl von seinem Fernsehsessel als auch vom Esstisch aus sehen. In den Jahren als Familie stand das hölzerne Häuschen bei uns unter dem Christbaum. Die Heiligen Drei Könige, Josef, Maria, Jesus, der Hirte und seine Tiere. Die Figuren haben freundliche Gesichter, das Christkind genügend Stroh in der Krippe, dem einen Schaf fehlt zwar ein Bein, stehen kann es trotzdem. Ich stelle noch ein Teelicht, das einen singenden Glasengel zum Leuchten bringt, daneben. Perfekt, denke ich.

»Da fehlt einer«, bemerkt mein Vater laut. »Wo?«, frage ich. »Na, in der Krippe, wo sonst. Josef ist weg«, wiederholt er energisch, als wäre er spontan abgehauen. Das kann nicht sein, denke ich. All die Jahre waren doch alle da, nie fehlte jemand, nicht mal ein Schaf. Ich gehe zum Karton, hebe alle leeren Schachteln hoch – kein Josef zu finden. »Vielleicht unter der Kuh«, fragt er. »Nein, Papi, Josef liegt nicht unter der Kuh«, erwidere ich ratlos. Wobei ich es besser gefunden hätte, Josef unter dem Rind zu finden, als weiter keine Ahnung zu haben, wohin es den Heiligen verschlagen haben könnte. Meinen Vater jedenfalls lässt die einsame Maria nicht mehr los. Immer wieder kommt der Satz: »Wo kann der Josef bloß stecken?« Vor den Nachrichten, während der Fußballergebnisse, nach den Nachrichten zermartert er sich das Gehirn, wo die Figur stecken könnte. Als ich gehe, sichere ich ihm zu, dass ich zu Hause auch noch mal nach Marias Liebstem gucken werde. Das beruhigt meinen Vater ein bisschen. »Wenn du ihn findest, schick ihn mit der Post, dann musst du nicht extra noch mal herkommen«, ruft er mir beim Rausgehen hinterher.

Am nächsten Morgen gegen halb elf, ich sitze in einer Konferenz, als mein Handy klingelt und die Nummer meines Vaters auf dem Display blinkt. Kurz darauf kommt eine SMS, es wartet eine Mailboxnachricht. Wir sitzen recht eng um den runden Tisch, eigentlich will ich die Nachricht lieber erst nach der Besprechung abhören, aber ein Anruf meines Vaters ist auch immer mit der Sorge verbunden, dass etwas passiert sein könnte. Also höre ich die Box ab, während die Kollegen die aktuellen Themen besprechen. Voller Freude ruft mein Vater in den Hörer: »Hallo, hallo, hörst du, bist du dran? Offenbar nicht. Also, der Josef ist wieder da. Er klemmte im Dachstuhl. Hörst du, hallo, hörst du? Der Josef ist da, alles ist okay, er war im Dach eingeklemmt. Der kleine Carlos, das ist der Sohn meiner Pflegefrau, der hat den Josef gefunden. Der Carlos ist nämlich nur einen Meter groß, so ungefähr; auf jeden Fall ist der Carlos noch ein Kind und deshalb nicht so groß, und der hat im Stehen gesehen, dass da ein Mann im Dach der Krippe hängt. So viel dazu. Alles okay, nichts passiert. Schönen Tag dann noch, tschüssing.« Mein Kollege guckt mich irritiert über den Jubel auf meiner Mailbox an. Ich muss laut lachen. Und bin beruhigt. Alle sind da, Weihnachten kann kommen.

Mittlerweile hat mein Vater Pflegestufe 1; jeden Tag kommt eine der Pflegerinnen und hilft ihm, den Alltag zu meistern. Ragna mag er besonders gern, Katharina ist er auch nicht abgeneigt, nur eine hat es schwer bei Papi: Afrika. Afrika ist eine schwarze Frau Anfang fünfzig. Sie heißt Audrey, aber mein Vater nennt sie Afrika. Warum? Seine Erklärung ist genauso diskriminierend wie simpel: »Weil sie aus Afrika kommt.« – »Egal, woher sie kommt, Papi. Sie hat einen Namen, und der ist Audrey«, erkläre ich ihm, als er sie einmal in meiner Gegenwart als Kontinent begrüßt. Doch mein Vater versteht meine Empörung nicht: »Aber warum kann ich denn nicht Afrika sagen? Es ist doch kein Geheimnis, dass sie daher kommt. Das sieht doch jeder«, beharrt er bockig auf seiner politischen Inkorrektheit.

Audrey versteht zum Glück nicht viel deutsch, vielleicht will sie aber auch nichts verstehen, jedenfalls nickt sie nur, fragt mit lang gezogenen Vokalen »wiiee geeeht diiir« und geht dann in die Küche, auch wenn mein Vater noch gar nicht geantwortet hat. »Das ist ja übrigens witzig mit Afrika«, erzählt mein Vater mir weiter, »ich kann schon an der Art, wie sie den Schlüssel ins Schloss steckt, erkennen, dass sie es ist. So ganz und gar ohne Gefühl, ohne zu verstehen, dass Schlüssel und Schloss zusammenpassen, macht sie das. Na ja, woher soll sie das auch wissen? Die Hütten in Afrika haben ja keine Tür«, ergänzt er voller Verständnis für ihre etwas ruppige Art, sich Eintritt in die Wohnung zu verschaffen. Ich schüttle den Kopf, erkläre ihm, dass es in Afrika auch ein Leben in Zivilisation gibt und Türen keine Seltenheit sind. Doch der Vermittlungsversuch läuft ins Leere, »Ja, ja, das weiß ich wohl, dass es in Afrika auch richtige Häuser mit Türen gibt«, nörgelt mein Vater. »Aber Afrika, also meine Afrika, die kennt keine Türen, da kannst du dir sicher sein.«

Vielleicht spielt bei der mangelnden Sympathie für Audrey auch ihr Alter mit; Audrey mag, wie gesagt, so um die fünfzig sein. Auffällig ist, dass mein Vater sich durch die Bank mit allen jüngeren Pflegefrauen deutlich besser versteht. Die jungen Helferinnen sind zwischen 25 und 35 und kommen aus Polen oder Afghanistan. Und Papi fühlt sich sichtlich wohl mit so regelmäßigem Damenbesuch. Sein reales Alter schwindet in seiner Wahrnehmung so schnell, wie die jungen Frauen nach ihrem 35-minütigen Einsatz weg sind. Und da er merke, dass er bei den Helferinnen ja immer noch einen ordentlichen Schlag hat, habe er sich etwas überlegt, erzählt er mir eines Nachmittags. »Am Ende des Flures hier im Haus, da wohnt die blonde, nette Frau«, erklärt er und fragt, ob ich sie kenne. Ich verneine, und er erzählt weiter: »Also, ich habe gedacht, ich lade sie mal zum Kaffee ein. Vielleicht auch mit ihrer Tochter, das ist dann etwas seriöser, was meinst du?« Ich befürworte seinen Plan und frage, was er denn über die Frau bislang wisse. »Nur, dass sie allein ist und eine Tochter hat. Und dass ich vielleicht der Richtige für sie bin«, sagt er selbstbewusst. Ich stimme zu, obwohl ich die Frau nicht kenne, und freue mich, dass Papi nach so vielen Jahren als Junggeselle auf eine Dame zugehen will. »Wie alt ist sie denn?«, will ich wissen. »Vierzig, vermute ich, eine sehr hübsche Frau«, schwärmt Papi, und es sieht aus, als hänge er mit seinen Gedanken an ihren langen blonden Haaren. »Papi!« Ich zeige mich irritiert über die vierzig Jahre Alterunterschied. »Was? Meinst du, sie ist zu jung für mich?« Sein verletzter Stolz ist unüberhörbar. »Ich meine, dass du vielleicht zu alt für sie bist«, sage ich amüsiert. Doch er findet sich nicht zu alt, zumindest nicht für seine vierzigjährige Nachbarin. Nur zu alt zum Reiten, zum Autofahren. Oder für eine Radtour.

Wenn mein Vater von irgendwas überzeugt ist, ist er unbelehrbar. Keine Meinung hat neben seiner Bestand. Beratungsresistent, sagt man im Volksmund. Heute nenne ich es Altersstarrsinn. Das klingt ein bisschen milder, so als könne er nichts dafür. Dabei hätte mein Vater gut daran getan, gelegentlich mal einen Rat anzunehmen. Und wenn es nur zum Schutz der anderen gewesen wäre. Ob nun bei der flotten Nachbarin oder bei der Idee mit den Algen …

Es war zu der Zeit, als Vaddern noch in Spanien residierte. An einem unserer Telefonsonntage erzählte er mir von Harry. Harry war Architekt, kam aus Köln und hatte »sehr enge Kontakte zum marokkanischen Königshaus«, erklärte mein Vater mir. Irgendwas mit einer Tochter oder Cousine der Königsfamilie erwähnte er immer wieder, eine geheime Liebe im nördlichen Afrika. Aber bevor mein Vater sich in kitschigen Palastszenen mit fliederfarbenen Himmelbetten verlor, kam er zu seiner neuen Geschäftsidee. »Es geht um Algen«, sagte er geheimnisvoll, als wollte er mir ein E verkaufen. An den Stränden von Marokko gebe es Unmengen Algen. Tonnenweise würde ein Bekannter von Harry die Algen sammeln und trocknen. »Verstehe. Und was macht der Bekannte mit den Algen?«, fragte ich. »Ja, eben nichts«, antwortete mein Vater, und sein Unverständnis war nicht zu überhören. Deshalb habe er sich überlegt, Harry und er würden die Algen nach Deutschland liefern. Nach Hamburg. Genauer gesagt: direkt zu Beiersdorf. »Denn die brauchen ja Unmengen von Algen für ihre Cremeproduktion«, war mein Vater überzeugt. Interessant, dachte ich. Woher mein Vater wohl so genau über die Produktion von Nivea Bescheid wusste, die er sich, seit ich denken kann, jeden Morgen großzügig ins Gesicht schmierte. Doch dann kam direkt der Haken. »Könntest du da bitte mal anrufen und fragen, wie viele Tonnen die so brauchen?«, sagte er, als sollte ich beim Flughafen anrufen, um zu fragen, ob die Maschine pünktlich landet.

»Ich Wie viele Tonnen von was, Papi?« – »Na, A-l-g-e-n«, wiederholte er ungeduldig. Das habe er doch nun ausführlich erklärt. »Aber was denn für Algen? Es gibt doch zig verschiedene Arten.« – »Na, grüne Algen«, erwiderte er genervt. »Bist du plötzlich Algenexpertin, oder woher weißt du, wie viele verschiedene Algen es so gibt?« Vor meinem inneren Auge spielte sich eine absurde Szene ab: Ich rufe am Empfang bei Beiersdorf an und sage: »Guten Tag. Ich habe tonnenweise getrocknete grüne Algen aus Marokko. Mein Vater würde gern in die Cremeproduktion einsteigen. Was für Algen? Das weiß ich nicht. Wie viele Algen? Viele Tonnen. Ob die gereinigt sind? Das weiß ich nicht. Ob man die auch zum Sushirollen benutzen kann? Ich denke schon.«

»Papi, da brauche ich schon etwas mehr Information als grüne Algen aus Nordafrika. Ich mache mich doch nicht zum Deppen. Warum rufst du da nicht selber an?«, fragte ich ihn in der Hoffnung, die Meerespflanzengeschichte los zu sein. »Weil ich in Spanien bin und du wie Beiersdorf in Hamburg.« Ich erwiderte, dass es der Telefonleitung nun völlig schnurz sei, wo er sich befinde. Mit derart rudimentären Infos würde ich jedenfalls nicht in einem Weltkonzern anrufen und mich zum Honk machen. Die Stimmung kippte: »Weißt du was, vergiss es. Ich mache alles selbst. Da bittet man seine Tochter einmal um Hilfe; aber natürlich, das ist schon zu viel.«

Gott, war ich erleichtert; die Algen bist du los, dachte ich. Als ich eine knappe Woche später einen wattierten Umschlag von meinem Vater im Briefkasten fand, hätte ich natürlich gleich skeptisch werden können. Aber ich hatte die Wasserpflanze schon aus meinen Gedanken verdrängt; selbst als die ersten Krümel aus dem Brief rieselten, wunderte ich mich noch, was da wohl drin sein könnte. Dann hielt ich es in der Hand. Ein getrocknetes, postkartengroßes Stück Trockenalge. Und eine Nachricht von meinem Vater: »Hier hast Du alle Infos, die Du brauchst. Kümmerst Du Dich jetzt bitte um Beiersdorf, wir könnten umgehend liefern! Dein alter Papi.«

»Dein verrückter Papi« hätte besser gepasst, fand ich. Da saß ich also mit dem Stück Meerespflanze in der Hand und konnte diese kindliche Verbissenheit in eine derartig absurde Idee nicht begreifen. Ich versuchte, im Internet etwas über die Produktion der berühmten weißen Creme in der blauen Dose herauszufinden. Eine Anzeige des Unternehmens »Suchen Algen jeder Art« fand ich auf der Homepage unglücklicherweise nicht.

Ich fasste den Entschluss, so zu tun, als hätte ich keine Alge in der Post gehabt. Und hoffte, dass mein Vater die Geschichte bis zum nächsten Telefonsonntag wieder vergessen hatte.

Lara

Als Papa jung war und noch diese Jacken trug, die orientalischen Gebetsteppichen ähnelten und vielleicht auch welche waren; als er Selbstgedrehte ohne Filter rauchte und in der besten Band seiner Heimatstadt sang, da war er der geheimnisvolle Rebell, den jeder Schüler seines Gymnasiums kannte. Und den die Lehrer fürchteten. Wenn ich heute Menschen treffe, die früher mit Papa befreundet waren, erzählen sie mir alle, welchen unglaublichen Spaß sie mit ihm hatten, dass die Zeit mit ihm unvergesslich war, mit ihm jedes Abenteuer möglich zu sein schien. Ich kann mir genau vorstellen, wie sein Zimmer im Dachgeschoss der Eltern Treffpunkt für die wildesten Teenagerexemplare jener Provinzstadt war, aus der meine Familie stammt. Denn ich kenne dieses Zimmer, jedes Detail darin.

Bis meine Oma vor ein paar Jahren ins Seniorenheim umzog, hatte sie nichts an dem immer etwas stickigen Ort, wo sich irgendwann ein Wespenschwarm häuslich eingerichtet hatte, verändert. Einzig die Grasvorräte, die mein Vater auf einem Querbalken unterhalb der Dachschräge hortete, gerade hoch genug, dass Großmutter Annegret sie nicht beim Staubwischen erreichen konnte, waren verschwunden. Aber sonst? Die Geografie-Lehrbücher lagen noch auf dem Schreibtisch aus poliertem Buchenholz, die alten *Bravos* nach Jahrgang geordnet im Regal neben dem Nierentischchen. Im Schrank hingen noch breite Krawatten mit skurrilen Mustern und der braune Wollanzug, den Papa bei der Hochzeit meiner Mutter getragen hat und den ich in einer sonderbaren Phase meiner Jugend öfter mal in der Schule anhatte. All das blieb unangetastet wie das Zimmer eines verschwundenen Kindes, auf dessen Heimkehr die Eltern seit Jahrzehnten warten.

Und das, obwohl der Gertl mit seiner »Arbeitslosenfrisur« seiner Mutter doch so viel Kummer machte. Wahrscheinlich ahnte meine Großmutter Annegret, dass er tatsächlich immer wieder in sein Kinderzimmer zurückkommen würde, um in Krisenzeiten, die es besonders während der Verbindung mit seiner zweiten Frau Mette oft genug gab, dort unterzuschlüpfen. Und mit einer selbst verordneten Diät aus Jever und Hanuta wieder auf die Beine zu kommen versuchte. Mit dem Gertl, da war ja dauernd was. Entweder kränkelte er, schrieb bösartige Artikel in der Schülerzeitung, für die man sich als Mutter sehr schämen musste, qualmte das Dachgeschoss voll oder brachte komische Leute mit nach Hause. Meistens alles zusammen.

Die Jungs, die da dauernd im Zimmer des Sohnes verschwanden, ohne sich ordentlich die Schuhe abgetreten zu haben, und sich schwer in die Sitzgruppe fallen ließen, hießen Wolli, Ringo, Zwille, Suppe oder Zwetschge. Obwohl ich den meisten im Laufe meines Lebens ein paarmal begegnet bin, kenne ich von niemandem den richtigen Namen. Bei Papas Gang kam nie der Zeitpunkt, an dem Spitznamen mal unpassend sein würden. Sie passten immer, und sie passen noch. Zu den ausgewaschenen kurzen Jeansjacken, die sie heute noch tragen. Zu dem kehligen Tabaklachen, wenn jemand einen guten Spruch gebracht oder eine Anekdote von früher ausgepackt hat. »Ey, Kresse«, brüllte Wolli, eine Art Dorf-Keith-Richards, jedes Mal, wenn Papa und ich in die angestammte Schankhalle unserer Heimatstadt einliefen. »Wodka Lemon, wie immer?« Damals trank Kresse, also mein Vater, schon jahrelang keinen Tropfen mehr, nicht mal die alkoholhaltigen Pralinen auf dem Wohnzimmertisch meiner Großmutter hätte er angerührt. »Einmal ist kein Mal? Einmal ist immer!«, war sein gängiger Spruch, wenn ihn wieder jemand zum Mitsaufen bewegen wollte. »Komm schon, ein kleines Gläschen!«, drängte Wolli den spießigen Getränkeverweigerer. »Nee, ich bin trocken. Ich hätte gern ein Wasser.« »Einen kannst du ja wohl mittrinken«, nervte Wolli weiter, »auf die guten alten Zeiten. Früher war dein Vater nicht so zimperlich, Lara.« Und in Richtung Tresen: »Einen doppelten Wodka Lemon für unseren Doktor hier, der braucht 'ne kräftige Mischung.«

Meistens gingen wir nach Papas Wasser und meiner Apfelschorle wieder. Seit mein Vater nicht mehr derjenige war, der es am dollsten krachen ließ, der sich die heftigste Dröhnung verpasste und am Ende des Abends für alle die

Zeche zahlte, hatte die einst so innige Freundschaft irgendwie einen Knacks bekommen. Man könnte auch sagen, die Basis fehlte.

Papas Jugendfreunde waren früher die coolste Truppe der Stadt. Einige schlugen sich fast ohne Geld bis nach Goa durch, wo sie, nur mit Lendenschurz bekleidet, in einer selbst gebauten Hütte am Strand wohnten. Sie spielten alle in irgendwelchen Bands, waren frei und unangepasst. Bis sie irgendwann stehen geblieben waren. Am bierverklebten Tresen einer dieser trostlosen Kneipen, die es in jeder Stadt haufenweise gibt, mit Flipperautomat und weich gewordenen Salzstangen.

Bestenfalls. Urs, einer der wenigen mit einem richtigen Namen (aber dafür genügend anderen dunklen Stellen im Leben) beendete seine Laufbahn als sozialverträgliches Mitglied der kleinstädtischen Gesellschaft recht früh. Als seine Klassenkameraden vom Gymnasium lange mit Studium und Ausbildung fertig waren und angefangen hatten, in ihrem Beruf irgendetwas zu werden, renovierte Urs noch immer das alte Haus seiner Eltern. Und wenn er nicht gerade strich oder Tapeten abspachtelte, dann sprach er mit Gott. Urs war nicht gläubig, kein bisschen, er ging auch nie in die Kirche. Nein, er hörte nur die Stimme des Heiligen Vaters, klar und deutlich, die ihm erklärte, was zu tun sei. An einem Tag im Frühling: Mette aus den Fängen seines Kumpels Kresse zu befreien. Denn – und das hatte der Heilige Vater ihm unmissverständlich zu verstehen gegeben – sie gehörte so fest zu ihm wie Köttbullar zu IKEA.

Diese Episode mit Urs ist mir noch lange als beständig wiederkehrender Albtraum erhalten geblieben. Sie spielte sich in dem alten roten Backsteinhaus ab, das Papa und Mette nach dem Auszug aus dem Hippiehof gemietet hatten. Jannis und ich hatten gerade aus Playmobil eine Westernstadt gebaut, und mein Stiefbruder spielte mal wieder voller Hingabe den einsamen Cowboy, der alles verloren hat und ohne Ziel und Hoffnung durch die Steppe reitet. Mette nähte im Wintergarten einen Seidenkittel für eine anstehende Eurythmie-Aufführung in der Waldorfschule, eine dieser unerklärlichen Darbietungen, von denen die meisten Menschen mal irgendwo etwas mit »Namen tanzen« gehört haben. Jedenfalls: Es war ein gemütlicher Nachmittag. Und wir warteten auf Papa. Doch das Wartezimmer seiner Praxis war anscheinend mal wieder brechend voll. Als es an der Tür klingelte, schauten wir Kinder neugierig aus dem Wohnzimmerfenster zum Hauseingang. Den Mann, der dort stand, hatte ich noch nie gesehen. Er war groß und hatte ein Gesicht wie ein Raubvogel. Mette zögerte erst, machte aber irgendwann die Tür auf. Ich weiß noch, dass der Mann sich nicht an den Wohnzimmertisch setzte, so wie die anderen, die zu Besuch kamen, sondern erst mal mit großen Schritten durch die Wohnung lief, so als suche er etwas. Er roch eklig nach irgendetwas Süßlich-Scharfem.

Obwohl ich mich sonst kaum an Details erinnere, weiß ich, dass ich Angst vor ihm hatte. Mette lotste ihn irgendwie in unsere Küche, zischte mir heimlich ins Ohr, wir sollten schnell die Flaschen mit Wein und Grappa von der Vitrine in Jannis' Kinderzimmer verstecken. Und ohne zu verstehen, warum, trugen wir sie sofort eifrig ins obere Stockwerk. Als wir mit unserer Beute an der angelehnten Küchentür vorbeischlichen, sahen wir, dass der Mann mit dem Vogelgesicht in der Küche saß und Mette am Arm festhielt. Er blieb sehr lange, sprach aber kaum ein Wort. Und auch wenn er uns nichts tat, ging eine eisige Kälte von ihm aus.

In meinen Träumen tauchte er später immer wieder als Mumie auf, die sich am Boden kriechend auf mich zubewegte, ohne dass ich hätte weglaufen können. Wohl, weil ich später erfuhr, dass der Typ – volltrunken und wahnsinnig, wie er war – in unserem Haus auf seinen Rivalen lauerte: meinen Vater. Doch der kam nicht, und der Vogelmann verließ polternd unser Haus.

»Sei vorsichtig«, hörte ich Mette am Telefon zu Papa sagen. »Ich weiß nicht, was er vorhat.« Und tatsächlich fing der gruselige Typ nach seinem Besuch bei uns Papa vor seiner Praxis ab und versuchte, ihn niederzuschlagen. Mein Vater war schnell und wendig und entkam. Und sein durchgedrehter Bekannter wurde in Gewahrsam genommen. Doch leider erkannte niemand, wie gefährlich er war. Es dauerte nicht lange, und meine Mutter brachte mir bei, dass ein Freund meiner Eltern, der früher oft zum Angeln zu uns auf den Hof gekommen war, von demselben Mann erschlagen worden war. Er ist in die geschlossene Psychiatrie gekommen – für immer, wie ich stark hoffe. Noch heute lässt mich der Gedanke an diesen Menschen und daran, was er auch meinem Vater antun wollte, erschaudern.

Urs führt die Liste der schrägen Bekanntschaften mit weitem Abstand an, keine Frage. War er auch der Einzige, vor dem man Angst haben musste, so gab es doch immer genügend andere, um die man sich Sorgen machen konnte. Einige leben nicht mehr. Zwetschge starb auf der Toilette an einer Überdosis, Wolli an Lungenkrebs, ein Dritter sprang vom Dach eines Hochhauses. Auch Papa ist verdammt tief gestürzt und heftig aufgeschlagen, er hat mehr erreicht als alle anderen aus seiner Chaosclique zusammen, und doch wieder alles verloren.

Trotzdem: Auch er ist ein Stück weit Kresse geblieben. In seiner Liebe zur Rockmusik, die er bis heute nicht einfach nur hört, sondern durch die er fühlt. Die Rolling Stones, Willy DeVille, Patti Smith – ihre Songs haben meinem Vater immer sehr viel bedeutet. Noch heute scheinen in ihm die Gefühle von damals aufzuflammen, wenn er »Wild Horses« auflegt und in seinem Wohnzimmer das Licht dimmt. Dann kommen die alten Geschichten zutage. Und er sagt Sachen, für die ich ihn spontan umarmen möchte: »Lara, die Pretty Things mochte ich fast noch lieber als die Stones. Die waren irgendwie noch ein bisschen fertiger.«

Es gab auch mal eine Phase, in der er plötzlich die Pop-Girlgroup Sugababes glühend verehrte (nach einer Parallele zu Patti Smith suche ich bis heute) und die dann nach einem anstrengenden Tag in der psychotherapeutischen Praxis in dröhnender Lautstärke im Wohnzimmer gespielt wurde. Als bei der Hochzeit meines Bruders die ersten Takte von »Push the Button«, wohl dem Bekanntesten, was die stets zu dünn angezogene Mädchenband so hervorgebracht hat, erklangen, stürmte Papa buchstäblich die Tanzfläche. Einige Foxtrottler kamen völlig aus dem Takt und wichen erschrocken zur Seite. Ich tanzte mit, kam mir aber neben dem wirbelnden Bündel irgendwie verkrampft vor. Betrachtet man die Hochzeitsfotos, sieht man auf dem einen Bild einen kleinen Mann mit ausgestreckten Armen aus der Menge schießen: Papa! Das muss der Moment gewesen sein, als der Refrain des Dance-Hits lief und seine ekstatische Tanzeinlage ihren Höhepunkt erreichte…

Auch in seiner Ablehnung von Spießigkeit, starren Formen und Vorschriften ist Papa immer ein bisschen der jugendliche Rebell geblieben. Die im Neunzig-Grad-Winkel frisierten Hecken der wohlhabenden bayerischen Nachbarschaft waren ihm ein Ärgernis. Kam ihm an der Käsetheke ein einheimischer Bierranzen zu nah, setzte es auch schon mal eine verbale Auseinandersetzung, bei der er als »verrückter Saupreiß« aus dem Ring stieg. Es gab wohl keinen einzigen Tag in seinem Leben, an dem er mit seinem »Papierkrieg«, wie er es nennt, nur annähernd auf Stand war. Fristen dienten ihm stets nur als grobe Orientierung, Formalitäten sah er als persönliche Schikane der Ärztekammer oder irgendeiner anderen öffentlichen Stelle.

Sein Kopf war immer voller Ideen. In dem Jahr vor seinem Unfall ging es meist um die Aufzucht von hyperstarken Cannabiskreuzungen. Und um die Frage, wie man meiner schwermütigen Oma das Leben im Heim etwas fröhlicher gestalten könnte. Gar nicht so abwegig fand mein Vater die

Idee, einer eingeweihten Betreuerin regelmäßig ebenjenes Produkt seiner herausragenden botanischen Fähigkeiten in kleinen Päckchen zukommen zu lassen, damit diese es der alten Dame ins Dessert einarbeiten möge. Meine Oma starb, bevor sie in den Genuss von Californian Skunk und Hawaii Maui Waui kam. So blieb sie bis auf die Wirkung eines Sonntagsgläschens warmen Jägermeister aus der Bettschublade ihrer Zimmernachbarin Frau Förster bewusstseinsmäßig unverändert. Angesichts der deprimierenden Einrichtung, die sie sich selbst für ihren Lebensabend ausgesucht hatte, nichts, worum man sie sonderlich beneiden musste.

Doch zurück zu Ringo und den anderen Freunden aus Papas Jugendtagen. Denn mit denen fing schließlich alles an. Jung und gierig aufs Leben. Zusammen hatten sie begonnen, mit Drogen zu experimentieren, was in diesem Stadium für alle sehr vergnüglich gewesen sein muss. Man hörte die ersten Stones-Alben und bemühte sich, in heimischen Chemieversuchen LSD selbst herzustellen, damit man günstiger wegkäme. Erfolglos, natürlich. Legendär ist zwischen den Kumpels von früher die Geschichte von der Fahrt zum Jimi-Hendrix-Konzert nach Fehmarn. Nie kam die mit Kaninchenfellmänteln und indischen Tüchern dekorierte Truppe überhaupt dort an. An irgendeinem Strand an der Kieler Außenförde endete die Ausfahrt dann, als die Trips zu wirken begannen. Mein Vater schwebte nun über weichen Sand, entdeckte dabei rosafarbene Delfinherden und Dinosaurier und ergründete das Geheimnis der Evolution. Was hätte die Liveversion von »Purple Haze« dagegen schon ausrichten können? Überhaupt hatte Papa unter Einfluss anregender Substanzen zu dieser Zeit sehr schöne Erlebnisse mit der heimischen Fauna. Ein Grimme-Preis-verdächtiger Eintrag aus seinem Tagebuch:

5. Juli 1974:

»Sehr starker LSD-Trip. Habe mich mit einem Hund unterhalten. Sagte (!) mir, er sei hungrig. Habe ihm bei Schlachterei Petersen eine Bratwurst gekauft und zu spät gemerkt, dass ich kein Geld dabeihatte. Daraufhin Durchquerung der Innenstadt mit lautlosen Riesensätzen (Siebenmeilenstiefel), ohne auch nur ein bisschen atemlos zu werden. Zu Hause trotz aller Vorsicht (in meinem Kopf war es sehr laut) Begegnung mit Mutter vor dem Kühlschrank. Sie besaß mindestens drei Augenpaare, die wild durcheinanderflimmerten. Im Kühlschrank grelle Helle. Ich sprach mit Echo-/Halleffekt.«

Ich muss immer wieder laut über diese Geschichten lachen. Auch wenn für Papa die Drogenexzesse weniger lustig endeten, so erzählt er die eine oder andere Anekdote immer wieder gern. Schillernd und in epischer Breite. Das würde er natürlich niemals zugeben, aber ich höre manchmal auch Stolz heraus. So als prahlte ein junger Kerl von den zweifelhaften Abenteuern der vergangenen Nacht. Bei aller Tragik seiner Geschichte: Sie ist eben auch lebendig, viel spannender als die meisten, viel trauriger, aber auch viel intensiver.

Nur wenige Tage nach seinem Delirium hörte ich Papa mit einem betuchten Alkoholiker, der eine Woche in derselben Privatklinik ausnüchterte und Papas Zimmergenosse war, mit ihren Suchtblessuren wetteifern wie zwei Veteranen mit ihren Kriegsverletzungen aus Vietnam. »In meiner Familie redet keiner mehr mit mir, nicht mal meine Tochter. Du hast Glück gehabt«, stellte der Unsympath im Ralph-Lauren-Oberhemd mit einer Gesichtsfarbe von sattem Bordeaux fest. »Glück? Ach, weißt du … Ich hab lange an der Nadel gehangen. An meinem Arm gibt es keine brauchbare Vene mehr«, entgegnete mein Vater lässig, und der Gesprächspartner sagte erst mal nichts mehr. Punktsieg für Dad. So eine Champagner-Abhängigkeit sieht neben der Fixerei natürlich ein bisschen mager aus.

Genau wie Papa ertappe ich mich selbst manchmal damit, dass ich mit ihm und seiner Rockstar-Vergangenheit kokettiere. Total bescheuert ist das! Aber wann immer ich von ihm erzähle, bilde ich mir ein, dass die Leute mich mit anderen Augen sehen. Ich glaube, das tun sie wirklich. »Das hätte ich bei dir aber nicht erwartet«, meinte kürzlich eine Kollegin von mir, »du wirkst so ruhig und normal.« Ruhig und normal trotz Drogensucht des Vaters. Lustig, was die Menschen so für paradoxe Vorstellungen haben, dachte ich.

Wenige Monate vor seinem Zusammenbruch besuche ich Papa in Berlin. »Du musst Leder-Manfred kennenlernen«, erzählt er mir im Auto, während er in Seelenruhe eine rote Ampel überfährt. »Papa, die war rot«, sage ich erschrocken. »Um Himmels willen, Lara. Die hab ich gar nicht gesehen. Ja, in Berlin, das ist schon ein anderer Verkehr, das sag ich dir. Dein alter Vater wieder!« Ich muss an all die Pfeiler denken, die Papa beim Rangieren mit dem Auto im Laufe seines Lebens übersehen hat. Ein Unvermögen, das ich übrigens von ihm geerbt habe, denn ich kenne außer mir niemanden, der viermal durch die praktische Führerscheinprüfung gefallen ist. Und der bis heute jede Situation meidet, in der es darum geht, irgendwelche Kraftfahrzeuge zu steuern.

Auch ein unschönes Erlebnis kommt mir jetzt in den Sinn, an das ich mich zum Glück nicht erinnern kann und das ich nur aus Erzählungen kenne. Als ich klein war, ließen Papa und Mette uns Kinder auf der Rückbank im Auto Purzelbäume machen – bis ich während der Fahrt einfach raus auf die Straße fiel. Die Kindersicherung funktionierte offenbar nicht. Und die geschockte Familie musste anhalten und mich von der Straße aufsammeln. Was mir eine Platzwunde am Kopf bescherte, die Papa mir zu Hause selbst klammerte. Manchmal sprechen mich Leute auf die Narbe an meiner Stirn an, die mir selbst schon gar nicht mehr auffällt. »Irgendwann wirst du mal sehr wütend auf mich sein«, höre ich oft von Papa, wenn es um dieses Thema geht, obwohl ich ihm nie die Schuld daran gegeben habe. Aus irgendeinem Grund schaffe ich es einfach nicht, jemals wütend auf ihn zu sein.

»Wer ist denn jetzt dieser Leder-Manfred?«, will ich wissen, nicht, dass Papa sich da jemanden mit irgendwelchen perversen Neigungen ins Haus holt. An diesem Punkt in meinem Leben schließe ich schon nichts mehr aus, was meinen Vater betrifft. Und wenn ich »nichts« sage, dann ist das auch genau so gemeint. Mein Vater hat es geschafft, eine Viertelmillion Mark Schulden anzuhäufen, auch, weil er Freunden in Not mal größere Summen Geld schenkte. »Ach, weißt du was, behalt es einfach, aber pump mich nie wieder an«, hieß es dann. In jahrzehntelanger Arbeit zahlte er dann jeden Pfennig ab. Er wurde mal mit dem Terroristen Christian Klar verwechselt und verhaftet, obwohl er dem dankenswerterweise überhaupt nicht ähnlich sieht. Papa fuhr auch mal eine Weile Leichenwagen, nachdem er seinen Medikamentenmissbrauch bei der Ärztekammer selbst gemeldet hatte und seine Zulassung zurückgeben musste. Und erst wenige Wochen vor seinem Unfall musste er nachts von den Nachbarn von einem zwei Meter hohen Zaun gepflückt werden, weil er seinen Schlüssel vergessen hatte und versuchte, über den Hinterhof in die Wohnung einzusteigen. Wenig hatte gefehlt, und er hätte sich an den Metallspitzen aufgespießt. So erzählt es jedenfalls meine Tante.

Meine Sorge hat also, wie ich finde, eine gewisse Berechtigung. Sie stützt sich auf Erfahrungswerte. Was kommt jetzt bloß wieder, heute, an diesem unschuldigen Herbsttag in Berlin-Friedrichshain? »Den Leder-Manfred habe ich beim Bäcker bei mir um die Ecke kennengelernt, wo ich immer mal eine Tasse Kaffee trinke. Er macht ganz fantastischen Lederschmuck.« Tatsächlich trägt Papa auf einmal ein breites schwarzes Lederarmband zu seinem rostroten Marc-

O'Polo-Pullover und der beigen Bundfaltenhose. Doch bevor ich meine Bedenken bezüglich dieser Kombination äußern kann, geht der Lobgesang auf den Hersteller des fragwürdigen Accessoires schon los: »Der Manfred ist ein ganz feiner Kerl, ein ehemaliger Balletttänzer, als Kind hat der in sieben Heimen gelebt. Ich hab ihm schon gesagt, dass ihr euch unterhalten müsst; über den kannst du eine Geschichte schreiben. Was der alles erlebt hat!«

Scheiße, denke ich. Warum kann Papa nicht mal jemanden ohne Probleme treffen? Bei jedem neuen Bekannten handelt es sich um irgendeinen »Fall«, selten freundet er sich mit jemandem an, der fest im Leben steht. Ich wünschte mir für ihn jetzt mal jemanden, der ausnahmsweise nicht schon seit zwanzig Jahren dreimal die Woche zur Analyse geht und selbst so viele Sorgen hat, dass er für die meines Vaters kein Ohr hat. Jemanden, der ihm Halt geben kann. Jemanden, auf den er hört, wenn der ihm sagt, dass man ein Polstersofa nicht über Jahre auf dem Balkon lagern sollte. Nur so als Beispiel. Aber je größer die Schwierigkeiten eines Menschen, desto größer Papas Faszination. Und die Identifikation auch.

Ich möchte auf keinen Fall ein Interview mit Leder-Manfred führen. Ich möchte ihn auch gar nicht kennenlernen, sondern mit Papa ins Museum gehen, in eine Ausstellung, schön essen oder einen Spaziergang auf dem Tempelhofer Feld machen. Etwas Normales. Etwas, das Väter und Töchter zusammen tun. Doch Papa und der Lederliebhaber haben ganz andere Pläne. »Hi, ich bin der Manfred«, stellt sich ein glatzköpfiger, gepiercter Endvierziger in Doc Martens und ungesund enger Jeans vor, der schon vor Papas Wohnung auf uns wartet. Und der die nächsten Stunden nicht aufhören wird, Blödsinn zu reden. »Wir zeigen deiner Tochter jetzt mal die Heidi«, sagt er schließlich. »Ist das die 1,90-Meter-Transe, von der du mir erzählt hast?« Ich meine mich zu erinnern, dass eine solche Dame zu Papas neuer Gang aus dem Café gehört, in dem er auch Leder-Manfred kennengelernt hat. Die beiden kichern. »Nee.«

Erst mal in die U-Bahn, ich würde schon sehen. Die zwei kennen die Strecke in- und auswendig. Weil wir einen der hinteren Waggons erwischt haben, springen wir an jeder Haltestelle raus und steigen einen Waggon weiter vorn wieder ein. Ich habe das Gefühl, mit zwei Halbstarken unterwegs zu sein, die die Stadt mal ein bisschen aufmischen wollen. Sie haben ganz offensichtlich Gefallen an der actionreichen Anreise, drücken sich lässig an der Bahntür herum und spurten bei jedem Stopp wieder los. Bis wir am Hermannplatz in Neukölln ankommen. Unser Ziel: die Hasenheide, die offenbar unter Berlinern zärtlich »Heidi« genannt wird.

Okay, denke ich, ein Herbstspaziergang im Park zwischen raschelndem Laub, hätte schlimmer kommen können. Kommt es auch. Denn wir sind erst ein paar hundert Meter gegangen, da folgt Papa den zischenden Lauten aus einem der Rhododendronbüsche und verschwindet zu einer Gruppe von Rastatypen, während ich – so befiehlt es Papas geschwätziger Bekannter – unauffällig weitergehen soll. Papa kommt mit zwei prallen Beuteln aus dem Gebüsch. »Wieso kaufst du jetzt Gras bei irgendwelchen wildfremden Leuten? Ich dachte, du baust selbst an!«, wundere ich mich. Bei meinem letzten Besuch war noch jede Menge von seiner klebrigen Ernte da. Auch zu meinem eigenen Geburtstag erhielt ich eine gut gefüllte Metalldose mit einem roten Schleifchen.

Mein Vater behauptete eine Weile, eigentlich nur aus Wohltätigkeitsgründen anzubauen, um Cannabisspenden an Bedürftige zu vergeben. Zur Appetitanregung bei einer Chemotherapie oder zur Reduzierung des Augeninnendrucks bei grünem Star. Gekommen ist es dazu nie. Und heute weiß ich: Er hat alles selbst vernichtet – auf einer sehr ausgedehnten Charity-Veranstaltung für sich selbst. »Lara, du, ich hatte einfach keine Zeit mehr für den Anbau. Der Aufbau der Praxis, der ganze Stress. Ich rauche auch nur sehr, sehr wenig.« Richtig, darum auch gleich zehn Gramm, denke ich – immerhin nie mehr als die berühmte »geringe Menge«. Und vielleicht kommen uns ja Bedürftige entgegen, denen wir einen heilenden Zug anbieten können.

Unsere nächste Station ist ein Café für HIV-Infizierte, in das mein Vater jetzt fast jeden Tag geht. Jemand spielt Klavier. Ein Mann mit eingefallenen Wangen bestellt sich einen Backfisch mit Kartoffelpüree. Er kann so gerade noch den Löffel zum Mund führen. Es gibt nur dieses eine Gericht, also bestellen wir das Gleiche. Es ist selbst gemacht und schmeckt gut. Aber ich fühle mich trotzdem unwohl. Was machen wir hier überhaupt? Niemand von uns ist HIV-positiv – oder? Jetzt krieg ich richtig Angst. »Papa, ist das überhaupt okay, dass wir hier sind? Also, ist das nicht nur für Leute, die …« – »Nee, das geht schon klar«, sagt Papa. »Es geht doch nur darum, dass man sich denen verbunden fühlt, die hierherkommen. Ich fühle mich immer willkommen.« Ich bin erleichtert.

Wie gesagt, fühlt sich Papa eigentlich mit allen Menschen verbunden, denen es schlecht geht. Die beiden kennen jeden, der zur Tür reinkommt. Während mein Vater draußen raucht, bin ich einem ehemaligen Geschichtslehrer hilflos ausgeliefert, der seit seiner beginnenden Demenz nicht mehr arbeiten kann. Und jetzt genügend Zeit hat, um mich ausgerechnet mit Wissensfragen zum Mauerbau, dem Zweiten Weltkrieg und der Weimarer Republik zu malträtieren. Er arbeitet gerade an einem tausend Seiten starken Werk, von dem ich im Laufe der nächsten Stunden (mehrmals) über jede Figur, jede Wendung, jedes Detail informiert werde – und ich erwische mich bei dem niederträchtigen Gedanken, dass ich allen unschuldigen Lesern dieser Welt wünsche, dass er vielleicht vergessen könnte, es zu veröffentlichen. Es kann einfach nur furchtbar werden. Langsam werde ich doch sauer, aber das hatte Papa ja sowieso schon kommen sehen. Wieso hängt er hier den ganzen Tag rum, anstatt sich um seine Praxis zu kümmern? Warum räumt er nicht lieber seine Wohnung auf, als heimlich in der Hasenheide auf Beutezug zu gehen?

Heute weiß ich, dass Papa zu dem Zeitpunkt nicht nur mehr kiffte als jeder 17-jährige Computer-Nerd, der in seinem getäfelten Dachgeschosszimmer »Ego Shooter« spielt. Sondern auch wieder zu den Dingen griff, die ihn schon vor Jahren in die Entzugsklinik gebracht hatten. Nach seinem plötzlichen Umzug nach Berlin fuhr er eine Weile Notdienste. Das wollte er so lange machen, bis die neue Praxis aufgebaut wäre. Dann rückte er nachts mit dem Wagen aus, in diesem unüberschaubaren Labyrinth von einer Stadt, in der er sich kaum zurechtfand, setzte Spritzen, verschrieb Antibiotika, legte Verbände an. Diese Einsätze müssen ihm den Rest gegeben haben. Denn häufig schickten sie ihn auch zu Leichenschauen. Für jemanden, der kaum noch am Leben festhält, ist der Anblick von Toten sicher keine gute Therapie. Die Bilder von Menschen, die über Wochen leblos in ihrer verwahrlosten Wohnung vor dem laufenden Fernseher gesessen haben, ohne dass jemand sie überhaupt nur vermisst hätte, ließen ihn nicht mehr los. Vor allem in seinen Träumen suchten sie ihn heim.

Der Moment, in dem ihm die Kraft ausging, kam nach dem letzten Wochenenddienst, den er übernahm. Er musste zu Leichenschauen fahren, gleich drei hintereinander. Als Papa in dieser Nacht nach Hause kam, konnte er nicht schlafen. Das Elend um ihn herum und die Trauer in seinem eigenen Leben nahmen ihm den Atem. Der Verlust seiner Frau, der Neuanfang, in den er alle Hoffnung gesetzt hatte und der ihn nur noch mehr isolierte. Da saß sie wieder, die Gier nach Stoff, seine alte Bekannte, die in einem dunklen Winkel seines Schlafzimmers wie ein Geier darauf wartete, dass das Opfer endlich aufgab.

Nach all den Jahren, in denen er es geschafft hatte, clean zu bleiben, immer für einen Tag, nicht mal einen Joint angerührt hatte, ging er in den Flur und griff nach dem schwarzen Rucksack. Verbände und Einweghandschuhe waren da drin, die er für den Notdienst brauchte, aber auch Ampullen und Tabletten, Dinge, die für ihn mindestens so verlockend sein müssen wie McDonald's und Playmobil für einen Waldorfschüler. »Alles, was turnt«, um es mit Papas Worten zu sagen. Zwei starke Schmerztabletten brachten angenehme Benommenheit, verscheuchten die Gesichter der Toten, die ihn aus hohlen Augen angrinsten, erlösten ihn für ein paar Stunden von dem Horror in seinem Kopf.

Am nächsten Tag blieb er liegen, der Notdienst konnte ihn mal. Wenn ein Süchtiger einmal Blut geleckt hat, dann gibt es kein Zurück. Doch der Rucksack gab nichts mehr aus seinem »favorisierten Substanzkreis« her. Er ging zur Apotheke um die Ecke und kaufte sich ein Fläschchen Paracodein und eine Packung Lorazepam. Maß halten war ja noch nie Papas Ding. Er wurde ein guter Kunde. Und nach ein paar Monaten musste er jeden Tag in die Apotheke, legte jedes Mal seinen Arztausweis vor und bekam, was er verlangte.

Der Radius wurde immer größer. Um bei den freundlichen Apothekerinnen keinen Verdacht zu erregen, legte er weite Strecken mit der U-Bahn zurück, holte sich Nachschub in Wilmersdorf oder Charlottenburg. Dreißig Filialen klapperte er regelmäßig ab. Bald brauchte er ein Fläschchen Codein am Tag. »Ist das viel?«, frage ich ihn, weil ich keine Vorstellung habe. »Na ja, eine vierköpfige Familie würde einen Monat gut damit auskommen, also, wenn gerade eine Erkältungswelle grassiert und man einen Arzt findet, der das überhaupt noch verschreibt«, erzählt mir Papa in selbstironischem Ton. Die Tropfen für den euphorisierenden Morphinrausch, Tavor gegen die Angst. Eigentlich ist es auch fast egal, was. »Die Sucht ist nur das Symptom einer tieferliegenden Krankheit«, hat Papa mir früher erklärt, wenn wir nach dem Baden zusammen am Tegernsee saßen und ich Fragen stellte, um seine Geschichte besser zu verstehen. Ich hatte nie Hemmungen, nachzubohren. Wollte schon immer wissen, wie es sich anfühlt, wenn einen innerlich nichts zusammenhält, man sich vom Leben so überfordert fühlt, dass man sich betäuben muss. Papa hat mir den Zustand mal mit einer großen Flut beschrieben, bei der die Brückenpfeiler einzustürzen drohen und das Selbst sich nicht mehr ohne ein äußeres Korsett tragen kann. Für das überwältigende Gefühl hat er nur einen Namen: Unerträglichkeit. Und die schwappte in dieser Nacht über ihn hinweg, gewaltig und unentrinnbar, und spülte alles fort, was ihn all die Jahre davon abgehalten hatte, aufzugeben. Für den Notdienst arbeitete er nie wieder. Stattdessen begann er sein Gärtnerhobby mit einem kleinen Tütchen Cannabissamen.

Hätte ich geahnt, warum mein Vater plötzlich vor absurden Ideen übersprudelte, ich hätte gar nicht erst versucht, einen Sinn in so mancher Episode zu erkennen, die mir detailreich und mit feuriger Überzeugung aufgetischt wurde. Wie die mit der Gruppentherapie für Hertha BSC. »Ähm, ja, doch, interessanter Vorschlag, Papa. Aber pass auf, dass nicht bald der gesamte Verein vor deiner Tür steht und dir nach dem Leben trachtet«, sage ich ihm ein paar Tage nach unserem Ausflug mit Leder-Manfred am Telefon. Und denke: Hör bitte auf, deine Zeit mit wirren Ideen zu verschwenden! Mein Vater will jetzt den Fußballverein beim Wiederaufstieg in die Erste Liga unterstützen. Die Probleme auf dem Spielfeld führt er auf psychologische Verstrickungen zurück, die es dringend zu bearbeiten gilt. Das Angebot für die Therapie habe er bereits per Fax rausgeschickt, teilt er mir geschäftig mit. Und ich bekomme auch gleich eine Kopie:

Sehr geehrter Herr Preetz,
seit Wochen beobachte ich unter Schmerzen die Krise unseres Hauptstadtclubs, der in der letzten Saison noch um die Meisterschaft gekämpft hat. Ich bin Psychotherapeut und biete Ihnen gern meine Hilfe an. Ich verfüge seit über 30 Jahren über ärztlich-therapeutische Erfahrung, seit 20 Jahren über beste Kenntnisse in Gruppendynamik und Gruppentherapie. Ich bin überzeugt, dass sich die Hertha in dem befindet, was heute gern »mentale Krise« genannt wird, und biete Ihnen eine kurze, aber intensive Intervention an. Die Rahmenbedingungen sind sehr wichtig und müssten mit dem Trainer und dem Manager vorher abgesprochen, festgelegt und der Mannschaft mitgeteilt werden. Mit Widerstand ist zu rechnen. Dies ist aber obligatorisch. Der Preis beläuft sich auf 250,–€ pro 100 Minuten, also 1500,– insgesamt. Bei Erfolg (von dem ich überzeugt bin) würde ich mich einer Bonuszahlung nicht verschließen, bestehe aber nicht darauf.

Mit freundlichem Gruß,
Dr. Gert Beer

Wer auch immer das Schreiben erhalten hat, bei demjenigen hat es sicher zu großer Belustigung geführt. Papa räumt zwar die Möglichkeit ein, dass sein Vorschlag (aufgrund der zahlreichen Angebote von Konkurrenten) keine Berücksichtigung finden könnte, ist über das Ausbleiben einer Antwort aber doch betrübt. Diese Fußballidioten! Wer weiß, vielleicht wüssten die heute gar nicht mehr, wo sie die vielen glänzenden Pokale unterbringen sollen, hätte Papa die Mannschaft mal ordentlich auf ein paar Bondingmatten übereinandergeschichtet.

Es gibt ein Foto von meinem Vater als kleinem Jungen, auf dem er in einer herzzerreißenden, kurzen Latzhose aus Loden steckt und aus braunen Augen fragend in die Welt schaut. Akkurat gescheitelt, das Haar mit einer Spange fixiert (Oma hatte sich eigentlich ein Mädchen gewünscht). Dieser Junge ist Papa in vielen Dingen immer noch. Schutzbedürftig. In Pflichten und Routine gezwängt, die er am liebsten verweigert. Dieses Kindsein hat schöne Seiten. Offenheit und Neugierde. Fantasie. Die Fähigkeit, sich in einem Moment zu verlieren. Ich kenne kaum jemanden über dreizehn, der sich über »Das Dschungelbuch« so kaputtlachen kann wie Papa. Bei dem jedes Mal begeisterte Tränen fließen, wenn die Hypnoseschlange Kaa auf der Leinwand zu sehen ist. Oder wenn Meister Röhrich im »Werner«-Comic auftaucht. Auch, wenn wir früher zusammen mit der Achterbahn fuhren, schrie mein Vater lauter als die Kinder in den Wagen hinter uns.

Heute lacht Papa nicht mehr so oft. Oder jedenfalls nicht mehr so laut. In den ersten Wochen nach seiner Operation hatte ich richtig Angst, dass sein Humor vielleicht gar nicht wiederkommt. Damit wäre ein so wichtiger Teil seiner Persönlichkeit verloren gegangen. »Ja«, sagte er anfangs nur und nickte nachdenklich, wenn ich eine ironische Bemerkung machte. »Mein Vater hat den besten Humor, den ich kenne«, habe ich früher oft Leuten erzählt, die ihm noch nie begegnet waren. Ich glaube, meine besten Freunde teilen diese Ansicht.

Als er noch mit Armschlinge und abklingender Lungenentzündung im Krankenhaus lag, bat er mich, ihm aufzuhelfen, er wolle mir etwas sagen:

»Lara, du kennst doch Schwester Heidi, nicht wahr? Sie hat mir in den letzten Wochen ja sehr beigestanden, das hätte sie sicher nicht getan, wäre da nicht ein zartes Band zwischen uns.« Papa schaut mich durchdringend an, als erwarte er eine Bestätigung.

»Nun … ähm, na ja, sie hat sicher nicht immer so nette Patienten wie dich, aber …«

»Du, ich hätte ja selbst nicht gedacht, dass ich noch mal

so fühlen würde, aber ich habe ihr heute einen Antrag gemacht.«

Ich ringe um Fassung und um Worte, die weder falsche Hoffnungen wecken noch seinen mutigen Vorstoß in irgendeiner Weise schmälern. Während ich noch überlege, sagt er ganz ernst: »Und Schwester Agnes hab ich auch gleich gefragt. Eine wird wohl Ja sagen.«

Dann lachen wir beide. Schön, dass mein Vater auch durch dieses bittere Erlebnis nicht wirklich erwachsen geworden ist. Das wäre schade gewesen.

Das Vermächtnis

Lydia

Ich lief durch meine kleine Wohnung nahe der Innenstadt und überlegte. Flohmarkt, Ebay, einen Freund anpumpen – es musste doch eine schnelle Lösung geben für 84,50 Euro. Das war die Summe, mit der ich auf meinem Girokonto ins Minus gerutscht war, und der Grund für eine unruhige Nacht. Ich war Mitte zwanzig, auf einer sogenannten Eliteschule für Journalistinnen, die edle Klamotten verlangte, aber erbärmlich zahlte. Und zum ersten Mal in meinem Leben war ich pleite. Im Minus. Hatte Schulden. War klamm.

Der Zustand machte mich ungewöhnlich nervös. Ich hatte das Gefühl, man sehe es mir an, dass ich gerade kein Geld hatte. Als würden Menschen auf der Straße überlegen, ob sie mir wohlwollend nickend einen Euro geben sollten. Während einige meiner Freundinnen konsequent ihren Dispo auf Anschlag hielten, fühlte ich mich getrieben von einer Angst, die mir damals erstmals bewusst wurde. Genau beschreiben, wovor mir eigentlich so graute, konnte ich nicht. Aber ich merkte eins: Ich musste etwas übrig haben. Immer. Was tun, wenn plötzlich jemand, der mir nahesteht, Geld braucht?

So viele zahlungsunfähige Familienmitglieder gab es zwar nicht, und eigentlich dachte ich auch immer nur an eine Person. Aber ausgesprochen hatte ich es nie. Gegenüber niemandem. Obwohl die Befürchtung, dass mein Vater irgendwann mal umfassende finanzielle Hilfe brauchen könnte, schon viele Jahre in meinem Hinterkopf festgenagelt war. Und mein Konto im Minus gab mir definitiv ein schlechtes Gefühl.

Zwei Kaschmirpullis brachten bei Ebay etwas mehr als 70 Euro. Das Geld ging auf meinem Konto ein, als das mickrige Gehalt der Journalistenschule schon drauf war und ich nach Miete und Nebenkosten gut 400 Euro im Plus war. Egal, dachte ich. Mit dem Pulligewinn passierte mir das Abrutschen in den Dispo nicht noch mal, hoffte ich. Und verkaufte weitere Klamotten bei Ebay. Plötzlich hatte alles, was in meiner Wohnung so rumstand, ein unsichtbares Preisschild. 20 Euro der Silberrahmen, 12 Euro die Kerzenständer, 30 Euro der gläserne Schreibtisch. Besitz belastet, dachte ich. Und Platz bedeutet Freiheit. Ich suchte mir einen baldigen Flohmarkttermin raus, meldete mich an. Und fühlte mich gut. Geschäftstüchtig irgendwie.

Ein paar Tage später erzählte ich meinem Vater von meinem »einschneidenden« Erlebnis mit der Armut. Nachvollziehen konnte er meinen Schuldenschreck nicht. Er wisse gar nicht, was auf seinem Konto sei, erwähnte er lapidar.

Definitiv hatte er offenbar keine Ahnung von seinen Finanzen. Das merkte ich, als ein halbes Jahr später ein Brief der privaten Krankenversicherung meines Vaters bei mir, seiner deutschen Meldeadresse, ankam und mir knallhart die Kündigung des Versicherungsschutzes mitteilte. Es sei der vierte Monat ohne Zahlungseingang, fast 2000 Euro seien fällig. Der Versicherungsschutz sei mit sofortiger Wirkung aufgehoben. Da ich davor keine Mahnungen oder Ähnliches erhalten hatte, hoffte ich auf eine Verwechslung. Ein Mann Mitte siebzig ohne Krankenversicherung, das gibt es doch gar nicht, sagte ich laut vor mich hin.

Vierzig Jahre hatte mein Vater dieser Versicherung monatlich Geld überwiesen, zweimal war er im Krankenhaus, einmal im Jahr beim Zahnarzt. Eine Frechheit, dachte ich. Und während ich voller Wut die Nummer des Callcenters wählte und eine nervtötende Dudelmusik mich zum Warten zwang, wuchs der Kloß in meinem Hals. Als mich eine Dame mit näselndem Ostakzent überschwänglich begrüßte, musste ich auflegen. Das Wasser stand mir in den Augen, der Kloß drohte einen Würgereiz auszulösen. Heulpause, Druck ablassen, sammeln. Mir wurde unwohl, es hämmerte in meinem Kopf. Denn ich wusste, das war erst der Anfang.

Papis Verlust der Krankenversicherung war seit Jahren meine Horrorvorstellung. Ein Zustand, von dem ich bislang nur in unnötig überdramatisierten Schicksalsgeschichten in Frauenzeitschriften gelesen hatte und immer hoffte, dass es so weit niemals kommen würde.

Hin und wieder hatte ich meinen Vater gefragt, wo er eigentlich krankenversichert sei, ob mit der Versicherung alles in Ordnung und was da monatlich zu zahlen sei. »Lydia, alles kein Problem. Und wenn, dann lass das mal meine Sorge sein«, war meist die Antwort. Liebend gern hätte ich es SEINE Sorge sein lassen. Was allerdings vorausgesetzt hätte, dass er sich jemals welche gemacht hätte.

Als ich nach viel kaltem Wasser im Gesicht einen erneuten Telefonversuch startete, hatte ich meinen Vater am Hörer. »Die Kündigung meiner Krankenversicherung hast du vorliegen?«, fragte er überrascht. »Davon weiß ich ja gar nichts«, sagte er glaubhaft. Da müsse er jetzt mal ganz genau die Briefe der letzten Wochen durchgehen, erklärte er mir und raschelte im Hintergrund mit Papier. »Aha, hier ist was von der DKV, warte einen Moment.« Ich hörte, wie er einen Umschlag aufriss, das Papier aus dem Brief kramte. »Ah. Oh. Wie kann das denn sein? Ja, ja, seit Februar, aha«, faselte er vor sich hin. »Wieso war der Brief verschlossen?«, fragte ich ihn. Keine Antwort. »Papi, wer soll das jetzt bezahlen? Du brauchst doch eine Krankenversicherung!«, fragte ich ihn. Keine Antwort. Er müsse mal telefonieren, sagte er nur und versprach, sich am Abend noch mal zu melden.

Doch er meldete sich nicht. Ich allerdings war nach zwei, drei Gläsern Rotwein erleichtert und optimistisch. Stundenlang hatte ich mir vorgestellt, wie einer von Papis steinreichen Inselfreunden zwei Tausend-Euro-Scheine in bar aus der prall gefüllten, glänzenden Geldklammer zieht und meinem Vater wohlwollend in die Hand drückt. »Ach, das kriegt er schon hin«, redete ich mir ein. Er könnte einem Vegetarier einen Fleischwolf verkaufen, dachte ich und musste lachen, weil ich wusste, dass es stimmte.

Nur das mit der lockeren Geldklammer, dass stimmte leider nicht. Als mein Vater mich am nächsten Tag anrief, versicherte er zwar, dass er gerade wieder kurz vor Abschluss diverser Geschäfte stehe und die Versicherung noch in diesem Monat ihr Geld bekomme, aber da der Monat nur noch sechs Tage hatte und mir die bevorstehenden Verkäufe, von denen er sprach, bereits seit zwei Jahren angekündigt wurden, rief ich selbst die DKV an. Ich überlegte, dass ich mein neues Hollandrad verkaufen könnte, und suchte auf meinen Kontoauszügen nach der Höhe meines Dispos. Bis zu 1500 Euro konnte ich überziehen.

Mein Bruder und ich zahlten fünf Monate der Krankenversicherung, von denen vier bereits vorbei waren, allerdings trotzdem beglichen werden mussten. Ich überlegte, zu welchen Ärzten ich meinen Vater in diesem einen Monat schicken könnte; es sollte sich schließlich lohnen, bevor er vielleicht wieder in amerikanische Gesundheitsverhältnisse rutschte. »Ich brauche keinen Arzt«, protestierte mein Vater am Telefon. »Ich habe die Versicherung kaum genutzt, deshalb ist es eigentlich auch nicht schlimm, wenn ich keine mehr habe.«

Bevor in mir etwas zu explodieren drohte, nahm ich einen großen Schluck Rotwein, atmete tief durch und erklärte ihm, was ein Tag im Krankenhaus kosten würde. Und dass er vielleicht gar nicht umfassend behandelt werden würde, wenn er keine Versicherung hätte. Arztbesuche jedenfalls könne er sich künftig abschminken, denn auf der Insel würde es sich bestimmt blitzschnell rumsprechen, wenn jemand niedergelassene Mediziner mit unbezahlten Rechnungen veräppeln würde. Außerdem bestünde die Gefahr, dass wir, seine Kinder, für ihn aufkommen müssten und dass weder mein Bruder noch ich eine Vollversorgung auf der Intensivstation bezahlen könnten. Auf den Punkt hatte er offenbar nur gewartet, um mich auszubremsen. »Lydia, lass das mal meine Sorge sein, dafür habe ich bereits gestern Abend ein Schreiben aufgesetzt«, erklärte er mir selbstsicher.

Ein Schreiben? An wen? Was soll da drinstehen? Dass er keine Kinder hat? Ich war gespannt. Und nahm lieber noch einen Schluck Merlot, denn es kam eine Antwort, die mich eigentlich nicht hätte überraschen dürfen. »Ich habe ab sofort immer eine handschriftliche Erklärung dabei, dass im Falle eines Krankenhausaufenthalts keinerlei Kostenforderungen an meine Kinder gehen dürfen. Ich habe geschrieben, dass ich das unter keinen Umständen dulde, hörst du? Dass du jetzt in der Ausbildung bist und eine Topjournalistin wirst und dich auf deinen Job konzentrieren musst. Damit dürfte ja wohl kein Risiko mehr für euch bestehen«, betonte mein Vater voller Überzeugung.

Ich wartete kurz, doch es kam kein »Spaß beiseite«, es kam nur die Frage, ob er mir eine Kopie des »Befreiungsschreibens« schicken solle, damit ich mich im Fall der Fälle auf den handgeschriebenen Willen meines Vaters beziehen könne. »Papi, wir leben nicht im Wunderland«, sagte ich ruhig und starrte auf die leere Fensterbank, wo bis vor Kurzem noch zwei schöne weiße Holzkerzenständer gestanden hatten, die mir auf dem Flohmarkt nach harter Verhandlung immerhin neun Euro gebracht hatten.

Was er denn, bitte schön, sonst machen solle, fragte er mich. »Außer einen Wunschzettel zu schreiben?«, fragte ich zurück. »Die Versicherung bezahlen«, beantwortete ich selbst meine Frage. »Eine Rente haben«, fügte ich hinzu. »Überlegen, wie es weitergehen soll«, sagte ich noch und realisierte, dass die Zeit gekommen war. Der Moment, in dem überlegt werden musste, wie es mit Papi weitergehen sollte. Mein Bruder vertrat die Einstellung, dass man nichts planen müsse, was noch nicht ist. Sprich: abwarten, bis es knallt. Und mein Vater hielt sich an die Devise, dass alles schon wieder gut werde, man jetzt nicht die Pferde scheu machen müsse. Sprich: abwarten, bis es knallt. Also überlegte ich allein und merkte, dass ich keinen Plan parat hatte. Und dass mir die Aufgabe, das Leben meines Vaters neu zu organisieren, auch schlichtweg eine Nummer zu groß war, da ich weder wusste, wo ich anfangen, noch, wo ich aufhören sollte.

Und dann war es Zeit, dass mein Vater seine Lieblingsweisheit durch die Telefonleitung predigte: »Es kommt immer anders. Und vor allem, als man denkt. So ist das, Lydia, glaub mir, das wirst du auch noch merken.« – »Ja, Papi, das habe ich schon«, erwiderte ich und spürte, dass ich mich darin eingeschränkt fühlte, mein Leben nach eigenen Vorstellungen zu planen, aufgrund der Befürchtung, dass ich meinem Vater jederzeit eine solide Basis bieten können muss, die ihn auffängt. Dabei fühlte ich mich für ein »solides Leben« noch viel zu jung. Ich wollte ins Ausland, frei sein, nur für mich selber verantwortlich sein.

Ich bedauerte in diesem Augenblick, keinen schlauen und steinreichen Typen, der zufällig im Vorstand einer Krankenversicherung sitzt, an meiner Seite zu haben. Ruhig bleiben, schließlich ging es doch »nur« um Geld, ermahnte ich mich selbst. Und das sei ja wohl einfacher zu beschaffen als einen Partner, der einen in so einer Situation unterstützt. Trotzdem kam es mir gerade deutlich dramatischer vor, keine Krankenversicherung als keinen Freund zu haben. Ich einigte mich mit mir selbst, dass beides Scheiße ist, aber man einen potenziellen Freund in diversen Kneipen kennenlernen könnte, ich aber nach einer durchzechten Nacht auf dem Kiez garantiert nicht mit einer Krankenversicherung im Bett aufwachen würde. Während meine Gedanken durch die Bars der Reeperbahn mit der Sehnsucht nach Ablenkung tingelten, wiederholte mein Vater seinen schlauen Spruch. »So ist das. Immer anders. Und vor allem, meine Liebe, als man denkt.«

Wenn Papi dieses Sprichwort sagte, klang es manchmal wie eine Erklärung für Schiefgelaufenes. Wie eine Befreiung von der Verantwortung für Misserfolge oder Fehlentscheidungen. Und davon hatte mein Vater leider ein paar erlebt beziehungsweise getroffen. Vielleicht hat ihn das Credo, dass nichts in der eigenen Macht steht, zu häufig mit zu wenig Demut an die Dinge rangehen lassen. Ich weiß es letztlich nicht genau, warum einige, manchmal wirklich vielversprechende Geschäftsideen schiefgelaufen sind. Wenn Papi im Nachhinein von Plänen wie Würstchen in Sankt Petersburg, Straußenfleisch auf Mallorca oder Algen in Marokko erzählt, sind meist die anderen am Ruin des Projekts schuld. Nicht aber seine Herangehensweise, die manchmal offenbar nicht zu Ende gedacht war. Dabei gab es jedes Mal gut gemeinte Ratschläge von Verwandten und Freunden, die nicht selten vor eventuellen Risiken warnten. Doch niemals hatte mein Vater sie erhört. Denn da war sie wieder, die Zuversicht, dass, was auch immer er angeht, irgendwie schon klappen wird. Ganz gleich, wie absurd die Überlegung war. Im Zweifel läge es aber sowieso nicht in seiner Hand, da es ja immer anders käme…

Und so fand er auch immer einen Schuldigen. Beim »Russlandprojekt« in den 80er-Jahren war es der Fahrer, also im Prinzip »der Russe an sich«. Die Idee meines Vaters war eigentlich gut, gut kopiert, fand ich: eine solide deutsche Wurst vor dem Katharinenpalast in Sankt Petersburg. Und dass die Menschen ganz heiß auf Fleisch im Brötchen mit Senf sind, hatte er bei den Grillbuden auf der Mönckebergstraße, der beliebtesten Einkaufsmeile Hamburgs, gesehen. »Da gehen jede Minute zwei, drei Dutzend Würstchen über den Tresen«, sagte er fasziniert vom Erfolg des

Fastfood-Konzepts. Also machte mein Vater Nägel mit Köpfen: Er kaufte zwei gebrauchte Imbisswagen, eine Monatsration Knackwürste sowie alle Saucen und – passend zum sibirischen Winter – Lichterketten mit blinkenden Santas. Dann engagierte er zwei Russen, die Papis rollende Rubelbringer ins Land der »lupenreinen Demokraten« befördern sollten. Als Fast-Food-Laie und Wodkaverächter ohne Ortskenntnisse eine wahre Schnapsidee, so die Meinung von Ratgebern. Das sah mein Vater anders. Und machte sich ein paar Tage später ebenfalls auf gen Osten. Doch dann lief alles mal wieder ganz anders als gedacht …

Die beiden angeheuerten zwielichtigen Geschäftskollegen hatten sich mit den deutschen Imbisswagen samt Weihnachtsdeko über alle Berge davongemacht. Keine von Papis warmen Würstchen war auch nur in die Nähe des Katharinenpalasts gekarrt worden.

Viele, viele Tausende von Euros waren verloren. Dabei war mein Vater tatsächlich Experte darin, Fleisch in andere Länder zu transportieren. Vor der gescheiterten Russlandidee holte er Steaks aus Uruguay und verkaufte sie in Deutschland, er verschiffte deutsche Lämmer nach Jordanien als Geschäftsführer einer dänischen Reederei von Hamburg aus, er lieferte norddeutsche Färsen (junge weibliche Rinder, die noch kein Kalb geboren haben) nach Südspanien. Doch das russische Verlustgeschäft schien bei ihm keinen bleibenden Eindruck gemacht zu haben; es dauerte nur wenige Tage, da hatte mein Vater ein neues Projekt im Kopf. »Was weg ist, ist weg«, sagte er damals abgeklärt. Mein Vater guckte nach vorne, wie immer.

»Nutz den Frühling deines Lebens, leb im Sommer nicht vergebens, denn gar bald stehst du im Herbste und im Winter schon da sterbste«, zitiert Papi den deutschen Komiker Otto Reutter an einem Nachmittag, als er seit knapp einem Jahr wieder in Deutschland lebt. »Genieß jeden Tag deines Lebens, Lydia«, sagt er und seine runden blauen Augen verschmälern sich mit einem Lächeln. »Das Leben genießen, das ist das Wichtigste. Man hat nämlich nur eins, weißt du«, erklärt er und beobachtet ein Eichhörnchen vor dem Fenster. Der Mann, vor dessen Jähzorn ich als Kind oft Angst hatte, ist mittlerweile mild, alt und schwach geworden. Der stets gerade gehaltene Rücken ist krumm, das immer korrekt gebügelte Hemd hat Flecken, die über sechzig Jahre hinweg akkurat geschnittenen Fingernägel sind zu lang. »Alt werden ist großer Shit«, sagt er, »da sollte man dann lieber gehen. Runter, unter den Rasen, five feet under.« Papis Hände sind voller Altersflecken. Er wirkt kraftlos. Vor allem lustlos. Es wird deutlich, dass mein Vater keine Hobbys, keine Interessen mehr hat. Er ist bequem geworden, anspruchslos. Auch wenn er nie über Einsamkeit oder Langeweile klagt, tut mir seine Situation weh. Weil mir seine Person auf eine eindringliche Art und Weise klarmacht, dass nicht mehr viel kommt. Ich frage mich oft, wie er wohl über das Leben, vor allem über die Zukunft denkt. Denkt man mit 79 überhaupt an Zukunft? Oder empfindet er jeden weiteren Tag als unnötig, weil alles irgendwie ziellos ist? Sein Zustand führt mir die Endlichkeit vor Augen, mehr, als ich sie jemals, etwa bei den Großeltern, empfunden habe. Ich weiß natürlich, dass ich diese Entwicklung nicht aufhalten kann, aber ich tue mich schwer, sie zu akzeptieren. Inzwischen bin ich sicher, dass Papis abgewandte Haltung dem Leben gegenüber nicht mehr auf seinen unfreiwilligen Wohnort zurückzuführen ist, sondern vielmehr auf sein Alter, das ihm im Weg steht, und seine zunehmende körperliche Einschränkung. Und die immer auffälligere Vergesslichkeit.

Dabei hatte ich so gehofft, dass er in seiner neuen Wohnung mitten im Grünen gemeinsam mit seinem Hund noch mal zu neuer Energie findet und seine alte Liebe zum Spazierengehen wiederentdeckt. Immerhin ist es mir tatsächlich gelungen, meinem Vater eine Wohnung fern von Autobahn und Wolkenkratzersiedlung zu besorgen. Erdgeschoss mit

Terrasse und Garten, zwei Zimmer, angrenzend an Bauernhöfe und Pferdekoppeln und dann noch im Hamburger Westen. Mehr geht nicht, finde ich. Und eigentlich findet mein Vater das auch. Ständig spricht er mir seinen Dank für die Wohnung aus. Immer wieder. Es gebe nichts, was ihm fehle, wenn er aus dem Wohnzimmer einfach nur ins Grüne gucken könne.

Ich bin tatsächlich auch ein bisschen stolz, diese Wohnung für ihn bekommen zu haben, und als ich mit ihm so dasitze und aus dem Fenster ins Grüne schaue, freue ich mich für einen Moment, wie gut sich die zunächst aussichtslose Lage von Papi bis hierhin doch entwickelt hat.

Die Wohnungssuche war ein Albtraum: acht Absagen innerhalb von zehn Tagen! Dabei hatte ich sogar eine offizielle »Bewerbungsmappe« für den jeweiligen Makler erstellt. Als mein Mann und ich unser erstes gemeinsames Domizil suchten, hatte ich sie gesehen, diese Menschen, die mit glänzender Mappe und Porträtfoto in Schwarz-Weiß um den Makler herumscharwenzelten. Und im Gespräch mit dem teuer bezahlten Wohnraumvermittler immer sehr angestrengt lächelten. Wie auf ihrem Foto. Jetzt war ich selber so ein Mensch. Besser gesagt, mein Vater. Und sein Hund. Da ich auf die Schnelle kein Foto finden konnte, auf dem Papi seinen übergewichtigen Labrador im Arm hielt, hatte ich einzelne Teilkörperaufnahmen ausgeschnitten und fand das Deckblatt der Wohnungsbewerbung gut geschmückt. Doch es half nichts. Ich nehme an, die Einkommensnachweise der geschniegelten Dauergrinser waren überzeugender als mein Hinweis auf Seite 1, dass die Miete vom Sozialamt übernommen würde. Im gut betuchten Hamburger Westen will der Vermieter von Welt lieber keinen Sozialfall im Haus, vermutete ich. Dabei zahlt wohl kaum jemand so zuverlässig die Miete wie das Amt, dachte ich beleidigt, als wir von einer weiteren gescheiterten Besichtigung nach Hause fuhren.

Zwei Wochen wohnte mein Vater damals schon bei uns,

weitere zwei Wochen hatte ich, um eine Wohnung zu finden, den Umzug zu organisieren, die Zimmer einzurichten, Telefon, Fernseher und Wasserkocher zu installieren. Und dann ging plötzlich alles sehr schnell: Innerhalb der nächsten sieben Tage hatte ich die Anzeige gesehen, die Wohnung besichtigt, die Zusage bekommen.

Als ich stolz wie Oskar mit dem Mietvertrag ins Sozialamt spazierte, um diesen der Schreckschraube vom letzten Mal vorzulegen, ging es rund. »Das kann ich nicht durchgehen lassen, der Vertrag ist ja schon unterschrieben«, sagte sie mit hochgezogenen Augenbrauen zu mir. »Verstehe ich nicht«, antwortete ich. Und wollte wissen, was so schlimm daran war, dass sowohl die Vermieterin als auch mein Vater schon unterschrieben hatten. »Das habe ich Ihnen erklärt, als Sie mit Ihrem Vater hier waren. ICH entscheide, ob der Mietvertrag unterschrieben wird. Und zwar, nachdem ich die Konditionen der Wohnung überprüft habe. Dieser ist schon unterschrieben«, zischte sie und wollte mich weiterschikanieren, als ich ihr ins Wort fiel: »Entschuldigen Sie vielmals, dass der Vertrag schon unterzeichnet ist. Aber ansonsten wäre die Wohnung weg gewesen. Das können Sie sich doch vorstellen«, versuchte ich, ihre Schikane zu beenden. Doch die Kobra war angriffslustig. Sie guckte mich über die heute mal in Gelb gehaltene Brille an und nickte. Ihr gekünsteltes Lächeln war fies, nicht wohlwollend. Aber diesmal merkte sie, dass ich nicht klein beigeben würde. »Ein einziges Mal werde ich hier jetzt eine Ausnahme machen. Einmal und nicht wieder, da können Sie sicher sein«, sagte die Brillenschlange gequält. In meinem Bauch explodierten bereits drei Feuerwerke, während die Furie die Eckdaten der Wohnung in den Computer eingab. Ich versuchte, stillzusitzen, und atmete äußerst vorsichtig, aus Angst, dass sie sich irgendwie gestört fühlen könnte und doch noch irgendwas fand, um uns den Wohntraum zu zerstören. Nach minutenlangem Getipse guckte sie mich genervt an. »Sonst noch was?« – »Ja, also, ich las etwas von einer Pauschale, wenn eine Wohnung bezogen wird. Beantrage ich die auch hier bei Ihnen?«, stammelte ich vor mich hin. »Ja«, sagte sie abschätzig. Griff in das unterste Fach ihres Regals und schob mir einen Bogen Papier rüber. »Name, Anschrift, Einzugsdatum und Kontodaten«, verlangte sie kurz. Ich füllte alles aus, schob ihr den Zettel zurück und wartete wieder, während sie tippte. »Noch was?«, zickte sie mich nach wenigen Minuten an. »Nein, ich denke nicht. Haben Sie herzlichen Dank. Und einen schönen Tag noch«, sagte ich lächelnd und verließ ihr Territorium. Das Gefühl der Erleichterung war so groß, dass ich auf dem Weg zum Auto nicht aufhören konnte zu grinsen.

Einen Tag lang putzte ich die 55 Quadratmeter, einen weiteren Tag holten mein Bruder und ich die Möbel, den nächsten Tag wurde alles hingestellt, drapiert, dekoriert, angeschlossen, festgeschraubt und an die Wand gehängt. Papis neues Zuhause war fertig. Seitdem ich drei Stunden im neuen Bad meines Vaters auf allen vieren die Kacheln gewienert hatte, knatschte es bei jedem Schritt in meinem linken Knie, aber grundsätzlich war ich froh. Ganz nach Papis Wünschen lag die Wohnung im Erdgeschoss, hatte Terrasse und Garten, ideal für den Hund. Die eine kleine Stufe an der Haustür würde mein Vater noch viele Jahre ohne Probleme überwinden. Dachte ich. Aber wie er zu sagen pflegt, kam schneller als erwartet mal wieder alles anders, als man dachte.

Schon nach gut einem Jahr vernachlässigt mein Vater mittlerweile den Hund, hat keine Lust mehr, mit ihm rauszugehen, keine Lust mehr, überhaupt zu gehen, will eigentlich nur noch schlafen. Papi sieht natürlich gar kein Problem, hat sich eine lange grüne, geflochtene Leine an die Wand der Terrasse geknotet und erklärt uns, dass er Tito einfach dort anbinden würde, dann könne er im Garten spazieren gehen, bis das Herrchen sich gegen Mittag frisch gemacht und Cordhose und Strickjacke übergeworfen hat. Nicht ideal, aber besser, als dass der Hund an den antiken Schreibtisch pieselt, denke ich jedesmal, wenn ich bei Papi bin. Doch irgendwas an dieser Leine muss für meinen Vater ein unüberwindbares Hindernis gewesen sein, denn wie ich von meinem Onkel erfuhr, macht Papi morgens einfach nur die Terrassentür auf, lässt den Hund raus und legt sich wieder hin. Mein Onkel wiederum traf an einem Freitagmittag, als er Papi zum Lunch abholen wollte, zwei Polizisten vor der Tür meines Vaters, die Tito an einem rot-weiß gestreiften Absperrband nach Hause brachten und etwas gereizt erklärten, dass es das dritte Mal in dieser Woche sei, dass sie den Hund von der Kreuzung der Hauptstraße weggefischt hätten.

Als ich meinem Vater vorwerfe, wie verantwortungslos seine Bequemlichkeit sei und dass er sich nicht wundern müsse, wenn Tito bald überfahren würde, konzentriert er sich lieber auf die Nachrichten. Als ich ihn ermahne, mir zuzuhören, greift er zur Fernbedienung und macht lauter. »Wir nehmen dir den Hund weg«, rufe ich beim Rausgehen und komme mir mal wieder vor, als müsste ich ein freches Kind erziehen.

So ist jede Woche irgendwas. Mal ist der Hund weg, mal die Fernbedienung verlegt, mal der Nagelknipser geklaut. Bei jedweder Irritation drückt mein Vater auf die 1 an seinem Telefon, unter der meine Nummer gespeichert ist. Doch in der Regel versteht mein Vater nicht, warum ich nicht ad hoc losfahren und den Hund suchen kann. Oder warum ich aus der Ferne nicht weiß, wo er die Fernbedienung hingelegt hat. Oder warum ich der tiefen Überzeugung bin, dass kein normaler Mensch Nagelknipser klaut. »Wieso kannst du nicht kurz nachdenken, suchen und mich dann noch mal anrufen, wenn du das, was du gerade suchst, gefunden hast?«, frage ich ihn in solchen Situationen regelmäßig, um ihm ein gutes Gefühl der Selbstständigkeit zu vermitteln. Aber Papi war nur zu gern unselbstständig, ruft mich nach ein paar Minuten wieder an und wiederholt seine Verlustmeldung.

Eines Nachmittags rief er an, von einer mir fremden

Nummer. Er sitze bei einem Nachbarn, habe beim Spazierengehen seinen Haustürschlüssel verloren, ich müsse kommen und ihn reinlassen. Einige Tage später, ausgestattet mit meinem Zweitschlüssel, traf er eine Nachbarin, die erzählte, dass eine Bekannte zwei Straßen weiter einen Schlüssel im Gras gefunden habe mit einer grünen Schlaufe dran, wie der von Papi. »Ich habe von der Finderin die Telefonnummer, ich rufe sie gleich an«, versprach mein Vater mir erleichtert. Doch auch beim nächsten Besuch hatte er seinen Schlüssel nicht zurück. »Hast du denn die Finderin nicht angerufen?«, wollte ich von ihm wissen. »Ich habe den Zettel mit der Nummer verloren«, antwortete er fahrig. »Soll ich bei der Nachbarin klingeln, die dir den Zettel gegeben hat?«, fragte ich weiter. »Nein, ist gut jetzt«, sagte er genervt. Ich verstand nicht, was los war. »Ich kann doch da eben klingeln«, sagte ich drängend. »Lydia. Lass es jetzt«, zischte er mich an. Er guckte vor sich auf den Tisch, verzog keine Miene und sagte dann leise und ruhig: »Ich weiß nicht mehr, welche Nachbarin mir den Zettel gegeben hat.«

Die Situation meines Vaters lässt mich einen Termin in der Informationsstelle des Sozialamts vereinbaren, wo man für bevorstehende Pflegefälle zuständig ist. Eine nette Frau Ende vierzig empfängt mich in ihrem kleinen Behördenbüro. Eine Art Dame, über die mein Vater ohne jeden Vorwurf im Nachhinein gesagt hätte: »Sehr nett, aber auch sehr dick.« Schon vom vorhergegangenen Telefonat weiß ich, dass mich – anders als beim Antrag für Grundsicherung – keine frustrierte Furie erwartet. Geduldig und freundlich erklärt die Dame mir den Ablauf der Antragstellung sowie die Bedingungen. Eine Krankenschwester vom Amt werde den Pflegebedarf meines Vaters überprüfen, von ihrem Urteil werde dann die Genehmigung oder die Ablehnung des Antrags abhängen. Außerdem werden die Kinder des Antragstellers zur schriftlichen Selbstauskunft gebeten, um mögliche Beteiligungen an den Pflegekosten zu ermitteln. Eine konkrete Höhe der Einkommensgrenze gebe es nicht, es sei abhängig von den laufenden Kosten.

Ich bin nicht sicher, ob ich überhaupt so einen Antrag stellen will, denn ich habe nicht grundlos keine Kredite aufgenommen, relativ niedrige laufende Kosten sowie keine Schulden. »Für diese Berechnung ein Nachteil«, sagt die Dame und schürt meine Unsicherheit. Zahlen rasen durch meinen Kopf, mir fällt auf, dass ich gar nicht konkret sagen kann, was ich für monatliche Fixkosten habe.

Ich rechne vor mich hin, bis sie mich anspricht und mein Gedanke abreißt. »Ich hätte da auch noch zwei Fragen zu Ihrem Vater«, sagt sie und dreht ihren Computerbildschirm aus der Schreibmaschinengeneration zu mir. Dann wird es abenteuerlich.

Sie zeigt mir eine spanische Internetseite mit einer Liste von zehn Namen, der Name meines Vater steht auf Platz vier. Und über der Liste steht: »Mallorca's most successful salesmen«. »Kann es sein, dass Ihr Vater noch Geld auf Mallorca hat?«, fragt sie mich. Ich bin baff. »Und deshalb zwei Jahre weder Miete noch Krankenversicherung gezahlt hat?«, frage ich verwirrt zurück. Ich kenne die letzten Kontoauszüge seiner Inselbank, da waren noch knapp 60 Euro drauf.

Für einen kurzen Moment macht mich die Liste der angeblich erfolgreichsten Geschäftsmänner der Baleareninsel ein bisschen stolz. Während ich mich frage, welcher Vollidiot sie erstellt haben muss, fährt die Behörden-Frau fort. Als Nächstes zeigt sie mir einen Artikel aus der Online-Version des britischen *The Telegraph* von 2003, in dem mein Vater mit Handynummer als Makler für eine Finca im Wert von 1,2 Millionen Euro genannt wird. »Ja, den Namen des britischen Ehepaares, dem die Villa gehörte, kenne ich«, sage ich amüsiert. »Ich schätze, drei Jahre lang hat mein Vater mir am Telefon erzählt, dass er die Finca bald verkaufen würde. Bis Engel & Völckers dann mit einem Käufer um die Ecke kam.«

»Sind Sie sicher, dass ein anderer Makler die Finca verkauft hat und nicht Ihr Vater?«, fragt sie mich misstrauisch. Ich fühle mich unwohl und ärgere mich über die Frage. Also erkläre ich: »Mein Vater gibt gern Geld aus, lädt Leute ein, wenn er etwas über hat. Er genießt gutes Essen und guten Wein. Er ist nicht so einer, der irgendwo etwas vergraben würde. Außerdem hätte er erst seine Schulden beglichen, wenn er es gekonnt hätte.«

Ich verspreche trotzdem, meinen Vater auf geheime Unterkonten in der Schweiz anzusprechen, und hoffe gleichzeitig, dass ich mich irren würde und an alledem doch was dran ist. Eine reizvolle Vorstellung, dass mein Vater in seiner eher ungezwungenen Art zum Euro einfach ein prall gefülltes Konto irgendwo auf der Welt vergessen hat. Für einen Sack Geld unterm Zitronenbaum in Papis Garten würde ich bereitwillig last minute nach Mallorca jetten und über die Mauer des Hauses steigen, in dem er die letzten Jahre kostenfrei gewohnt hatte.

Als ich ihm die Seiten im Internet zeige, auf denen sein Name zu finden ist, staunt mein Vater nicht schlecht. Dann schüttelt er den Kopf. »Jahrelang habe ich Interessenten die Finca gezeigt, alles umsonst. Wie so oft«, sagt er betrübt. »Und trotzdem hast du es unter die besten zehn Geschäftsleute Mallorcas geschafft«, versuche ich, ihn aufzuheitern, und muss selbst lachen über diese bestens recherchierte Liste.

Nur wenige Wochen später kommt ein Brief vom Sozialamt. Mein Vater ist ein Pflegefall der Stufe 1 geworden, die monatlichen Kosten des ambulanten Pflegedienstes belaufen sich auf 1987,23 Euro. In dem mehrseitigen Schreiben auf Öko-Papier fordert man mich auf, binnen der kommenden drei Wochen meine Finanzen offenzulegen sowie alle Belege meiner monatlichen Belastungen zu kopieren.

Und eins wird klar: Ohne Kredit, überteuerte Wohnung, Ratenabzahlungen für schicke Apple-Computer oder übergroße Flatscreens sieht man bei einer Selbstauskunft ganz schön alt aus. Nimm doch noch schnell einen hohen Kredit auf, rät mir schon bald ein Freund. Wofür denn?, frage ich ihn. Alles was ich will, habe ich doch. Frei nach dem Motto: gearbeitet, gespart, gekauft. Das hatte ich so gelernt, dass man sich Dinge erst kaufen sollte, wenn man sie sich leisten kann. Eine echte Milchmädchenrechnung, wie sich wenige Wochen später herausstellen sollte.

276 Euro hat das Amt als meine monatliche Unterhaltspflicht für meinen Vater ausgerechnet. Zu zahlen ab sofort. Ganz am Schluss des Schreibens dann noch der Hinweis, dass ab sofort keine neuen Belastungen mehr berücksichtigt werden. Kreditraten für das angedachte Eigenheim zum Beispiel. Oder der Umzug in eine größere und dadurch teurere Mietwohnung, sollte Nachwuchs kommen. Immerhin das Kinderkriegen wird mir behördlich nicht untersagt. Da ist sie nun also: die unangenehme Art der finanziellen Fremdbestimmung. So erfahre ich, dass ich nun auch nicht mehr meinen Arbeitsplatz kündigen dürfe, selbst wenn ich das gewollt hätte, da ich finanziell ab sofort nicht mehr nur für mich verantwortlich bin.

Mir fällt auf, dass ich meine neue Riester-Rente und auch meine monatliche Telefonrechnung nicht eingereicht hatte, also schicke ich wieder einen dicken Brief mit Kopien der Unterlagen ans Amt. 189 Euro ist nun der neue Betrag, den ich monatlich zur Pflege meines Vaters beisteuern soll. Immer noch viel, denke ich. Doch neben der Wut über die Situation ist da auch ein klein wenig Erleichterung. Die jahrelange unbezifferte Panik hat vorerst eine feste Größe.

Relativ absurd wird meine Unterhaltspflicht dann etwa ein Jahr später, als ich ein Jobangebot erhalte, welches mein Gehalt von heute auf morgen fast verdoppeln würde. Um eine Idee zu bekommen, um wie viel der Beitrag für die Pflege meines Vaters steigen würde, rufe ich die Seniorenberatung des Sozialamts an und erkläre die angebotene Möglichkeit.

»Wenn Sie mehr als 100 000 Euro verdienen, müssen Sie alle Kosten für Ihren Vater selber tragen. Das ist so festgelegt. Das heißt, Wohnung, Pflege, Krankenversicherung«, sagt die Beraterin nüchtern. Was aktuell etwa 5000 bis 6000 Euro hieße. »Wenn das so ist, würde ich ausschließlich für meinen Vater arbeiten und so gut wie kein Geld übrig haben«, sage ich. »Das ist Ihre Entscheidung. Wenn Sie meinen, so viel Geld verdienen zu müssen«, sagt die Dame trocken. Sie erklärt mir noch die Möglichkeit, dass ich ja dann wiederum Wohngeld für mich beantragen könnte, wenn mein Gehalt nicht reicht. Was für ein absurder Quatsch, denke ich, nachdem ich aufgelegt habe. Ich soll arbeiten wie verrückt, um dann am Ende selber zum Sozialamt zu müssen? Wenn das so sein sollte, werde ich meinem eventuell neuen Chef sagen müssen, dass ich den Job gern annehme, aber nur für 11 000 Euro weniger. Was für eine widersprüchliche Situation. Am Ende entscheide ich mich gegen den neuen Job, gegen viel Geld, gegen einen großen Karriereschritt.

Lara

Möchte man sich einen menschlichen Gegenentwurf zu meinem Vater vorstellen, so gibt es nur einen Mann, der infrage kommt: Rolf Eden. Der letzte Playboy Deutschlands. Und der lebende Beweis dafür, dass sich die dunklen Seiten des Lebens mit pinkfarbenen Oberhemden, Botox und Frauen unter dreißig optimal verdecken lassen. Man muss nur konsequent genug sein. »Wenn man verdrängen kann, lebt man dreimal so schön.«* Solche in ihrer naiven Schlichtheit unvergesslichen Sätze bläst Eden gern in die Welt. Dieser, den ich mal in einem Interview gelesen habe, fällt mir wieder ein, als ich mit Papa an der Kinokasse stehe. Nach seinem

* *Dummy Magazine* 08/09: »The Mind is Not So Important«, Seite 22

Unfall sind wir das erste Mal unter Leuten. Das »Kant« in der Wilmersdorfer Straße ist das einzige Kino in ganz Berlin, das »The Big Eden«, die Dokumentation über Edens Leben, einige Monate nach Filmstart noch zeigt, Sonntag um 13 Uhr. Ich habe den Film gar nicht bewusst ausgesucht, um Papa den Positivismus der knittrigen Spaßbombe vorzuhalten. Sondern weil ich den Greisenteenager schon immer schreiend komisch fand. Und dachte, wenn Papa nur halb so viel Freude an seinen Auftritten hat wie ich, dann hat sich die Überredungskunst, die es gekostet hat, ihn aus dem Haus zu locken, schon mal gelohnt.

Seit seinem Delirium hat Papa vor vielem Angst. Er fürchtet die Blicke der Leute, von denen er meint, sie würden ihn sofort als Sonderling enttarnen. Er fürchtet Kälte und Hitze, Gedränge und Hektik, Unbekanntes und im Kino die Enge. Wir suchen einen Platz am Rand gleich neben der Tür. Dem Fluchtweg. Doch Eden ist stärker als jede Panik, die hier aufkeimen könnte. Die Verleugnung alles Schweren hat bei ihm Programm. Nie würde er Freunde im Krankenhaus besuchen, erklärt Eden uns von der Leinwand, und zu Beerdigungen gehe er grundsätzlich nicht. Papa beugt sich irgendwann zu mir rüber und flüstert mir ins Ohr: »Ich hab von dem Vogel eigentlich nie viel gehalten, aber vielleicht sollte ich mir von ihm doch eine Scheibe abschneiden.« – »Um Himmels willen, nein!«, sage ich. Bitte, ja!, denke ich. Dann wäre für ihn alles viel leichter. Und für mich.

Seit Gabriele nicht mehr lebt, liest mein Vater Bücher wie die *Die Chemie des Todes* oder *Die Straße*, eine Parabel aufs Sterben. Kurz nach ihrer Beerdigung hat er sein Testament mit schwarzem Stift auf kariertes Papier geschrieben, für meinen Bruder und mich. »Ich möchte verbrannt werden«, teilte er mir beiläufig mit. Mich regt diese Endzeitstimmung auf, denn ich will nicht darüber nachdenken, dass mein Vater irgendwann nicht mehr lebt. »Papa, das ist doch jetzt gar nicht dran«, antworte ich gereizt. »Nein, nein, ich tu mir ja auch nichts, verlass dich drauf«, ist dann die Reaktion. Die beruhigen soll, aber das Gegenteil bewirkt: Wieso etwas antun? Für mich bedeutet so ein Satz nur, dass er genau darüber nachdenkt. Sich etwas anzutun.

Eden käme das natürlich nie in den Sinn, viel zu großartig findet der sich. Es ist ihm bestimmt auch scheißegal, was nach dem Tod mit seinem brathähnchenbraunen Leichnam passiert, wichtig ist nur, dass er beim Sex mit einer jungen Frau draufgeht. Ich wünschte meinem Vater von Herzen eine Portion von dieser glückseligen Oberflächlichkeit. Kürzlich habe ich allerdings einen guten Satz von Ernest Hemingway gelesen, der ausschließt, dass er die jemals erlangen könnte: »Happiness in intelligent people is the rarest thing I could think of.« Was das jetzt in der Umkehr für Rolf Eden und seine gute Laune bedeutet, sollte man vielleicht einfach mal offen lassen.

»Du bist ich, und ich bin du«, habe ich meinem Vater mal in einem Brief geschrieben, kurz nach Gabrieles Tod. Weil ich mir einbildete, seinen Schmerz nachvollziehen zu können, was ich natürlich nicht konnte. Weil ich ihn immer für meinen Spiegel hielt und glaubte, ich dächte genau wie er, fühlte wie er. Zum Teil stimmt das. Auch ich kenne die Phasen, in denen man nur aufsteht, weil man muss, in denen man tagelang schlafen möchte. Jede Bewegung ist dann anstrengend, weil man sich fragt, was sie bringt. So jedenfalls fühlt sich das bei mir an, und ich weiß nicht, ob einer, der sich damit auskennt, es Depression oder einfach bloß schlechte Laune nennen würde.

Mir ist klar, dass es bei Papa sehr viel schlimmer sein muss. In den letzten Wochen habe ich ein paarmal mit seiner Ärztin telefoniert, weil ich gehofft hatte, sie könnte ihm irgendein Antidepressivum verschreiben, das seine Gedanken ein ganz bisschen heller macht. »Es würde nicht viel helfen«, sagte sie. »Bei Ihrem Vater ist das zu tief in seiner Persönlichkeit verankert.« So etwas habe ich noch nie gehört. Es macht mich wütend, dass man allen anderen helfen kann, nur Papa angeblich nicht.

Seit ich ein Teenager war, habe auch ich eine Tendenz, immer vom Schlimmsten auszugehen. Von tödlichen Krankheiten, die über mich hereinbrechen, davon, dass das Flugzeug ohne mich abhebt, sich auf den Sprossen auf meinem Salat die deutschlandweit höchste Konzentration des EHEC-Keims tummelt, dass ich zwanzig Minuten hungrig bei den belgischen Riesenpommes anstehe und der Typ vor mir die letzte Portion kriegt. Ich gehörte auch früher in der Schule immer zu denen, die über den fatalen Ausgang der anstehenden Prüfung lamentierten und dann die besten Ergebnisse hatten. Ich kokettierte nicht, sondern war fest überzeugt zu scheitern. In diesem Fatalismus, in der pechschwarzen Hoffnungslosigkeit, sind Papa und ich uns sehr ähnlich. Das merke ich besonders daran, dass ich sie an ihm genauso unerträglich finde wie andere an mir. Immerhin können wir meistens irgendwann über unsere apokalyptische Einstellung lachen. Spätestens nach dem Arztbesuch, wenn wieder mal feststeht: Es ist doch kein Magengeschwür, man hätte einfach nur keinen Kaffee trinken sollen.

»Du bist eben ein bisschen spießig, aber wir wissen ja, woher das kommt«, sagt meine Freundin Maya manchmal zu mir, wenn ich in Panik gerate, weil wir uns beim Essen mit Freunden ein paar Minuten verspäten oder ich eine Überweisung vergessen habe. Auch Maya ist in einer Familie aufgewachsen, in der es, wie man so sagt, immer sehr entspannt zuging, in deren Wohnzimmer bis heute Marihuanadunst wabert, wenn sie zu Besuch nach Hause fährt, und in der die Kinder alle verschiedene Väter haben. Wie viele der Sprösslinge aus so bunt-liberalen Haushalten, die ich kenne, hat sie einen penetranten Ordnungswahn entwickelt. Wie ich. Bei mir fing das schon im Schulkindalter an. Kam ich nach dem Unterricht nach Hause, stellte ich meinen Schulranzen gewissenhaft in die Ecke – und spülte erst mal Geschirr oder putzte die Fenster. Bei uns zu Hause war es weder penibel ordentlich noch besonders schmutzig. »Lara, lass das doch bitte, komm, wir gehen in den Wald und spielen«, versuchte meine Mutter mich von meinem Reinigungswahn abzubringen. Für sie war es immer das Wichtigste, dass wir Kinder uns entfalten konnten. Darum hatten Paul und ich auch immer die größten Zimmer und wurden so spät eingeschult wie möglich. Aber es war nichts zu machen. Vorm Spielen musste erst mal was erledigt werden. Ich wollte Ordnung, Struktur, Klarheit.

Aus jeder der fünf Wohngemeinschaften, in denen ich nach meinem Auszug von zu Hause lebte, bin ich nach einer Weile, in der ich für alle Bewohner akribisch mitgeputzt hatte, wegen Hundehaaren und Spaghetti-Bolo-Resten im Waschbecken, schimmliger Duschvorhänge und der Verleugnung der Toilettenbürste ausgezogen. Ich konnte es nicht aushalten. Und für die Mitbewohner war meine Reinigungswut sicher auch nicht gerade angenehm. Einer stapelte sogar sein dreckiges Geschirr in seinem Schlafzimmer, weil er keine Lust hatte, es abzuspülen, aber auch nicht meinen Zorn abbekommen wollte. Es hat mich viel Mühe gekostet, ein wenig Chaos in meinem Leben zuzulassen, und noch heute zwinge ich mich manchmal, das Geschirr nach dem Frühstück nicht gleich in die Maschine zu räumen, sondern es stehen zu lassen. Ich verlasse dann mit dem Gefühl meine Wohnung, mein Leben nicht völlig im Griff zu haben. Lockerlassen ist etwas, das man als Spross einer Familie, in der in großem Stil lockergelassen wurde, in der es wenig Regeln und Verbote gab, mühsam lernen muss.

Doch ich sehnte mich nicht nur nach streifenfrei gewischten Badezimmerfliesen, sondern insgeheim auch manchmal nach einem klassischen Familienmodell. Bei dem der Vater sich im Schuppen eine Werkstatt eingerichtet hat, mit dem Sohn Fußball spielt und die Mutter in der offenen Küche summend Rostbraten für die Familie zubereitet. Mal davon abgesehen, dass Papa mit Sägen und Schuttrutschen nichts anzufangen weiß und in unserer Familie meist vegetarisch gegessen wird, gab es dieses Modell eben nicht. Bei uns zu Hause saß sicher nicht dauernd jemand anderer morgens mit am Frühstückstisch, aber eine gewisse Fluktuation gab es doch.

Mama hatte lange einen Freund und heiratete dann später ihre Jugendliebe. Papa trat auch noch zweimal vor den Altar. Wobei er immer wieder betont, dass er sich an die Trauung mit Mette gar nicht erinnern könne, weil er ja mitten im Entzug war. Irgendwie klang Papas punktuelle Amnesie für mich immer recht unglaubwürdig, aber ich war auch noch nie auf Entzug. Und selbst wenn keiner von uns dabei war, irgendeine wie auch immer geartete Zeremonie zwischen einem blassen, zittrigen Mittdreißiger und einer esoterisch ausgerichteten Skandinavierin, die ein Faible für Tarotkarten und Bachblüten-Tropfen hatte, muss stattgefunden haben. Irgendwo in Krankenhausnähe. Vermutlich hätte er sich wohl anders entschieden, wäre er zu einer bewussten Entscheidung in der Lage gewesen. Denn ihre Liebe war damals schon am Ende.

Ich kann mich nicht daran erinnern, dass meine Eltern während ihrer Beziehung auch andere Partner hatten, denn ich war damals ja noch gar nicht beziehungsweise erst frisch auf der Welt, aber irgendwie mitbekommen habe ich es dann doch. Jedenfalls haben sie nie ein Geheimnis daraus gemacht, dass beide auch mal außereheliche Kontakte pflegten. Erst kürzlich erzählte mir meine Mutter, dass Papa eine kleine Liaison mit einer anderen Frau hatte, als Mama mit mir hochschwanger war. Papas Freundin machte wohl auch taugliche Vorschläge für die Namensgebung, und somit verdanke ich meinen Vornamen einem Menschen, den ich überhaupt nicht kenne und den ich bei meiner Geburt auch keinesfalls geduldet hätte. Meine Mutter hat diese Verbindung aber wohl nicht gestört. Es galt ja: Gleiches Recht für alle.

Vorbildcharakter hatte ein so offenes Beziehungsmodell für meinen Bruder und mich nie. Wir beide suchten das genaue Gegenteil: Beständigkeit, Loyalität, Verbindlichkeit. Für Paul, der in seiner Suche eher erfolgreich war als ich, war es sehr wichtig, früh zu heiraten. Und auch ich wünsche mir, für immer mit nur einem Menschen zusammenzubleiben.

Trotzdem merke ich oft, wenn ich zu Hochzeiten eingeladen bin, dass ich nicht konservativ erzogen wurde. Und dass mich traditionelle Rituale irgendwie zwar faszinieren, aber auch befremden – und manchmal amüsieren, obwohl sie sicher nicht darauf angelegt sind.

Viele rührt es ja zu Tränen, wenn Menschen, die glauben, Ostern sei eine Erfindung der Eierindustrie, sich vor dem Traualtar Dinge versprechen, die sie nicht halten können. Und ihre Freunde in so unangenehme Situationen bringen, »Preiset den Herrn« singen zu müssen, obwohl die gerade aus der Kirche ausgetreten sind, um Steuern zu sparen. Ich fühle mich von diesen hollywoodmäßigen Romantikoffensiven zwar stets gut unterhalten, finde den ganz großen Auftritt mit 14-stöckigen Torten und weißer Stretch-Limo aber umso unnötiger, je ernster man die Sache tatsächlich meint.

Trotzdem: Solange der DJ nicht gerade ein Faible für Gloria Gaynor oder Marius Müller-Westernhagen hat, gehe ich gern auf Hochzeiten. Man lernt so viel über andere Familien. Obwohl es mich manchmal auch ein bisschen fertigmacht. Dann, wenn man bei diesen bilderbuchartigen Exemplaren eingeladen ist, die auch in »Der Landarzt« mitspielen könnten. Bei denen alle wahnsinnig sympathisch und schön sind und die Eltern sich schon zu Teenagerzeiten kennengelernt haben. Die tanzen dann zu später Stunde selbstvergessen miteinander, noch mindestens so verliebt wie vor vierzig Jahren. Obwohl ich in solchen Momenten ehrlich versuche, mich mitzufreuen und nicht eifersüchtig zu sein, macht mich das Ganze auch manchmal bitter. So viel demonstrative Nestwärme führt bei mir meistens dazu, dass ich von Weinschorle auf Gin Tonic umsteige. Oder mich an den Tisch mit den Singles setze, denn die haben es auf Hochzeiten auch nicht leicht – und trinken entsprechend harte Sachen.

Beruhigenderweise ist es bei den meisten solcher Feiern aber eher wie im »Denver Clan«. Auch wenn noch alle zusammen in der Familienvilla wohnen und denselben Nachnamen tragen, ist deswegen noch lange nicht alles besser. Bei ausufernden Reden werden Spitzen an ungeliebte Familienmitglieder verteilt, und mit steigendem Pegel beginnt der Brautvater, der Trauzeugin nachzustellen oder über den breiten Hintern seiner Gattin herzuziehen. Den Respekt voreinander zu verlieren ist viel schlimmer als eine ehrliche Trennung. Mama und Papa sind wenigstens Freunde geblieben.

Anfang der 80er-Jahre versuchten meine Eltern mal, sich auf die Kanareninsel La Palma abzusetzen. Mein Vater wollte dort eine Praxis übernehmen, mein Bruder Paul und ich sollten ohne Straßenlärm zwischen Mandelbäumen und Feigenkakteen aufwachsen. Wir verbrachten dort letztendlich nur wenige Monate (die Gründe für die verfrühte Abreise liegen im Nebel, und es scheint mir klüger, an dieser Stelle nicht zu bohren), aber immerhin so lange, dass ich nach der Rückkehr mein Zimmer nicht wiedererkannte. »Unser Laralein fragte immer wieder, wem denn die ganzen Unterbüxen gehörten«, wird meine Großmutter Henriette nicht müde zu erzählen.

Ich weiß nicht, ob die Anziehung nur mit der dramatisch-schönen, wilden Natur der »Isla Bonita« zusammenhängt oder auch mit irgendwas Nostalgischem, jedenfalls verschlägt es mich seit einigen Jahren immer wieder nach La Palma. Bei meinem letzten Urlaub dort steuerten mein Freund Jan und ich, auf der Suche nach irgendwas Leckerem fürs Abendessen, den Erzeugermarkt von Puntagorda an – nicht ahnend, dass es sich hier um das samstägliche Get-together aller barfuß laufenden Selbstversorger mit Dreadlocks und Achselhaar handeln würde, die sich hier vermutlich in irgendwelchen Felsenhöhlen einnisten. Davon gibt es hier jede Menge, von den Höhlen, aber auch von den Selbstversorgern. Ich wundere mich, dass die Insel auch dreißig Jahre nach meinen Eltern noch immer eine magnetische Wirkung auf die Alternativen dieser Welt hat. Wobei meine Eltern sicher nicht in einer Höhle gewohnt haben, nur damit das klar ist.

»Mein Gott, die könnten alle meine Geschwister sein«, sagte ich im Scherz zu Jan. Dabei wäre das natürlich sehr unwahrscheinlich. Zum einen, weil mein Vater, soweit ich weiß, keine amourösen Kontakte zur weiblichen Inselbevölkerung pflegte. Vor allem aber verkleidet man sich mit über fünfundzwanzig doch gerade dann nicht als Janis Joplin oder Rainer Langhans, wenn man selbst aus einer Woodstock-Familie kommt. Selbstredend hatte auch ich als Teenager eine Phase, in der ich wie wild alles batikte, was ich in die Finger bekam. In der ich aus Fransendecken Hosen nähte, die mir dann dauernd in den Fahrradspeichen hängen blieben, in der ich Bob Marley hörte, auf dem Balkon Marihuanapflänzchen züchtete und mich nach der Schule mit irgendwelchen Punks im Park traf, um Dosenbier zu trinken. Aber als erwachsener Mensch? Solche Uniformierung signalisiert mir eindeutig die Flucht aus einer Reihenhaussiedlung. Wetten, dass die Eltern dieser Barfußläufer ihren Sprösslingen noch ein praktisches Reisebügeleisen in den Armeerucksack gepackt haben, bevor sie sie im Familienkombi zum Flughafen brachten? Passen würde es jedenfalls.

Aber wie soll man ausbrechen, wenn die Eltern krasser drauf sind als man selbst? Da kommt man mit Räucherstäbchen und Henna nicht weit. Ich habe es als Teenager ernsthaft versucht. Damals trug ich selbst bemalte T-Shirts mit »Staatsfeind«-Schriftzug und hörte Musik, die sich »Hardcore« nannte, bei der eigentlich nur fürchterlich geschrien wurde und menschliche Gebeine auf dem Cover zu sehen waren. Ich klaute auch mal Nagellack und Lippenstifte und bekam ein Jahr Hausverbot bei Karstadt. Nichts führte zu nennenswerter Aufregung. Also entschied ich mich fürs Angepasstsein, bis heute die einzig mögliche Form der Rebellion. CDU wählen würde natürlich auch noch gehen, Kreuzfahrten auf einem AIDA-Schiff machen, Sarazin lesen oder an der Hansi-Hinterseer-Fanwanderung am Hahnenkamm teilnehmen. Aber damit würde man sich doch nur ins eigene Fleisch schneiden.

»Hast du auch so eine Affinität zu Drogen?«, hat mich kürzlich mal jemand gefragt, dem ich Papas Geschichte erzählt habe. »So etwas soll ja erblich sein.« Leider muss ich zugeben: Ich habe als Teenager sicher mehr gekifft, als es für meine Entwicklung gut gewesen ist. Da nicht nur meine Eltern, sondern auch die meiner Freundin Josie stattliche Pflanzen mit klebrigen Blütenknäulchen im Garten stehen hatten, war der Weg zum Rausch nicht weit. Genau genommen, musste man sich nur einmal zwischen den Haselnusssträuchern hindurchdrücken und konnte ernten, sobald Josies Mutter mit ihrer gelben Ente die Auffahrt verlassen hatte. Hätte sie uns nicht eingebläut, wir sollten bloß die Finger von den »Tabakpflanzen« im Garten lassen, das Gestrüpp wäre uns ziemlich egal gewesen. Erst die Warnung machte uns neugierig. Und wer sein heimliches Treiben vor seinen Kindern geheim halten will, der möge seine Fachliteratur zum Thema Cannabisanbau doch nach Gebrauch bitte wieder ordentlich ins Regal räumen, anstatt sie auf dem Wohnzimmertisch liegen zu lassen! Bei unseren ersten Rauchexperimenten merkten wir erst lange nichts, doch als die Wirkung dann doch eintrat, wurden wir noch alberner, als wir es sowieso schon waren, und hatten auch einige Erkenntnisse zu überirdischen Zusammenhängen, die ich leider vergessen habe.

Am liebsten kifften wir vor dem Biologieunterricht, wenn wir Blätter und Käfer unter dem Mikroskop betrachten sollten, die dort ein sehr eindrucksvolles Eigenleben entwickelten. Als Mama und ihr Freund mal im Urlaub waren, folgte ich der Anleitung aus einer ihrer 68er-Schriften und rauchte verschimmeltes Gras, das ich zuvor in der Erde verbuddelt hatte. Angeblich sollte das weiße Fell auf meiner Ernte die Wirkung steigern. Und das tat es auch. Für meine Begriffe allerdings zu viel. Mir wurde sehr übel, und als ich mich hinlegte, um darauf zu warten, dass das Grauen vorüberziehen möge, bewegte sich plötzlich etwas neben meinem Bett. Drei Zwerge mit langen Bärten und bunten Mützen starrten mich an, vorwurfsvoll, wie ich fand, und gingen dann mit auf dem Rücken verschränkten Armen um meine Matratze herum auf und ab. Meine Gnomenhalluzination hatte eine heilende Wirkung. Danach reduzierte sich mein Konsum drastisch. Vor Kontrollverlust hatte ich zu große Angst.

Hätte ich nicht aus der Nähe gesehen, welche Macht bewusstseinsveränderndes Zeug über einen Menschen haben kann, wäre ich bestimmt die Erste gewesen, die zur LSD-Party im verwaisten Elternhaus geladen hätte. So ließ ich lieber die Finger davon. Dabei haben mir weder meine Mutter noch mein Vater jemals einen Vortrag über die Gefahren von Drogen gehalten. Den beiden war wohl klar, dass es irgendwie absurd gewesen wäre. Und mich vielleicht sogar ermutigt hätte.

Obwohl ich vielleicht die größte Neugier in mir trug und unbedingt über weichen Waldboden federn wollte wie auf einem Trampolin, so erzählte meine Mutter mir blumig von ihren jugendlichen LSD-Erfahrungen, war der Respekt größer als die Faszination. Also lud nicht ich, sondern mein damaliger Freund Christian zu den berauschenden Feierlichkeiten, als seine Eltern in der Provence waren. Und ich ging mit den Langweilern aus der Klasse zum Tanzen ins »Mozart«, den Laden, in den man damals eben so ging. Ich blieb möglichst lang, doch als ich spätnachts wieder zu meinen experimentierfreudigeren Freunden stieß, saßen die immer noch im Apfelbaum vorm Haus oder spielten im Krabbelgitter von Christians kleineren Geschwistern mit Bauklötzen.

Meine halluzinierenden Mitschüler waren mir unheimlich, und ich schloss mich zum Schlafen im Zimmer der verreisten Schwester ein, damit ich nicht in ein Gespräch über den nahenden Weltuntergang oder die metaphorische Bedeutung eines Nintendo-Spiels verstrickt werden würde. Aus Wut über das verpasste Erlebnis und aus Neid auf die Unbedarftheit der anderen konnte ich in dieser Nacht nicht besonders gut schlafen. Von da an hatte ich das Gefühl, dass uns etwas trennte. Wie die, die schon mal Sex hatten, und die, die noch keinen hatten. Ich vermied es, genau nachzufragen, wie meine Freunde überhaupt an die Drogen gekommen waren und was sie auf ihren Trips so erlebt hatten. Paradiesisch stellte ich es mir vor, wie in einem knallbunten Sommergarten, in dem alles lebt. Wahrscheinlich war es aber noch viel besser, und das wollte ich dann doch lieber gar nicht wissen.

Zwangsläufig wurde bei Papa zu Hause immer viel über Psychologie gesprochen. Dauernd war einer in der Gegenübertragung, assoziierte vor sich hin oder hatte irgendwas mit Leidensdruck zu schaffen. Ich fand alles, was in der Praxis meines Vaters vor sich ging, hochinteressant, besonders deshalb, weil ich das meiste nicht wissen durfte. Doch ich bekam mit, dass dort Menschen ein und aus gingen, die aussahen wie mein Zahnarzt oder mein Geschichtslehrer. Und in deren Leben sich Abgründe auftaten, von denen keiner je etwas geahnt hätte. In der Schule schrieb ich mit siebzehn meine Jahresarbeit über das Thema multiple Persönlichkeitsstörung und finde bis heute kaum etwas spannender als die menschliche Psyche. Das habe ich von meinem Vater. Aber bestimmt hat auch meine Skepsis gegenüber der angewandten Psychologie viel mit ihm zu tun. Papa ist zu so unendlich vielen Gesprächstherapien, Selbsthilfegruppen und Analysestunden gegangen und ist trotzdem sein Päckchen nie losgeworden. Manchmal denke ich, die ständige Auseinandersetzung mit sich selbst hat ihm nicht nur gutgetan. Mein Vertrauen in die Branche ist jedenfalls angeknackst.

Das bekam Herr Doktor Brunner zu spüren, den ich eine Weile aufsuchte, als es mir nach Gabrieles Tod nicht besonders gut ging. Ich hatte den Therapeuten ausgewählt, weil er aussah wie Papa, nur leider hatte der viel weniger drauf als er. Wir führten in jeder Sitzung – mit geringen Abweichungen – etwa folgenden Dialog:

»Frau Beer, ich möchte Sie bitten, Ihrer Wut Ausdruck zu verleihen. Auf diesem Blatt Papier.«

»Ich bin zur Waldorfschule gegangen und habe jahrelang Bilder gemalt. Ich weiß, wie man seine Gefühle ausdrückt, in Tusche, mit Kohle oder mit Wachsmalern. Ich werde nicht malen.«

»Warum sperren Sie sich so dagegen?«

»Weil es nichts bringt. Ich möchte wirklich nicht malen. Vielleicht ist die Malerei ja Ihr Ausdrucksmittel, meins leider nicht.«

Am Ende malte ich pflichtbewusst Fäuste und rote und schwarze Pfeile, weil ich vermutete, dass Herr Brunner sich so was wünschen würde. Und verließ noch wütender die Praxis, weil ich auch noch meine Zeit verschwendet hatte. Das Einzige, was mein Therapeut während unserer Zusammenarbeit Vernünftiges von sich gab, war: »Sie glauben doch gar nicht an die Sache hier, Sie nehmen das alles einfach nicht ernst.« Das stimmte. Weil die Sitzungen mich genau in dem bestätigten, was ich erwartet hatte. Man lamentierte über seine Probleme, fand zwar heraus, woher sie kamen, konnte sie aber deswegen noch lange nicht lösen und musste sich auch noch zusammen mit Salzkristall-Lampen in einem Raum aufhalten.

Als mich Brunner nach fünf Monaten, in denen ich jeden Mittwoch in der Pause in seine Praxis gehetzt war, anstatt ordentlich zu Mittag zu essen, allen Ernstes fragte, wie ich denn mit Vornamen hieße, dämmerte mir: Mein Missfallen könnte vielleicht doch nicht an dem Konzept Therapie im Allgemeinen liegen, sondern an der Pfeife, mit der ich dauernd malen musste. Selbst wenn er tatsächlich meinen Namen vergessen haben sollte, hätte er das doch bitte dringend für sich behalten müssen! Mein Bedarf an psychologischer Betreuung ist seither gedeckt. Wenn es heute mal düster um mich wird, fahre ich lieber zum Power-Yoga. Wer mal so lange im »Herabschauenden Hund« verharrt hat, dass jeder Muskel zittert, der weiß, dass man dann an gar nichts mehr denkt. Ein erlösender Zustand, den man auch nach einem vierwöchigen Malurlaub in der Toskana ganz bestimmt nicht erreichen würde. Nichts für ungut, Herr Dr. Brunner!

Die Väter der anderen

Lydia

Wissenschaftler der amerikanischen Universität Durham wollen herausgefunden haben, dass sich Töchter von besonders liebevollen Erzeugern auffällig stark von Männern angezogen fühlen, deren Gesichtszüge denen des eigenen Vaters ähneln.

Wenn ich die Männer meiner Freundinnen durchgehe und dann im Vergleich ihre Väter, kann ich diese Studie nur in einem Fall bestätigen. Die Ähnlichkeit zwischen Ninas damaligem Freund Jeremy und ihrem Vater Dieter war tatsächlich beängstigend. Ob genau gleiche Gesichtszüge vorhanden waren, kann ich nicht sicher sagen, aber der flusige Haarkranz, der die Glatze einrahmt, war wie kopiert. Und ja, Dieter war so ein Vatertraum. Auf jeden Fall immer, wenn ich, angefangen im Grundschulalter, bei Nina zu Besuch war. Dieter war immer gut gelaunt, begrüßte mich jedes Mal so überschwänglich und liebevoll, als hätten wir uns Monate nicht gesehen. Und er spielte mit uns, oft stundenlang. Am meisten Spaß hatten wir mit ihm beim Verkleiden. Mal war er Elvis, mal ein Clown, am liebsten aber hüllte er sich in die etwas zu enge Uniform eines Piloten. Zwar merkten wir als Kinder schon, dass er sich in der Rolle des Kapitäns eines Privatjets irgendwie am besten fand – nicht im Traum aber glaubten wir daran, dass der kinderliebe Superdaddy irgendwann tatsächlich mal so einen Hochleistungsdüsenjet sein Eigen nennen würde. Doch wie mein Vater zu sagen pflegt: Es kommt immer anders. Vor allem als man denkt.

Als Nina und ich das Abitur hinter uns hatten und sie inzwischen im Ausland lebte, war auch in der Familie meiner Grundschulfreundin nichts mehr wie in Kindertagen. Die Eltern getrennt, Dieters Firma insolvent, das Ferienhaus in den USA längst verkauft.

Nina und ich sprechen manchmal am Telefon über unsere Väter, wenn sie uns Sorgen machen. Oder verzweifeln lassen. Oder am jeweiligen anderen Ende der Leitung schweres Kopfschütteln oder Lachanfälle auslösen.

Zu der Zeit, als mein Vater noch von Mallorca aus seinen Durchbruch als Algenlieferant plante, eröffnete auch Ninas Vater Dieter ein neues Geschäftsfeld. Nina war gerade zu Besuch in Hamburg, saß mir gegenüber in einem Café und fragte grinsend: »Habe ich dir schon von Daddys neuem Superkunden erzählt?« Hatte sie nicht. Doch ich war gespannt, freute mich auf eine unerwartete Erfolgsstory. Nina holte tief Luft, legte dann los: »Daddy hat mit irgend so einem superreichen Russen ein Geschäft abgeschlossen. Er hat die Software für dessen komplettes Unternehmen überarbeitet, wochenlang nichts anderes gemacht.« – »Das klingt doch bestens«, antwortete ich und fragte vorsichtig, ob der Russe in Wahrheit pleite sei oder was die Krux an der Geschichte wäre. Nina musste sich das Lachen verkneifen, sagte dann: »Nein, der Russe war nicht direkt pleite. Er hatte nur gerade kein Geld. Stattdessen konnte er meinen Vater davon überzeugen, ihn in anderen Wertanlagen zu bezahlen.« – »In Wodkaflaschen?«, fragte ich neugierig. »Nein, in Form eines russischen Kampfjets«, antwortete Nina und lachte leicht hysterisch.

Ich konnte schwer glauben, was sie sagte, runzelte die Stirn. »Wie meinst du das?«, fragte ich, und sie fuhr fort: »Aber das ist noch nicht alles. Anstatt sich selbst vielleicht zu fragen, ob er noch alle Tassen im Schrank hat, rief

Daddy mich ganz unbekümmert an und stellte mir so mir nichts dir nichts die Frage, ob ich nicht zufällig jemanden wisse, der Interesse an SEINEM ausgedienten Kampfbomber habe. So im Freundes- oder Bekanntenkreis.« Wir brachen beide in Lachen aus. Wir überlegten, ob es Sinn machen könnte, die Algen von Marokko im Kampfjet nach Deutschland zu transportieren. Schnell ist so ein Ding ja mit Sicherheit. »Aber wie würde mein Vater wiederum Dieter bezahlen?«, überlegte Nina laut. »Na, in Algen«, sagte ich und fand die Zahlung in Naturalien viel besser als in Kriegsmaterialien.

Nachdem wir vom Lachen erschöpft waren, erinnerten wir uns an unsere Kindheit. Unsere Eltern waren eng befreundet, wir waren öfter zusammen im Urlaub auf Sylt. Betrachtet durch meine Kinderaugen, waren die Timmers eine harmonische, lustige, finanziell unabhängige Familie. Doch die Zeit hatte viel verändert. Inzwischen hat Nina sogar erfahren, dass Dieter gar nicht ihr leiblicher Vater ist. Das in Kindertagen unschlagbare Team von »Nina & Daddy« hat heute nur noch wenig Kontakt.

Auch mein Vater weiß um seine Schwächen als Papi. Besonders gegenüber meinem Mann sagt er oft Dinge wie: »Wenn ihr mal Kinder habt, Ben, dann mach nicht die gleichen Fehler wie ich. Ich habe mich nicht genug um meine Kinder gekümmert, ich habe mir viel zu wenig Zeit für die Familie genommen. Für mich war der Beruf immer wichtiger.« Vielleicht fragt er mich deshalb heutzutage immer mehrfach, wie es mir denn »nun wirklich« so geht, wenn ich bei ihm sitze und auf die Frage nach meinem Befinden mit der immergleichen Aussage »Danke, gut« antworte. In all den Jahren auf der Insel war mein Vater aufgrund meiner Leidenschaft, Briefe zu schreiben, sehr viel genauer über mein Leben informiert als in meiner Jugend, als wir unter einem Dach wohnten. Egal, ob ich heute von Sportturnieren, Reisen oder anderen Erlebnissen aus Teenagertagen erzähle, seine Antwort ist überwiegend die gleiche: »Davon wusste ich ja gar nichts.« Er bedauert dann, dass er mich nie mit dem Florett in der Hand siegen gesehen hat, die Fotos vom Skiurlaub mit den Mädels nicht kennt oder meine erste große Liebe nie getroffen hat.

Wenn er anfängt, sich Gedanken über damals zu machen, wird mein Vater schwermütig. »Weißt du, Ben, wenn man sich für Familie entscheidet, dann sollte man sich überlegen, was wirklich wichtig ist. Der Beruf ist nicht unwichtig, aber irgendwo doch ein Mittel zum Zweck. Ich war viel zu viel geschäftlich unterwegs, habe viel verpasst. Mir fehlte offen gesagt damals das Interesse an den Kindern, das war nicht gut. Das tut mir leid«, sagte mein Vater zu meinem Mann, nachdem er seit gut eineinhalb Jahren wieder in Deutschland lebte und wir ihm erzählten, dass er Großvater wird. Es war ein Sonntag, und wir saßen zu dritt vor Papis Wohnzimmerfenster, aßen Erdbeerkuchen und tranken schwarzen Tee mit Milch. Der Rat meines Vaters an Ben wirkte wie ein Versuch, das Versäumte wiedergutmachen zu wollen. Ich wusste nicht so recht, was ich dazu sagen sollte. Einerseits war ich froh über seine Einsicht. Andererseits war es eben auch zu spät. Die Zeit, von der er sprach, lag so viele Jahre zurück, einem Rückblick all dieser Jahre hätte mein Vater nicht mehr folgen können. Was soll's, dachte ich. Als ich erwachsen wurde und wir in verschiedenen Ländern lebten, brachte mein Vater wieder mehr Interesse für mein Tun auf und sagte mir nicht selten, wie stolz er auf mich war, wenn irgendwas gut voranging.

Diese Art von Gesprächen mit Papi über die Vergangenheit tat unserer Beziehung gut. Andererseits war es umso verwirrender, dass er plötzlich in der Lage war, mit uns so bedacht zu sprechen, mich aber im nächsten Moment fragte, ob ich eigentlich seine Mutter kennengelernt habe. »Papi, Omi ist gestorben, als ich zwölf Jahre alt war. Und bis dahin haben wir doch alle zusammen im großen Haus gewohnt«, erklärte ich ihm nicht zum ersten Mal. Die Tücke seiner Vergesslichkeit leuchtete in derartigen Situationen hell auf. Angehende Altersdemenz nannte der Arzt diese Lücken. Aber egal, wie es heißt, das sporadische Auftauchen macht es mir oft schwer zu merken, wann Papi nur ein schwarzes Loch in seinem Gehirn hat oder wann er vielleicht einfach zu bequem ist, kurz nachzudenken. Denn in Bequemlichkeit macht ihm nun schon seit Längerem niemand mehr etwas vor – ob im Kopf oder beim körperlichen Einsatz. Vergangene Weihnachten ließ er alle Mandarinen verfaulen mit der Erklärung, dass das ja wirklich so schade sei, schließlich liebe er Mandarinen, er finde nur das Pulen zu mühsam. Er hätte sie so gern essen wollen, sagte er lachend, sei aber zu faul. Mit dem Gedächtnis ist es mitunter ähnlich. Manchmal, bevor ich meinem Vater Vergessenes aus der Vergangenheit erleuchte, frage ich ihn, ob er nicht selber wisse, dass ich etwa seine Mutter gut kannte und sehr geliebt habe. Und hin und wieder, wenn er seine grauen Zellen fordert, kommt auch die Erinnerung. Ein Erfolg, finde ich, eine Provokation, findet mein Vater.

Wenn ich meiner Freundin Anna von den Erlebnissen mit meinem Vater berichte, sieht sie eher ihren Großvater vor sich. Zwar kennt sie Papi noch aus jüngeren Tagen, aber auch vor gut fünfzehn Jahren war er schon ein Senior, ihr Vater Thomas hingegen gerade Mitte vierzig. Augen und Haare dunkel, der Körper sportlich, der Sportwagen schwarz. Thomas und mein Vater hatten bis auf das Beherrschen der spanischen Sprache nicht viel gemeinsam. Leider, dachte ich manchmal. Und mit etwas Neid hörte ich Anna erzählen, wenn sie mit ihrem Vater im Theater war, er sie zum Geburtstag mit einem Kurztrip nach London überraschte oder sie ihren kleinen Sohn übers Wochenende bei ihm abgegeben hatte. Als Anna vor einigen Jahren krank wurde, telefonierte ihr Vater sich durch ganz Deutschland, um den besten Facharzt für seine Tochter zu ermitteln. Er begleitete sie nach Süddeutschland, kämpfte mit allem, was er hatte, für ihre Besserung. Und auch wenn Geld keine Rolle spielte, schenkte er ihr außerdem viel Zeit, Aufmerksamkeit und Fürsorge. Er wollte sie beschützen. Sie war das Kind, Thomas der Vater. Für viele eine selbstverständliche Erfahrung, egal, ob »das Kind« inzwischen zwanzig oder dreißig Jahre alt ist. Eine Rollenverteilung, die ich so seit der Mittelstufe nicht mehr mit meinem Vater erlebt habe.

Immerhin hatte ich wenigstens eine distanzierte, aber gute Beziehung zu meinem Vater, dachte ich dann wiederum, als mir meine Kollegin Julia von ihrem Familienoberhaupt erzählte. Seit ihrer Geburt hatte er sie, so gut es ging, gemieden. Kaum mit ihr gesprochen, ihr keinen guten Morgen gewünscht, wenn sie sich an den Frühstückstisch setzte, nicht gute Nacht gesagt, wenn der jeweilige Tag zu Ende gehen sollte. »Mein Vater hat mir heute zum Geburtstag gratuliert«, sagte sie vor einigen Jahren mal zu mir und wirkte nachhaltig erstaunt. Ich verstand nicht so recht, wie es all die Jahre zuvor gelaufen sein soll, also erklärte sie, dass er sie sonst an ihrem Ehrentag entweder genauso ignorierte wie die anderen 364 Tage im Jahr oder aber in zwei, drei Ausnahmefällen auf sie zuging, ihr die Hand reichte, kurz nickte und dann das Haus verließ, um dorthin zu fahren, wo er sich sicher fühlte und einfach nur »professionell«, nicht etwa emotional, sein musste – ins Büro. »Aber vorhin«, sagte Anna, die fast gerührt vor meinem Schreibtisch stand, »hat er mir in die Augen geguckt, herzlichen Glückwunsch gesagt und meine Hand gedrückt.« Anna wurde an dem Tag 29. Und freute sich über eine Geste ihres Vaters, die jeder gut erzogene Immobilienmakler beim Abschluss eines Mietvertrags ausführt.

Immer mal wieder, wenn sie von den Marotten ihres Vaters erzählte, fragte ich mich, was er für ein Problem haben könne. Oder wie es für Annas Mutter sein muss, den Ehemann so lieblos und fast apathisch mit der Tochter zu sehen.

Und vor allem fragte ich mich, welche Schäden dieses komplett gestörte Vater-Tochter-Gespann bei Anna angerichtet haben muss.

Generell stelle ich seit einigen Jahren bei vielen Freundinnen eine Phase der Aufarbeitung fest, was die Eltern betrifft. Rund um die dreißig muss eine magische Grenze liegen, eine Zeit, in der offenbar viel über sich selbst nachgedacht, in sich reingehört, zurückgeblickt und hinterfragt wird. Ein neues Bewusstsein, aufgrund dessen es nicht selten zu Reibungen zwischen den Generationen kommt. Allerdings höre ich nur von Frauen etwas über ihren tiefenpsychologischen Ausflug in die Vergangenheit, keiner der Männer führt plötzlich Gespräche mit Mutter oder Vater über Kindheitserlebnisse, vermisste Liebe, überzogene Leistungsansprüche oder bevorzugte Geschwister.

Als mein Vater das Inselleben hinter sich lassen musste und für einige Wochen in unserem Arbeitszimmer wohnte, wollte ich irgendwann auch reden – allerdings nicht mit meinem Vater, also suchte ich mir einen Psychobeistand. Für die Sicherheit von Leib und Leben derer um mich herum hielt ich es für das Beste. Geholfen haben mir die Gespräche mit der adretten Akademikerin, die mich optisch stark an meine Mutter erinnerte, nicht wirklich. Als sie mir tatsächlich erklärte, dass die Scheidung meiner Eltern und die jahrelange Abwesenheit meines Vaters dafür verantwortlich seien, dass ich bei meiner Hochzeit nicht die Worte »bis dass der Tod euch scheidet« hören wollte, habe ich mich dafür entschieden, wieder zum Pilates anstatt zur Gesprächstherapie zu gehen. Meine Erläuterung, dass ich einfach das Wort Tod nicht in unserer Trauungszeremonie haben wollte, bremste sie aus. »Ja, ja. Man sucht sich aberwitzige Erklärungen, um sich selbst nicht zu ertappen«, sagte sie, weiterhin überzeugt von ihrer These.

Bei meiner Freundin Sina hatte das geradezu herzige Verhältnis zu ihrem Vater in erster Linie einen Grund: Geld.

Der Herr Papa finanzierte seiner Prinzessin seit der Schule das Leben einer Großverdienerin. Sina freute sich alle paar Jahre über ein neues, schickes Auto, die mondäne Altbauwohnung mit ausreichend Raum für begehbare Kleiderschränke, über immer neue Kontakte ihres Vaters, die ihr immer neue Jobs brachten, deren notwendige Qualifikation sie mitnichten aufbrachte, deshalb meist auch nicht länger als ein halbes Jahr blieb. Aber so ein halbes Jahr mit einer immerhin 35-Stunden-Woche war auch Grund genug, erstmal wieder auf einer ausgedehnten Fernreise zu entspannen. Sina machte diese Luxustrips meist allein, da sich keiner von uns »arbeitenden« Freunden regelmäßig vier Wochen Spa-Urlaub auf den Seychellen leisten konnte. Irgendwie konnte das »Bienchen«, wie sie liebevoll von ihrem erfolgverwöhnten Vater genannt wurde, nicht das »Richtige« für sich finden. »Aber weißt du, Lydi«, sagte sie nach dem dritten abgebrochenen Studium mal zu mir, »Papa hat gesagt, ich soll mich da nicht zu sehr unter Druck setzen. Stress sei so ungesund, und bei ihm in der Firma würden immer mehr Angestellte so ein Burn-out haben. Und bevor ich das bekomme, soll ich lieber in Ruhe weitergucken.« Damals nickte ich nur, sprachlos im wahrsten Sinne. Obwohl ich tatsächlich nicht sicher war, ob man aufgrund exzessiver Orientierungslosigkeit und dem unterschwelligen Gefühl der tagtäglichen Nutzlosigkeit vielleicht doch eine Depression erleiden könnte. Und damit sich so eine gängige Depression nach Erschöpfung und viel vorangegangener Arbeit anhört, nennt man es lieber Burn-out. Und tatsächlich kam es so, dass Sina trotz all der Freizeit und dem vielen Geld nicht glücklich war. Obwohl ihr Vater ihr bei jeder Kleinigkeit sagte, wie stolz er auf sie war. Als sie etwa »selbstständig« die völlig überteuerte Wohnung in Eppendorf für sich ausgesucht hatte. Oder ihren BMW ohne Erinnerung von Vaters Sekretärin zum TÜV brachte. Doch Sina ist reflektiert genug zu merken, dass ihr Vater sie mit Sicherheit über alles liebte, ihr jedoch weder etwas zutraute noch irgendwas von ihr erwartete. Dabei wollte Sina gebraucht werden. Verantwortlich für etwas sein. Eine Aufgabe haben statt einer goldenen Kreditkarte. Seit fünf Monaten macht Sina nun ein Freiwilliges Soziales Jahr in einem Altenheim im Osten Hamburgs. Und seit zwei Monaten redet sie wieder mit ihrem Vater. Sie brauchte Abstand, hatte sie ihm gesagt, nachdem er ihr den Entschluss für die Arbeit mit alten Menschen ausreden wollte. »Du bist doch was Besseres als jemand, der Greisen den Po abwischt«, hatte er ihr entgegnet. Und bei seiner Tochter eher unfreiwillig erstmals den Willen geweckt, etwas durchzuziehen, was ihr wohl keiner zugetraut hatte.

Wie mein Vater gehört auch Sinas Vater zu einer Generation, die es nicht kennt, dass Frauen Karriere machen. Besser gesagt, verantwortungsvolle, wichtige Jobs haben, die zuvor nur Männer ausgeführt hatten. Obwohl wir ja inzwischen seit geraumer Zeit eine Frau als Bundeskanzlerin haben, hat das an Papis innerer Einstellung nichts geändert. Meinen Beruf führe ich in seinen Augen eher hobbymäßig aus, obwohl er meinen Werdegang regelmäßig lobt und eigentlich wissen müsste, was ich tagtäglich mache. Über JAHRE hat er mich immer wieder spätnachmittags, gegen 17 Uhr, angerufen und jedes Mal überrascht gefragt: »Wieso bist du denn noch im Büro?«. Mehr als 50 Mal hatte ich ihm dann geantwortet, weil ich noch mittendrin sei, weil ich nun mal längere Arbeitstage hätte. Dass ich nicht selten erst um 20 oder 21 Uhr rauskomme. Genutzt hat es nichts. Stattdessen hat er mich immer wieder daran erinnert, dass ich meinem hart arbeitenden Mann den Rücken freihalten solle, er würde uns schließlich ein gutes Leben finanzieren. »Ja, Papi. Und ich spiele hier jetzt noch ein bisschen weiter vor mich hin und gehe dann nach Hause, Abendessen kochen«, antwortete ich dann gern etwas überspitzt. Und mein Vater war begeistert.

Das Rollenbild von Mann und Frau ist im Kopf meines

Vaters eben immer noch das von vor fünfzig Jahren. Als er sich vor einiger Zeit mit meinem Mann über dessen Job unterhielt, ich dazustieß und fragte, worum es gehe, sagte er oberlehrerhaft, aber völlig ernst: »Lydia, das ist hier gerade ein Gespräch zwischen deinem Mann und deinem Vater. Und daher nicht für deine Ohren bestimmt.«

Ich verließ die Küche kopfschüttelnd und hörte beim Weggehen noch Bens Versuch, meinem Vater zu erklären, dass er so nicht mit seiner Tochter sprechen solle. Vergebene Liebesmüh, dachte ich. Er kann eben nicht aus seiner Haut. Selbst wenn ich Bundeskanzlerin wäre, würde er mich gegen 17 Uhr anrufen und sich wundern, wieso der Brokkoli noch nicht kocht.

»Das ist ein weiser Vater, der sein eigenes Kind kennt.« So heißt es in *Der Kaufmann von Venedig* von William Shakespeare. Ich muss Herrn Shakespeare recht geben: Wer seine Kinder kennt, ist klar im Vorteil. Doch welche Tochter um Mitte dreißig hat ein wirklich inniges, vertrautes Verhältnis zu ihrem Vater? Mit vertraut meine ich nicht, dass Vaddern sagen kann, wo die Tochter arbeitet, wie ihr Mann heißt und welches Auto sie gerade fährt. Ich meine eher, dass er um ihre Ziele weiß, um ihre Sorgen und um ihr größtes Glück. Natürlich liegt es nicht nur am Vater, wenn der Austausch zwischen den beiden eher oberflächlich ist. Jedes Kind muss zunächst wollen, dass der Vater WIRKLICH Bescheid weiß. Vielleicht wollen viele diese Nähe gar nicht. Ich wollte sie nie. Schon als Kind war ich fixiert auf meine Mutter, hatte keinen Bedarf, eine derart innige Beziehung mit meinem Vater aufzubauen. Als Jugendliche manchmal schon eher, doch zu dem Zeitpunkt war mein Vater weit weg und die Telefonverbindung okay. Ein einziges Mal sprach ich mit meinem Vater über Liebeskummer, als ich mich von meinem früheren Freund getrennt hatte, den er auch kannte. Es war ein gutes Gespräch, als ich auflegte, fragte ich mich, warum ich nicht öfter seinen Rat eingeholt hatte.

Besonders interessant zu beobachten ist die Spezies »Vater« übrigens auf Hochzeiten. Nirgendwo kann ein Vater einen solch bleibenden Eindruck hinterlassen wie nach der festlichen Vorspeise. Ob besonders witzig, peinlich steif oder umwerfend ehrlich – die Rede eines Vaters sagt viel über die Betroffenen aus. Ich gehöre zu den Frauen, die meist schon anfangen vor Rührung zu weinen, wenn die Schönheit der Tochter an diesem besonderen Tag beschrieben wird, selbst wenn es gelogen ist …

Auf meiner eigenen Hochzeit lief ich Gefahr, dass mein Vater mir in seiner Ansprache erst mal vor hundert Leuten für seine neue Wohnung danken und Situationen aus dem Sozialamt zum Besten geben würde. Und weil Papi sich zu dem Zeitpunkt schon etwas schwertat, sich Themen, Aufträge, Hinweise zu merken, bat ich ihn, lieber nichts zu sagen. Doch auch das gehörte zum alten Ego meines Vaters, er ließ sich von mir nicht einfach irgendwas vorschreiben. Also stand er zwischen den Gängen auf, stellte sich vor und suchte nach seinem Notizzettel. Wegen der sonnigen 36 Grad stand mir der Schweiß sowieso schon auf der Stirn, also nahm ich – wie gewohnt, wenn Vatern etwas verkündete – einen großen Schluck eisgekühlten Alkohol. Papis Rede dauerte nur drei Minuten – und trieb der Mehrheit der anwesenden Damen die Tränen in die Augen. Er lobte die Wahl meines Bräutigams im Übermaß, betonte, wie stolz er auf mich sei – und konnte kurz selbst vor überschwappenden Emotionen nicht mehr weitersprechen. Ich fühlte mich schlecht, dass ich ihm das Wort verboten hatte, und merkte, dass ich ihn seit seinem Umzug nach Deutschland nur noch als »Aufgabe«, nicht mehr als Vater gesehen hatte.

Wenn Papi heute von seinem Vater erzählt, klingt er weich und liebevoll. Ehrfürchtig und voller Sehnsucht spricht er von seinem alten Herrn und beschreibt ihn als liebenden, immer netten und fröhlichen Menschen. Die Beschreibungen seines Vaters von anderen Familienmitgliedern klingen sehr viel härter. Es wirkt so, als hätte mein Vater das Bild seines alten Herrn komplett gesoftet. In Papis Keller finde ich Briefe in altdeutscher Schrift, geschrieben von seinem Vater. Als mein Vater mit Anfang zwanzig in den 50er-Jahren nach Peru ging, vermisste sein Vater ihn offenbar sehr. Ausführlichst hielt er seinen jüngeren Sohn in Südamerika auf dem Laufenden. Immer schwärmte er von Hamburg. Und immer schwang die Hoffnung mit, dass mein Vater bald zurück nach Deutschland kommen möge. Papis Vater schickte ihm Bücher mit lieben Widmungen und Familienwappen sowie einen Fotokalender von Hamburg mit kurzen Notizen am Rand jedes Bildes wie »Die schönste Stadt der Welt« oder »Deine Heimat ruft«. Den vielen Schwarzweiß-Fotos von der Peruzeit nach zu urteilen, genoss mein Vater die Zeit, fern von allem, was er bis dahin kannte, sehr. Schon die wochenlange Fahrt nach Südamerika auf einem holländischen Frachter mit dem Namen »Baarn« hielt er in unzähligen Bildern fest. Es war die faulste Zeit seines Lebens, hatte Papi im Rückblick mal gesagt. Er war mit ein paar anderen jungen Männern zum Nichtstun verdammt, während das Schiff Richtung Lateinamerika unterwegs war. Bevor mein Vater mit Anfang siebzig von der Altersmilde gepackt wurde, erwähnte er aber auch die Strenge seines Vaters. Die harte Hand, die er seine beiden Söhne oft hatte spüren lassen. Wenn man beide Weltkriege mitgemacht habe, sei das auch nicht ungewöhnlich, entschuldigte mein Vater das Verhalten seines alten Herrn. Und dass die Forderung nach Disziplin und Ordnung meinem Vater ja auch gutgetan habe.

Auch der immerzu gestresste Günther hatte das geregelte Leben geliebt. Günther ist der Vater einer Grundschulfreundin, die Büroversion von James Bond. Cool, schneidig, unantastbar. Und als ABC-Schützin mein heimlicher Schwarm. Günni, wie ich ihn nennen durfte, trug stets blitzblanke Schuhe zu seinem Anzug, rannte vor der Fahrt ins Büro schon die Elbe rauf und wieder runter und konnte immer alles richtig gut. Tennis, Fußball, Tischtennis, Trampolinspringen, sogar rhythmische Jazzgymnastik, mit der seine Tochter Lina und ich damals groß rauskommen wollten. Im Laufe der Schulzeit machte Günther als Unternehmensberater so viel Geld, dass Lina und ihre Familie etwa alle drei Jahre umziehen mussten, um in einem den Einnahmen entsprechenden Haus zu wohnen. Obwohl es bei nur einer Tochter blieb, wurde das Zuhause meiner Tanzfreundin immer größer. Und schicker. Als Lina und ich Abi machten, wohnte sie mit ihren Eltern inzwischen in Berlin, weil da noch mehr Firmen beraten werden mussten, wie Günni mir damals erklärte. Günni war bereits Frührentner und vor der neuen Großfamilienvilla wachte ein schweres dunkles Tor mit einer Kamera, in die man gucken musste, wenn man geklingelt hatte und reinwollte. Obwohl Günni, den ich dann irgendwann lieber wieder Günther nennen wollte, damals schon »von zu Hause« arbeitete, wie er seine Freizeit nannte, sah er immer noch aus, als wäre er Vorstandschef: Anzug, Krawatte, glänzende Lederschuhe. Obwohl er zwischendurch viel Tennis und Golf spielte, schaffte der eigentlich schon ruhende Berater es irgendwie, sein Geld weiter zu vermehren. Lina entschied sich für eine Privatuniversität in der Schweiz, wo ihr Vater ihr gleich noch die passende Wohnung kaufte.

Doch mit 55 kam es dann mal wieder ganz anders, als man denkt, würde mein Vater jetzt sagen. Günther wollte nicht mehr reich sein. Er wollte keinen übergroßen Geländewagen mehr fahren, keine weißen Turnschuhe auf grünem Rasen mehr tragen, keine Renditen mehr auf neue Konten überweisen. Keinen geregelten Tagesablauf, keine Frau, von der er sich vor lauter Beratung schon seit Jahren entfremdet hatte. Er wollte nichts mehr. Außer einen neuen Sinn in seinem Leben. Und den fand Günther in Thailand. Ohne Familie, ohne goldene Kreditkarte, ohne den Drang, irgendwo dazugehören zu wollen. Als mein Mann und ich unseren ersten

Asienurlaub planten, schlug ich vor, Günther zu besuchen. Auf einer kleinen Insel nördlich von Phuket holte er uns am Hafen ab. Er drückte mich so fest, als suchte er Halt. Doch schnell wurde deutlich: Es war einfach nur Freude, denn Günther war glücklich, mit sich und der Welt im Reinen. Er war braun gebrannt, hatte etwas zugelegt, die Haare ein bisschen länger, die Augen leuchtender als früher. Er genoss jeden Tag, jede Stunde. Er war Besitzer eines kleinen Restaurants. Einfache Ausstattung, einfache Karte, herausragendes Essen. Wenn wenige Gäste da seien, helfe er seinem thailändischen Koch und lerne so fast jeden Tag etwas Neues, erzählte er. Wenn ich mir den alten Günther mit zu viel Parfüm, knitterfreiem Hemd, das eine Ohr stets am Handy, vor Augen führe, erkenne ich den vor mir stehenden Mann in Badeshorts, grünem T-Shirt und Bastschlappen kaum wieder. Es tut gut, Günni so glücklich zu sehen. Und es bestätigt den alten Spruch, dass es nie zu spät ist, um seinen Traum zu leben und um noch mal alles anders zu machen.

Das Restaurant werfe so viel ab, dass er seinen Bungalow und den abgerockten Pick-up-Truck auch ohne die Rücklagen aus Deutschland halten könne, verriet er uns. »Ist es nicht schön, Lydi, das Leben?«, fragte er mich, nachdem er uns seinen neuen Lebensmittelpunkt gezeigt hatte. Ich bejahte. Und wäre am liebsten sofort in die nächste freie Strandhütte gezogen. Das Leben kann so einfach sein, dachte ich. Man muss es nur lassen.

Mein Vater hätte mit Sicherheit auch gut von den Einnahmen des Restaurants auf Mallorca leben können. Der Koch, der damals alles übernommen hat, tut es heute noch. Aber es ist, wie es ist. Und wie die Medien regelmäßig mitteilen, ist mein Vater mit seiner im Fachjargon sogenannten Altersarmut kein Einzelfall. Noch nie gab es so viele Grundsicherungsempfänger wie im Jahr 2011. Nach Angaben des Statistischen Bundesamts waren es deutschlandweit 850 000 Männer und Frauen. Verglichen mit dem Vorjahr ist das ein Anstieg um 5,9 Prozent, und die Tendenz bleibt dramatisch. 2005 waren es »nur« 630 295. Stadtstaaten wie Bremen, Hamburg und Berlin sind die Hochburgen der Alten oder Erwerbsgeminderten, die diese Sozialleistung vom Staat beziehen. Trotz der erschreckenden Zahlen dauerte es seine Zeit, bis ich sogar im unmittelbaren Bekannten- und Freundeskreis von ähnlichen Fällen erfuhr. Und dann deutlich spürte, wie viel Zündstoff in diesem Thema steckt. Und wie viel Ahnungslosigkeit. Keiner weiß, wie Pleite geht.

Also werde ich immer häufiger von Freundinnen um Rat gefragt, die ganz am Anfang stehen mit der Lebensorganisation ihrer Väter, in einem Fall auch der Mutter. Also erkläre ich, wohin man als Erstes muss, wenn die Rente der Eltern nicht reicht, das Haus schon lange der Bank gehört und Zahlungsaufforderungen von Versicherungen im Ton schärfer werden. Das »Coming-out« läuft jedes Mal ähnlich ab: Ich spreche über das Finanzdilemma meines Vaters, erlebe verhaltene Betroffenheit, dann ein paar verschämte Fragen, bis irgendwann die Offenbarung kommt, dass der Vater ebenfalls pleite sei, man die Situation aber irgendwie noch von sich wegschiebe. Nach dem fünften Fall im Bekanntenkreis überlege ich, ein »So-geht-Pleite-bei-Senioren«-Büro zu eröffnen, da ich merke, dass der traurige Trend sich knallhart durchsetzt. Auch in den eher wohlhabenden Gegenden der Stadt. Von außen ahnt man oft nichts von den Zahlungsschwierigkeiten der Betroffenen, die Fassade zu erhalten, ist das wichtigste Ziel, komme, was wolle.

»Über Geld spricht man nicht, man hat es«, sagte einst Jean Paul Getty, ein amerikanischer milliardenschwerer Ölindustrieller. In Wahrheit aber spricht man sehr wohl übers Geld. In Hamburg jedenfalls wird das Geldhaben gern mit allen Mitteln nach außen getragen. Ob in Form bekannter Markenklamotten, geländefähiger Wagen, großer, oft strahlend weißer Immobilien oder durchgestylter Kinder. Sogar die Leute, die nicht viel Geld haben, tun so, als hätten sie welches. Was nun abbezahlt ist oder was nicht, tut am Ende nichts zur Sache. Hauptsache haben. Und zeigen. Und drüber sprechen. Und anders, als Mr. Getty meint, spricht man über den eher unangenehmen Zustand, kein Geld zu haben, viel weniger gern. Und weniger oft. Jedenfalls hört man selten Sätze wie: »Ich habe mir schon wieder keinen Range Rover gekauft.« Oder: »Ich kann mir dieses Jahr wieder keinen Skiurlaub leisten.«

Sicher ist aber, dass mehr darüber gesprochen werden wird. Das zeigen die traurige Entwicklung in der Gesellschaft und die wachsende Altersarmut. Ende des vergangenen Jahres beschließt die SPD eine Mindestrente von 850 Euro, um gegen den sich abzeichnenden Trend anzugehen. Man könnte sich fragen, wie jemand, der 850 Euro zum Leben und gegebenenfalls noch eine Frau an der Seite hat, die keine Rente bekommt, weil sie Mutter und Hausfrau war, ohne Hilfe des Staates oder durch Unterstützung der eigenen Kinder leben soll. Dann wird keine Grundsicherung, sondern Wohngeld beantragt. Anderer Topf, gleiches Amt, altes Problem. Aber keine Lösung. Zumindest nicht für meine Generation.

Lara

Ein Vater sollte Holz hacken und Waschmaschinen reparieren können, der Tochter bei der Steuererklärung helfen, besser noch, die Steuererklärung der Tochter komplett übernehmen – und das bitte auch noch von Herzen gern. Er sollte sich unabhängig von seinem eigenen Beruf mit rechtlichen Fragen und Reiserücktrittskosten-Versicherungen auskennen. Er sollte auch so viel Stärke und Souveränität ausstrahlen, dass man mit ihm in der Wildnis campen würde, ohne sich auch nur im Mindesten vor etwas zu fürchten. Und das, ohne mit Fahrtenmesser und Pfefferspray bewaffnet zu sein. Wenn jemand seine Tochter nicht ordentlich behandelt, dann baut er sich auch schon mal vor dem Nichtswürdigen auf und hält eine feurige Rede über Respekt und Anstand, in der mindestens einmal die Wörter »Bürschchen«, »schämen« und »warnen« vorkommen. So ein Vater trägt in der Freizeit dicke Norwegerpullover in Braun oder Marineblau, ist groß und attraktiv, und seine Kinder vertrauen ihm sofort unter Tränen an, wenn sie doch mal heimlich Schnaps aus der elterlichen Bar geklaut haben.

Ein bisschen verwunderlich ist das schon, wie dieses heldenhafte Vaterbild in meinem Kopf entstanden sein mag. Viel öfter als ein solches Traummodell des Erziehungsberechtigten kommen zum Beispiel im Privatfernsehen ja diese letterauchenden Zwiebelmett-Fans im Unterhemd vor, die den ganzen Tag am gefliesten Wohnzimmertisch sitzen und den Kindern eine runterhauen, wenn sie die Sicht auf den Fernseher versperren. Oder (die Variante der öffentlich-rechtlichen Sender) die tyrannischen Patriarchen mit seidenen Einstecktüchern, die ihren Töchtern dauernd die Beziehung zum Reitlehrer verbieten wollen, obwohl der viel netter ist als der Investmentbanker mit dem peinlichen französischen Doppelnamen.

Und im echten Leben? Sind die meisten doch in erster Linie Menschen – und dann Eltern. Tatsächlich kenne ich nur sehr wenige Väter, die direkt dem Bilderbuch entsprungen sein könnten. Ausgerechnet der meiner Lieblingsfreundin Meike gehört dazu. Mit ihr bin ich seit der dritten Klasse so eng verbunden, dass wir grundsätzlich die gleiche schlechte Frisur trugen und man jahrelang nur im Plural von uns sprach. Ihr Papa hatte nicht nur so einen dunkelbraunen Norwegerpulli und das Aussehen von Richard Gere, er nahm sie früher auch mit zu seinen Forschungsprojekten nach Venezuela oder Jamaika, die er als Professor für Meeresbiologie leitete. Er schickte Plüschpinguine per Post, wenn er in der Antarktis Proben nahm. Was mich am meisten beeindruckte: Einmal baute er ihr sogar ein komplettes Holzbett mit einer schwarzen und einer dunkelgrünen Seite, das nicht nur schön aussah, sondern auch hielt – und das alles, ohne sich oder andere dabei zu verletzen.

Im Winter fuhren wir mit ihm Schlittschuh auf überfluteten, zugefrorenen Wiesen. Seine bloße Anwesenheit gab mir ein so starkes Gefühl von Sicherheit, dass ich – sonst beim Outdoor-Eislauf jeden Moment aufs Einbrechen und jähe Ertrinken vorbereitet – vollkommen sorglos und selig auf der spiegelglatten Fläche umherkreiselte. Aus seinen Händen hätte ich sogar einen Fliegenpilz gegessen, hätte er mir versichert, er sei eigentlich gar nicht giftig.

Wenn ich mit Meikes Familie in die Ferien durfte, zelteten wir mitten im Wald oder fuhren in Italien mit dem Motorboot durch schäumende Gischt in versteckte Buchten, wo wir selbst gefangenen Fisch überm Lagerfeuer grillten. Auch aus meiner Freundin Meike ist ein Mensch geworden, der (und damit hat natürlich ihre Mutter genauso viel zu tun wie er, aber das ist noch ein anderes Thema) so fest und mutig im Leben steht wie die wenigsten. Sie geht mit einem Grundvertrauen durch die Welt, das sie sich sogar bewahrt hat, als ihre Eltern in Afrika tödlich verunglückten. Besonders, als die beiden auf einmal nicht mehr da waren, konnte man sehen, wie viel sie ihrer Tochter tatsächlich mitgegeben hatten. Denn sie blieb aufrecht stehen, obwohl man ihr den Boden unter den Füßen weggerissen hatte.

Auch mein Freund Jan kommt aus solch einer heilen Familie, von der jeder sofort adoptiert werden möchte. Ich lernte ihn genau in der Zeit kennen, in der Papa anfing, sonderlich zu werden. Es war sehr merkwürdig: Zwischen ersten romantischen Treffen mit Jan telefonierte ich mit meinem plötzlich ungewohnt gesprächigen Vater, der ohne Punkt und Komma vor sich hin plauderte und mühelos Themen verstrickte, die nichts miteinander zu tun hatten: von Stephan Raabs schlecht gemachten Jacketkronen zu der Vertreibung der Ostpreußen im Zweiten Weltkrieg und weiter zu irgendjemandem, der während der Schulzeit in seiner Band gespielt hatte und schon immer der schlechtere Sänger war, trotzdem aber alle Frauen abbekam. »Hilf mir mal bitte, Papa, wo bist du jetzt gerade?«, fragte ich jedes Mal, wenn ich völlig den Durchblick verloren hatte. Anfangs war ich wohl tatsächlich eher amüsiert als ernsthaft besorgt. Vielleicht war ich einfach zu beflügelt von dem Glück, das ich in meiner Welt erlebte, um die Signale aus der meines Vaters ernster zu nehmen.

So richtig setzte ich mich erst damit auseinander, als ein erstes Kennenlernen bevorstand. Und ich merkte, dass mir beim Gedanken daran unwohl wurde. In der Familie meines Freundes gibt es keine Kommunenvergangenheit und keine Geschichten aus der Entzugsklinik, die bei Birne-Schmand-Torte und Milchkaffee unvermittelt die Idylle zerschießen könnten. Wann Papa gerade in der Stimmung war, eine Story aus den wilden Zeiten aufzutischen, das konnte man nie so genau wissen. Und in den letzten Monaten war er so redselig und durchgeknallt, wie ich ihn definitiv noch niemals erlebt hatte.

Dem Treffen, bei dem Jan meine Mutter kennenlernen würde, hatte ich entspannt entgegengesehen. Denn ich wusste, dass sie nicht am ersten Abend die peinlichsten Anekdoten auspacken würde. Aber Papa? Würde er gleich all das preisgeben, was ich Jan in wohldosierten Häppchen präsentieren wollte? Man musste mit allem rechnen. Gerade jetzt. Erst letzte Woche hatte mich eine alte Freundin von ihm aus Bayern angerufen, bei der er seinen Besuch angekündigt hatte. Sie hatte das gute Federbett für ihn aufgeschlagen, ihm eine Flasche Mineralwasser ans Gästebett gestellt und wartete am Bahngleis auf den seltenen Gast aus dem hohen Norden – der nie ankam und sich auch nicht abmeldete. Aufgetaucht war mein Vater schließlich doch. Allerdings nicht in München, sondern bei meiner Mutter. Die natürlich kein

Gästebett vorbereitet hatte, denn sie wusste ja nichts von seinem Besuch. Und er konnte sich einfach nicht mehr daran erinnern, eine Reise nach Bayern geplant zu haben.

Entsprechend erleichtert war ich jedenfalls, als ich einen mir wohlbekannten Mann mit Jeansjacke, cremeweißen Converse Chucks und schwarzem Rucksack am Hamburger Hauptbahnhof auf mich zukommen sah. Ort und Zeit stimmten schon mal. Die erste Hürde war genommen. Ich wollte meinen Vater allein abholen, um die Lage abzuklopfen, bevor ich ihn meinem Freund vorstellte. Wir kannten uns damals fast ein Jahr. Aber war unsere Liebe schon stark genug, um es mit Psychopathen-Urs, Leder-Manfred und Bondingmatten aufzunehmen?

Sicher hatte Jan von der Begegnung mit seinem zukünftigen Schwiegervater etwas anderes erwartet. Vielleicht, dass der danach fragte, wie es im Job lief oder wo die Eltern denn so wohnten. Ich glaube nicht, dass wir an diesem Nachmittag im »Café unter den Linden« über solche Dinge geredet haben. Weil Papa sich für Vordergründiges generell nicht besonders interessiert. Aber auch, weil er nach zwei großen Schalen Café au lait in Fahrt gekommen war und uns mit leuchtenden Augen von seinem »Volcano Vaporizer« berichtete, der nach seinen Ausführungen eben deshalb so wunderbar war, weil man sich lungenschonend volldröhnen konnte. Über dieses Gerät wusste ich inzwischen mehr als über jedes andere Detail im Leben meines Vaters, denn er redete so viel darüber wie Hundebesitzer über das Gassiverhalten ihrer Lieblinge. Aber in Jan hatte er einen neuen, sehr geduldigen und aufmerksamen Zuhörer gefunden. Einen, der sogar nachfragte, worauf Papa ausschweifend antwortete. Er war lustig und unterhaltsam, zu Wort kamen Jan und ich aber kaum. Doch ich war froh, dass wir nicht auf Gabrieles Tod zu sprechen kamen. Dann flossen meistens Tränen, und das wollte ich unbedingt vermeiden. Was ich nicht verhindern konnte: Zum Abschied überreichte Papa meinem neuen

Freund einen Brotbeutel voll mit selbst angebautem Gras – eine großzügige Geste, um seinen zukünftigen Schwiegersohn herzlich in unserer Familie willkommen zu heißen.

Nach dem Treffen war ich froh, dass alles ohne größere Katastrophen über die Bühne gegangen war. Trotzdem hatte ich das Gefühl, mich dafür entschuldigen zu müssen, dass Papa sich die klassischen Anstandsfragen einfach gespart hat und Jan kaum etwas von sich erzählen konnte. »Er hat sich vielleicht ein bisschen verloren in all den Geschichten, aber ich hab ihm gern zugehört«, sagte Jan auf dem Heimweg. Und ich war glücklich über so viel Toleranz – und den liebevollen Blick, mit dem er meinem Vater begegnete.

Wir hatten wohl einen guten Tag erwischt für unser Treffen. In den nächsten Tagen und Wochen wurde Papa immer verwirrter. Die Anrufe von irritierten Familienmitgliedern und Freunden häuften sich. Einmal tauchte er ohne Gepäck bei meinem Bruder auf, ohne zu wissen, wo er es gelassen hatte. Irgendwann fand man es dann am Bahnhof im Schließfach.

Paul und ich fingen an, uns Sorgen zu machen, fuhren zusammen nach Berlin, um nach dem Rechten zu sehen. Dort präsentierte er uns einen Stapel von Visitenkarten, die er in Praxen verteilen wollte, um Patienten zu akquirieren. »Einmal steh ich noch auf. Euer Vater greift noch mal an«, verkündete er. Wir hatten beide einen Kloß im Hals und konnten nichts sagen. Wie sollte er in seinem Zustand Patienten behandeln, wie in seiner chaotischen Wohnung eine Praxis einrichten? Als müsste er gegen die Aussichtslosigkeit anreden, wiederholte er immer wieder, wie er vorgehen wollte. Ich weiß nicht, ob er sich tatsächlich, wie er behauptete, in dieser Zeit in Praxen vorgestellt hat. Hoffentlich nicht. Wie eine gestresste Sprechstundenhilfe auf den kleinen Mann mit den großartigen Ideen reagiert hätte, kann ich mir lebhaft vorstellen. Ein unerträglicher Gedanke. Er trug damals drei bunte Pullover übereinander.

Wenn ich mich bei den Vätern meiner Freunde umsehe, entdecke ich kaum jemanden, der mit einem Bäume fällenden Perfektionsdad etwas gemein hat. Mir fallen dafür genügend andere Menschen um die dreißig ein, die am Wochenende nach Hause fahren, um Papa bei seiner Post zu helfen oder um seinen Keller zu entrümpeln, weil er nichts mehr tun will im Leben, als im Bett zu liegen und fernzusehen. Die Verantwortung übernehmen für ein Leben, das irgendwann aus der Bahn gelaufen ist. Oder das schon immer eine Aneinanderreihung von kleinen und großen Katastrophen war. Die bei einem Anruf des Vaters sofort in Alarmbereitschaft sind. Die Papa erklären müssen, warum er drei Jahre nach seinem Einzug in die neue Wohnung vielleicht mal die Kisten mit dem Geschirr auspacken sollte oder dass die Anschaffung eines neuen Mercedes kurz vorm Bankrott der eigenen Kanzlei auch nicht gerade die allerbeste Idee ist.

Als der Vater meiner Freundin und damaligen Mitbewohnerin Nina sie einmal in unserer Wohngemeinschaft besuchte, ließ er sich so volllaufen, dass er erst mal – nur mit dunkelrotem Bonsai-Slip bekleidet – in meinem Zimmer nach der Toilette suchte, sich später im Duschvorhang verhedderte und ihn mitsamt Aufhängung aus der Wand riss. Nina und ich verließen in dieser Nacht auf der Flucht vor dem torkelnden Familienoberhaupt die Wohnung und schliefen auswärts. Ihr Bruder, der auch am Familientreffen teilnahm, hatte sich in weiser Voraussicht gleich für den VW-Bus als Übernachtungsort entschieden, der vor der Tür parkte. Wer weiß, was dank Papa in seiner Wohnung schon alles zu Bruch gegangen war? Dass der Rest unseres Zuhauses den väterlichen Rausch unbeschadet überstehen würde, konnte man nur hoffen.

Was der Folgetag bewies: Es hat auf jeden Fall Vorteile, wenn man regelmäßig so abgefüllt ist, dass es aufs Erinnerungsvermögen schlägt. Denn als ich mich mittags zurück an den Ort des Geschehens traute, saß der Randalierer gut gelaunt, scheinbar katerfrei und ketterauchend in unserer Küche und mutmaßte darüber, was im Badezimmer passiert sein könnte. Wahrscheinlich, so seine Theorie, hatten die Hausbewohnerinnen die Duschstange eben nicht ordentlich befestigt. Warum, wollte er ernsthaft von uns wissen, hatten wir ihn nicht angerufen, um solche verantwortungsvollen Aufgaben an einen Mann zu übergeben, der sich mit so was auskennt?

Sosehr es mich auch ärgerte, dass der kleine Mann mit dem Kugelbauch und der großen Klappe mich morgens um vier aus der Wärme meines Bettes vertrieben hatte – man musste ihn trotzdem auf eine sonderbare Weise gernhaben. Was er auch genau wusste und schamlos ausnutzte.

Beim nächsten Besuch krachte er in ähnlichem Zustand die Treppe herunter und hätte beinahe das Terrarium mit Ninas Königspython mitgerissen. Nur ein geglücktes Ausweichen in letzter Sekunde verhinderte ein Zusammentreffen zwischen dem alkoholisierten Vater und dem unsympathischen Würger.

Aber Töchter verzeihen ihren Vätern eben fast alles. Obwohl es öfter mal solche Auftritte gab und dieser Vater für seine Kinder wohl mehr Enttäuschungen als Verlässlichkeit bereithielt, nahm Nina ihn bei sich zu Hause auf, als er ein paar Jahre später an Krebs erkrankte, und pflegte ihn, bis er in ihrem Wohnzimmer starb.

»Weißt du, eigentlich hätte ich gar keinen anderen Papa haben wollen als dich«, war das Letzte, was Nina zu ihm sagte. Ein paar Minuten später ist er für immer eingeschlafen. Wahrscheinlich lag dann ja doch nicht alles im Schnapsnebel, was er sich seiner Tochter gegenüber geleistet hatte. Und er konnte erst gehen, als er wusste, dass sie ihm vergeben hatte.

Obwohl auch für mich als Tochter nicht immer alles unfallfrei lief, wollte ich, wie Nina, nie einen anderen Vater haben als meinen. Ich bewundere ihn für seinen Mut, das

Leben richtig zu leben, in all seinen Facetten. Auch dafür, immer wieder aufzustehen und neu anzufangen. Im Gegensatz zu vielen meiner Freundinnen war ich mir seiner Zuneigung auch stets sicher.

Selbst bei solch weichenstellenden Events wie meiner Seepferdchen-Prüfung war er dabei. Sehr dankbar bin ich ihm und meiner Mutter dafür, dass sie meinen offensichtlichen Betrug bei diesem Test liebevoll ignorierten, denn ich schwamm gar nicht wirklich, sondern lief heimlich auf Zehenspitzen über den Beckengrund und imitierte bloß mit den Armen Schwimmbewegungen. Auch die Theateraufführung, bei der ich eine schizophrene französische Seniorin mit einem imaginären Hund spielte, verpasste er nicht. Meine an Besessenheit grenzende Zuneigung für Christian Schutt aus dem Feriencamp in Portugal oder das Blumenklauen mit meiner Freundin Josie im Nachbargarten, bei dem wir nachts von der Polizei gestellt und im Streifenwagen nach Hause gebracht wurden (wir waren damals gerade neun Jahre alt), allerdings schon. Natürlich hätte ich ihn gern öfter gesehen, aber um seine Liebe kämpfen musste ich nie. Wenn er mir auch noch nie bei einem Umzug geholfen oder mich nachts von einer Party abgeholt hat, war er trotzdem für mich da, wenn ich ihn brauchte.

Zu meinem großen Glück hat sich meine Mutter einen Partner gesucht, der, ganz ohne etwas dafür zu erwarten, den praktischen Teil der Vaterrolle übernahm, der bei Paul und mir sonst wohl auf der Strecke geblieben wäre: Olli. Ihm verdanke ich, dass ich heute einen Fahrradschlauch wechseln kann, ohne den kompletten Reifen auszubauen, beim Badminton eine zumindest im Anfängerkurs gefürchtete Vorhand entwickelte und einen Tauchschein besitze, den ich mir tief unter der Meeresoberfläche rechtmäßig erarbeitet habe. Olli strich auch mit mir mein Zimmer, nachdem ich eines Tages aus meiner Flower-Power-Phase erwachte wie aus einem schlimmen Albtraum und mich künstlerisch sehr zweifelhafte karminrote Graffiti-Blumenranken von jeder Wand anstrahlten. Wenn ich bei uns im Wohnzimmer Rapvideos drehte, übernahm er Kameraführung und Schnitt.

Großartig, so eine handfeste, bodenständige Art! Wenn mein Freund Jan heute Lampen anbringt, mit irgendwelchen Dingen, deren Verwendungszweck ich nicht kenne, lässig zwischen die Lippen geklemmt, oder den selbst gefangenen Fisch mit einem Profimesser filetiert, könnte ich vor Stolz platzen. Und so gehörten bei meinem ersten richtigen Redakteursjob bei einer Frauenzeitschrift auch nicht etwa die stylishen Mädels aus dem Moderessort zu meinen Lieblingskollegen. Sondern Kurt. Unser liebenswert väterlicher Chef vom Dienst, der kurz vor der Rente stand und genau wusste, welches Kettenspray für mein antikes Oma-Fahrrad das beste ist. Mich mit ihm über Profanes zu unterhalten, fand ich immer ungeheuer beruhigend. Papa war nie der Mann für solche Themen. Er kennt dafür jede Figur aus Kafkas Werk und wahrscheinlich sogar aus dem von Thomas Mann.

Als ich meine Freundin Tine noch nicht sehr lang kannte, habe ich gedacht, ihr Vater sei tot. Ich wusste, dass sie ein sehr enges Verhältnis zu ihrer Mutter hatte, doch von ihm sprach sie nie. Und ich scheute mich, sie zu fragen. Tatsächlich hat er sich so viele Jahre nicht bei seiner Tochter gemeldet, dass sie irgendwann beschlossen hat, nicht mehr traurig darüber zu sein.

Wenn es aus seiner Richtung doch mal was zu berichten gibt, dann ist das selten etwas, worüber man sich als Tochter besonders freuen würde. Als Tine BAföG für ihr Studium beantragen wollte, forderte das Amt eine Auskunft über die Vermögensverhältnisse des Vaters. Anstatt das Formular auszufüllen, setzte er ein hochemotionales Schreiben auf und schickte es an seine Tochter. »Wenn Du auf die Idee kommst, die Auskunft per Anwalt einzuholen, fahre ich mit dem Auto gegen einen Baum.« Die Drohung führte zum gewünschten

Ergebnis: Auch wenn Tine von ihrem Vater wohl in etwa so wenig hält wie der Wu-Tang-Clan von Rex Gildo (oder umgekehrt), so wollte sie natürlich trotzdem nicht für seinen Freitod verantwortlich sein und kellnerte von da an viermal pro Woche in einem grauenvollen Laden in Hamburg.

Dort haben wir uns auch kennengelernt. Und angesichts des Brunch-Buffets mit grüner Götterspeise, Fleischsalat und eingetrocknetem Senf, das wir dort sonntags um 7.30 Uhr auftürmen mussten, der bunten Krawatten, die wir zu tragen gezwungen wurden, und der Spätschichten, die meist nicht vor vier Uhr morgens endeten, kann ich sagen: Es war ein echt großes Opfer.

Immerhin konnte sie sich schon mal im Umgang mit alkoholisierten älteren Herren schulen, die nach dem achten Hefeweizen rührselig wurden und uns über die Bar hinweg ihr Herz ausschütteten – eine Erfahrung, die Tine auch bei ihrem Vater immer wieder gut würde gebrauchen können. »Ach, das hört sich ja schlimm an«, sagten wir meist gelangweilt. »Na ja. Darf es noch eins sein? Kurzer dazu?« Völlig ausgeliefert waren wir dem Elend dieser Typen vor allem dann, wenn wir direkt vor ihnen die Tropfgitter unter dem Zapfhahn polieren mussten. Denn das dauert endlos lange.

Jedenfalls: Auch wenn Tines Vater nicht ahnte, was seine Tochter seinetwegen auf sich nahm, fand er sie auf einmal wieder viel netter. Und immer wenn sein Pegel gegen Abend ansteigt und das eigene Versagen im Licht väterlicher Liebe und Aufopferung erscheinen lässt, spricht er Zuneigungsbekundungen auf ihre Mailbox, manchmal untermalt von Tränen. Hatte er seinen drei Töchtern früher noch vorgeworfen, durch ihre bloße Existenz sein Leben zerstört zu haben, weiß er die Befreiung von seiner Verantwortung anscheinend zu schätzen.

Konsequent war in Sachen »Schlussmachen mit dem Vater« meine Mutter. Als sie achtzehn war und gerade frisch mit Papa zusammen, beschloss sie, einmal den Mann zu besuchen, der ihrer Mutter regelmäßig Briefe mit Vorschlägen zur Streichung des Unterhalts fürs Kind schrieb und den sie noch nie im Leben gesehen hatte. Weil er Möbel verkauft hatte, die nicht existierten, war er ins Gefängnis gekommen, und meiner Oma war die Lust an einem weiteren Zusammenleben vergangen.

Jede Hoffnung auf eine verspätete Zusammenführung von Vater und Kind zerstörte mein Großvater, indem er sofort Mamas mit Yin und Yan bestickte Jeansjacke und ihre geliebten Schlaghosen gegen Bluse und Bundfaltenrock einzutauschen versuchte. Noch am Tag der Ankunft wollte er mit militärischer Strenge aus dieser unangepassten Tochter, die zu seinem Entsetzen auch noch per Anhalter angereist kam, eine machen, die sich besser ins Bild seines geklinkerten Reihenhauses einfügte. Lustig eigentlich, dass sich jemand, der wegen Betrugs eingesessen hat, anmaßt, mit irgendwelchen Verhaltensregeln missionieren zu gehen.

Die beiden haben sich jedenfalls nie wiedergesehen. »Ob mein Vater wohl noch lebt?«, hat Mama ein- oder zweimal gefragt, als wir im Wohnzimmer bei Kaffee und Kuchen zusammensaßen. »Ach, was soll's. Das würde jetzt ja auch nichts mehr ändern«, beendete sie das Thema dann schnell wieder.

Vielleicht kommt es mir nur deshalb so vor, dass die Welt voller schräger Vaterfiguren ist, weil es über die am meisten zu erzählen gibt. Läuft alles problemlos und harmonisch vor sich hin, bleibt eben nicht viel zu sagen. Da wird höchstens mal erwähnt, dass Papa noch die Regale in der neuen Wohnung anbringen will oder am Wochenende vorbeikommt, um irgendwas Kniffliges an der Vespa zu reparieren. Wenn ich darüber nachdenke, fällt mir auf, dass ich von den Eltern einiger Bekannter kaum etwas weiß. Hier vermute ich natürlich sofort die perfekte Idylle. Gut sortierter Werkzeugkeller! Selbst gebackener Sonntagsapfelkuchen! Gerahmte Familienfotos! Wetten?

Ich führe selten ein längeres Gespräch mit einem meiner engen Freunde, in dem es nicht um Papa geht. »Was gibt es Neues von Gert?«, ist eine so selbstverständliche Frage geworden wie: »Bist du glücklich mit Jan?« oder: »Wie geht es dir?«.

Besonders die Freunde, die meinen Vater mal getroffen haben, sorgen sich mit mir um ihn. Weil er für alles und jeden ungeheucheltes Verständnis hat, unendlich viel weiß, er niemand ist, den man so schnell wieder vergisst. Außerdem zieht er auch schon mal eine »Grandmaster Flash«-Vinyl aus dem Regal, um sie gleich an den weiterzuverschenken, dessen Augen am meisten leuchten. »Dein Vater ist der Hammer«, habe ich schon öfter Leute sagen hören. Was andere da so hammermäßig finden, sind natürlich auch die Dinge, die einen als Tochter schier in den Wahnsinn treiben: die Grow Box im Schlafzimmer, die Spazierfahrten in die Hasenheide. Klar, so was machen andere Väter nicht. Es kann einen aber nur dann begeistern, wenn es nicht der eigene Vater ist, der solche Hobbys pflegt. Mich beeindrucken väterliche Tipps zum Ölwechsel oder zur Mietminderung bei Baulärm.

Als ich Papa vor seinem Delirium mal in Berlin besuchte, traf ich im Zug zufällig meine Freundin Sara, und wir redeten auf der Fahrt über ihren Vater, einen Lehrer, der regelmäßig zur Eigentümerversammlung in Hannover geht und im Orchester spielt. Und über meinen. Am Bahnsteig stand dann ein leicht ergrauter Herr in einer Windjacke von North Face, schwarzen Lederschuhen und Hornbrille. »Das ist dein Vater?«, fragte Sara ungläubig. »Entschuldige, aber der sieht ja ganz normal aus, so solide.« Gleich regte sich wieder mein schlechtes Gewissen. Hatte ich übertrieben? Nein, hatte ich nicht, noch nicht mal die besten Schoten erzählt.

Papa hat viel Übung darin, die perfekte Fassade aufrechtzuerhalten. Er bewies immer ein schier unglaubliches Talent, im Alltag zu funktionieren und seine Krankheit vor der Außenwelt geheim zu halten. Wie sonst hätte er jahrelang als Süchtiger seine Praxis weiterführen können, mit Patienten, die ihn bis heute als besten Allgemeinmediziner weit und breit loben? Wie es ihm tatsächlich ging, ahnte wohl nur die Putzfrau, die ihn manchmal bewusstlos in der Personaltoilette fand und dann meine Stiefmutter Mette anrief, damit sie den angeschlagenen Doktor unauffällig aus den Praxisräumen entfernte.

Vor Kurzem lief auf 3sat abends die Wiederholung eines Schweizer Dokumentarfilms. Bei »Beyond the Place« erwartete ich so was wie einen Abenteuerbericht übers Backpacking in Patagonien. Und lag damit gar nicht so verkehrt. An diesem vermeintlich ereignislosen Abend wurde ich Zeuge, wie der Erzähler Kaleo La Belle versucht, sich bei einer Fahrradtour durch den Nordwesten der USA seinem Hippievater anzunähern. Das ehemalige Oberhaupt einer auf Maui angesiedelten Aussteigerenklave hört auf den Namen Cloud Rock (Wer, bitte, regt sich da noch über Sean-Torsten oder Kevin-Alfalfa auf?) Seine Vorliebe für bekloppte Vornamen hat er ganz offensichtlich an seinem unschuldigen Sohn ausgelassen. »Ganja« wurde das arme Kind genannt, nach der indischen Bezeichnung für den Lebensmittelpunkt seiner Eltern: Marihuana. Ausgerechnet! Lysergsäurediethylamid wäre ja eigentlich auch hübsch gewesen für einen Jungen, aber egal. Der Kleine hörte jedenfalls so lang auf diesen unmöglichen Namen, bis bei seiner Mutter die Wirkung bewusstseinsverändernder Substanzen so weit nachgelassen hatte, dass sie ihn mit drei Jahren umbenennen ließ. Und mir bleibt nichts, als zu hoffen, dass Kaleo, wie er jetzt heißt, kein indianisches Wort für einen spitzkegeligen Kahlkopf oder einen anderen psilocybinhaltigen Pilz ist. »Ich bin seit vierzig Jahren stoned«, erzählt der Vater im Film stolz seinem Sohn, den er seit siebzehn Jahren nicht gesehen hat. Statt auf die Frage einzugehen, warum er nie den Kontakt zu ihm gesucht hat, referiert er über die positiven Effekte von LSD auf die persönliche Entwicklung – besonders auch bei Jugendlichen.

Ja, so was gibt es auch. Väter, die ihren Fehlern völlig unkritisch gegenüberstehen. Selbst schuld, wenn der Sohn so lange nicht zu Besuch kommt, wusste der doch genau, wo sich der alte Herr herumtrieb, hätte sich doch einfach mal melden können! Was Cloud Rock beweist: Leider ist es nicht unbedingt so, als würden sich alle werdenden Eltern schon auf dem Weg in den Kreißsaal automatisch in aufopferungsvolle, verantwortungsbewusste Menschen verwandeln. Ich kann mir nicht vorstellen, dass irgendjemand Kinder bekommt, um das Fortbestehen unserer Spezies zu sichern oder weil er nur an das Glück des Nachwuchses denkt. Man hofft, dass der kleine Mensch mit dem Bobbycar dem eigenen Leben mehr Sinn gibt. Oder möchte im Alter nicht allein sein. Und Cloud Rock, der ist wohl einfach so voller Selbstliebe, dass er es als pure Verschwendung gesehen hätte, seine Spermien verkommen zu lassen.

Weil all diese Gründe egoistisch sind, wundert es mich auch gar nicht, dass Eltern sich nicht immer vorbildlich verhalten. Man bleibt ja im Kern der, der man ist, auch wenn im früheren Bügel- und Arbeitszimmer plötzlich ein Wesen wohnt, das einem ähnlich sieht. Um Eltern zu werden, muss man erst mal nicht viel draufhaben. Es gibt dabei so unterschiedliche Exemplare wie Menschen. Man kann Glück haben oder Pech. Manche behaupten auch, die Kinder würden sich Mutter und Vater selbst aussuchen. Auch von meinem Vater kenne ich die Theorie mit den gecasteten Eltern, ist wohl so ein 68er-Ding. In meinem Fall fand ich das Bild von einem Baby, das über ein Häusermeer hinwegfliegt, suchend nach dem perfekten Paar für einen Landeanflug, und dann in der Wohnung mit den indischen Teppichen an den Wänden runtergeht, irgendwie romantisch. Aber das sollte man mal einer der Tochter von dem Zwiebelmett-Typen im weißen Rippenhemd erzählen. Was für eine bodenlose Gemeinheit!

Natürlich habe ich die DVD des Films sofort an Papa

weitergegeben. Nicht, um Parallelen aufzuzeigen, denn ich hatte keine gefunden, sondern um ihm zu sagen: Es hätte viel schlimmer kommen können! Mein Vater hat nie behauptet, alles richtig gemacht zu haben. Wegen seiner körperlichen und geistigen Abwesenheit plagt er sich noch immer ständig mit Vorwürfen. Wenn ich ihm zu erklären versuche, dass doch trotzdem für uns Kinder irgendwie alles okay war, dann sagt er Dinge wie: »Lara, an die schlimmsten Verletzungen kann man sich oft gar nicht bewusst erinnern, das sitzt zu tief.« Was sich für mich irgendwie übertrieben dramatisch anhört. Trotzdem: Angesichts der Umstände haben meine Eltern das alles doch gut hinbekommen. Gerade wenn man bedenkt, dass sie in einem Alter Eltern wurden, in dem sich heute viele gerade mal für ein Studienfach entscheiden. Wie sehr Papa sich aber immer mit seinem schlechten Gewissen rumgequält hat, zeigen seine Briefe, die ich in einer großen blauen Kiste in meinem Wohnzimmer aufbewahre. Hingewischt in seiner nach rechts kippenden, unleserlichen Ärzteschrift.

> *»Noch fünf Tage, dann bist Du 14. Mir wird daran so deutlich, wie viel Zeit einfach vergangen ist, ohne dass ich besonders wach und aufmerksam war. Das macht mich traurig. Gestern haben Gabriele und ich ein befreundetes Ehepaar aus den AA-Gruppen besucht, das bei Rosenheim wohnt und ein neugeborenes Baby hat. Ich kann mich noch gut daran erinnern, als Du so klein warst, und was für gute Vorsätze ich hatte. Und dann bin ich immer mehr in meine Abhängigkeit geraten. Heute bin ich clean, aber viel besser ist es sonst auch noch nicht.«*

Richtig viel anfangen konnte ich mit den Selbstvorwürfen meines Vaters eigentlich nie. Weil sie nicht mit meinem Gefühl zusammenpassten. Wenn Paare sich trennen, wohnen sie sinnvollerweise eben nicht mehr zusammen, warum kriegt nur der die ganze Schuld, der auszieht? Klar, an meiner Mutter blieben die ölverschmierten Motorteile hängen, die mein Bruder und seine »Kollegen« aus dem Vespa-Club überall im Haus verstreuten. Tägliches Zubereiten von Pausenbroten mit möglichst ausgewogenen Zutaten. Nähen von Faschingskostümen. Ein Badezimmer, zu dem man in Zeiten jugendlicher Selbstfindungsphasen der Kinder und den damit einhergehenden Hautunreinheiten stundenlang keinen Zutritt bekam. Zahllose Urlaubsreisen mit den bockigen Schützlingen, die lieber nach Spanien wollten als nach Spiekeroog. Aber der, der all das verpasst, vermisst vielleicht gerade diese Dinge. Ich glaube jedenfalls nicht, dass mein Vater nach der Trennung meiner Eltern mit zum Himmel gestreckten Armen aus der gemeinsamen Wohnung gefedert ist, voller seliger Freude, seine beiden flachsblonden Kinder endlich los zu sein.

Geben und nehmen

Lydia

Es gibt zahlreiche Studien, die belegen, dass Töchter, die sich mit ihren Vätern gut verstanden haben, »seltener Drogen nehmen und weniger häufig an Essstörungen leiden als der Durchschnitt«. Ich habe mich mit meinem Vater nie schlecht verstanden. Habe trotzdem einen gesunden Hang zum Alkohol und denke jeden Morgen als Zweites an mein Wunschgewicht. Ich muss irgendwie komplett aus der Norm fallen, denn je mehr Studien ich über die offenbar umfassend erforschte Vater-Tochter-Beziehung lese, desto weniger finde ich mich dort wieder. Als Kind gab es sicherlich mal die eine oder andere Konfrontation zwischen meinem Vater und mir, was daran lag, dass Papi bei uns in der Familie die »harte Hand« war. Aber als Jugendliche oder Erwachsene erinnere ich nicht einen Streit. Vielleicht war es damals ein Vorteil, dass sich mein Vater nicht in mein Leben eingemischt hat. Böse ausgedrückt könnte man sagen, dass er sich lieber mit seinem eigenen Kram beschäftigen wollte statt mit meiner Schullaufbahn, Berufswahl oder meiner jeweiligen Liebschaft.

Eine andere dieser Studien erläutert die Erkenntnis, dass eine innige Vater-Tochter-Beziehung sogar einen nennenswert positiven Einfluss auf die Schulnoten in Mathe und anderen Naturwissenschaften haben soll. Ich hatte in Mathe eine Fünf, so lange ich denken kann. Und ich fand Rechnen schon in der Grundschule blöd. Aber dass meine mangelhafte Fähigkeit, mit Zahlen zu jonglieren, von einer losen Bindung zu meinem Vater rührt – ich weiß nicht. Es liegt wohl eher daran, dass niemand (mein Vater eingeschlossen) von uns in der Familie die hohe Kunst der Mathematik beherrschte. Außer meiner Halbschwester. Wobei die tatsächlich einen anderen Vater hatte, der wiederum ein Mathe-Ass war. Unglücklicherweise hatte ich denselben Mathe-Lehrer wie sie, der mir in der Oberstufe ganz unverblümt sagte: »Schade, dass die Logik komplett an Ihre Schwester gegangen ist. Setzen Sie sich doch nach hinten, da können Sie besser schlafen.«

Bis heute verfolgen mich Träume von miefigen Klassenräumen und bevorstehenden Mathe-Arbeiten. Und mit Stolz kann ich heute wiederholen, was ich meiner unpädagogischen Lehrkraft damals nach bestandenem Abitur erklärt habe: »Ich werde so einen Quatsch mit Wurzelziehen, Quadratrechnung oder Alphabestimmung nie brauchen.« Und tatsächlich hat man mich bei der Auswahl der angeblich mehr als 3000 Bewerber auf einer angesehenen Journalistenschule nicht gefragt, was die Wurzel aus 225 ist. Zum Glück muss ich sagen. Dass aber nun ausgerechnet mein Vater an meiner Zahlenphobie schuld sein soll – wenn er für irgendwas in meiner Persönlichkeitsentwicklung bestimmt nicht verantwortlich ist, dann dafür.

Was ich hingegen mit absoluter Sicherheit, neben meiner Mutter, meinem Vater zu verdanken habe, ist eine ausgefeilte Esskultur. Mit seiner früher oft ungeduldigen, strengen Art hat er mich zum besten Geradesitzer, Nichtschmatzer, Besteckversteher, Serviettenbenutzer, Nicht-Guten-Appetit-Sager und Mit-Leerem-Mund-Sprecher der Stadt gemacht. »Gutes Benehmen ist wichtig«, sagte er früher bei Tisch immer und immer wieder. Und ja, ich kann ihm heute nur zustimmen. Oft genug sitze ich mit Menschen beim Essen und bin schockiert. Wenn der linke Arm über dem Fußboden pendelt, Messer abgeleckt, Servietten ignoriert und Löffel lautstark ausgesaugt werden, vergeht mir jeder Appetit. Und auf der Suche nach dem Mann fürs Leben auch das eine oder andere Mal das Interesse an meinem Gegenüber, wenn Vorstellungen des Essenfassens hörbar auseinandergingen. Über viele Jahre hinweg habe ich deshalb konsequent Abendessen-Dates abgelehnt und »Wir können doch einfach was trinken gehen« vorgeschlagen. Egal, ob der künftige Prinz bei der ersten Verabredung mit geblümtem Kurzarmhemd kam oder sich einen sonnengelben Wollpulli über das Poloshirt geworfen hatte – jeder bekam eine zweite Chance. Aber nicht am Tisch. Null Toleranz war meine unfreiwillige Devise, die sich über das jahrelange Trainingscamp am heimischen Esstisch in meinem Kopf festgesetzt hatte.

Genau wie schlechte Manieren schloss mein Vater auch einige Worte aus unserem Familienleben aus. »Quatsch« war so eins. Und wann immer ich es benutzte, hieß es: »Quatsch sagt man nicht!« Ein Unwort. Unhöflich. Und hässlich. Genau wie »Klo«. Selbst jetzt beim Schreiben finde ich es unangenehm. Also sagte ich stets »Toilette«, noch heute. Und wann immer jemand »Klo« sagt, was sehr häufig vorkommt, zuckt es irgendwo in mir. »Ein Unwort«, denke ich dann jedes Mal. Und höre noch immer die Betonung im Ohr, wie mein Vater die erste Silbe von »Unwort« verstärkte und hinten das r von »Wort« im Rachen rollen ließ.

Bedauerlicherweise erinnert mein Vater heute weder irgendwelche Tischmanieren noch das »schönere« Wort für »Klo«. Es ist alles weg, als hätte er davon nie gehört. Wobei es mir eigentlich egal ist, wie er nun das stille Örtchen nennt. Weniger allerdings, wenn beim Essen alles im wahrsten Sinne danebengeht, zumindest wenn ich ihm gegenübersitze. Der Arzt, der bei meinem Vater eine beginnende Altersdemenz diagnostiziert hat, meint, dass die Krankheit jede Form der Selbstaufgabe hervorruft. Aber ich weiß, dass Papi schon vor Jahren jede Regel, die er mir bei Tisch eingetrichtert hatte, ignorierte. Er rechtfertigt sich damit, dass

»diese Art zu essen« das Ergebnis sei, wenn man zu lange alleine is(s)t. Auf der Rückseite eines Busses des öffentlichen Nahverkehrs las ich letztens: »Einsamkeit macht hemmungslos!« Traurig, aber wahr.

Aber da ich als Kind durchlebt hatte, wie effektiv es sein kann, einem Menschen über Jahre hinweg etwas immer und immer wieder nahezulegen, war ich lange der Meinung, dass ich die gediegene Esskultur bei meinem Vater reanimieren könnte. Also korrigierte ich ihn immer wieder. Mal freundlich, mal weniger freundlich. Gegen die Überzeugung anderer Familienmitglieder, dass ich ihn nicht mehr ändern werde. Manchmal hatte ich den Eindruck, er würde so demonstrativ mit vollem Mund sprechen, um mich zu provozieren. Erst als der Arzt mir vor kurzer Zeit mitteilte, dass ein eher kindliches Tischbenehmen eine Begleiterscheinung der Demenz sei, ließ ich von meinem Erziehungsgedanken ab. Ich gab auf. Mein Vater hingegen hatte sein Ziel erreicht. Die Erziehung bei seiner Tochter hatte gefruchtet und war fest verankert.

Manchmal würde ich mir wünschen, dass ich etwas lockerer über Menschen mit anderen Gewohnheiten wegsehen kann. Aber es geht einfach nicht. Es sei denn, das Abendessen ist in einem fernen Land, wo Messer und Gabel als Beleidigungen gesehen werden. Obwohl auch da meine Toleranz offenbar begrenzt ist: Bei meinem Lieblingsasiaten etwa gibt es einen Koch, der nicht normal geht, sondern lautstark seine Füße über den Boden schleift. »Füße hoch«, hatte Papi mich früher immer und immer wieder kurz und zackig ermahnt. Und ich muss ehrlich sagen, es macht mich nervös, wenn jemand vor oder hinter mir auf der Straße geht und ein schlurfendes Geräusch verursacht. Und wenn ich entspannt ein Thai-Curry an meinem Stammplatz am Fenster bei dem besagten Asiaten esse und der Koch kommt aus der Küche in das Restaurant, geht es in meinem Unterbewusstsein los. »Jetzt nimm doch mal die Füße hoch, das gibt es doch nicht«, legt die Ordnungsdienst-Stimme in mir richtig schön spießig los. Abgesehen davon geht es sich auch viel besser, wenn man die Füße anhebt, denke ich. Und während ich dem kleinen alten Mann aus Thailand strafend ins Gesicht blicke, lächelt er mich an. Ich lächle zurück und frage mich, ob ich keine anderen Sorgen habe, als unschuldigen Asiaten meinen Gang aufzudrängen. So tief also sitzt die Erziehung.

Während gutes Benehmen und ein gepflegter Wortschatz ja nicht gerade das Schlechteste sind, was ein Vater einem vermitteln kann, gibt es da auch den einen oder anderen Haschmich, den ich auf meinen Vater zurückführe.

Die manchmal recht kostenintensiven geschäftlichen Erfahrungen meines Vaters hatten vermutlich zur Folge, dass ich früh eine geradezu anhängliche Einstellung gegenüber Geld entwickelte. In der Pubertät suchte ich mir mindestens zwei Nebenjobs, kellnerte auf Hochzeiten und Firmenfeiern, lieferte Essen an Filmsets mit vielen unbekannten Soap-Darstellern, sortierte Klamotten in Bekleidungsketten, wo eine Chefin mehr Haarspray im toupierten Pony hatte als die andere, ich verkaufte den besten Streuselkuchen der Stadt in einem Café in Eppendorf, mixte Drinks in angesagten Bars. Es war ein gutes Gefühl, mein eigenes Geld zu verdienen. Und am liebsten zu behalten. Je älter ich wurde und je mehr sich die finanzielle Situation meines Vaters zuspitzte, desto intensiver wurde die Bindung zwischen meinen Moneten und mir. Es ist bis heute keine innige Liebesbeziehung, eher eine Zweckgemeinschaft, aber ich bin immer beruhigt, wenn ich weiß, die Zahl auf dem Konzoauszug ist schwarz. »Reich bist du, wenn du immer 'ne Mark mehr hast als du brauchst«, hat die Großmutter meines Mannes zu ihm gesagt, als er noch ein Kind war. Recht hat sie. Und nicht selten amüsiert mich diese hysterische Konsumgesellschaft, die erwachsene Menschen in gewissen Stadtteilen dazu bringt, vom Wildlederstiefel bis zur Echtfellkragen-Jacke in von Marken diktierter Uniform rumzulaufen.

Bevor ich aber für 900 Euro eine Winterjacke kaufe, die dann gerade angesagt ist, tue ich mich schwer, Geld »nur« als Tauschmittel zu sehen, wie mein Mann mir oft versucht zu erklären. Außer im Supermarkt brauche ich für jede Neuanschaffung eine kleine Ewigkeit. Meist begutachte ich das Objekt meiner Begierde mehrere Tage im Laden, um mir beim Rausgehen in Gedanken selber zu erklären, dass ich nun wirklich keine sechste Strickjacke brauche. Dass ich das Geld sinnvoller ausgeben könnte. Ach was, dass ich das Geld lieber gar nicht ausgeben sollte. Wer weiß, was noch kommt. Oder was mein Vater noch braucht. Parallel schaue ich aber sicherheitshalber im Internet, ob es die Wolljacke nicht vielleicht online günstiger gibt. Oft ist das so, aber dann kommt mir der Gedanke, dass ich lieber bald noch mal in den Laden gucken sollte, es könnte ja sein, dass die Jacke inzwischen heruntergesetzt ist. Ist sie nicht. Sie ist verkauft. Und anstatt mich groß zu ärgern, bin ich froh. Darüber, dass mir die Entscheidung für oder gegen die Klamotte abgenommen wurde.

Komischerweise bezieht sich die Überwindung, Geld auszugeben, nicht auf Besorgungen für andere Menschen. Bei Geschenken etwa ist mir der Preis oft egal. Wenn ich davon überzeugt bin, dass der Pulli für meinen Mann aus Kaschmir sein sollte und deshalb 200 Euro kostet – fein. Als würde ich im Moment des Verschenkens die Kosten mit abgeben. Eine schnelle Entscheidung gibt es trotzdem selten, und vergleichen kostet Zeit und Muße und ist, wie ich oft feststellte, ein Stimmungstöter. Mein Mann Ben hat etwa überhaupt keine Lust, im Urlaub erst drei, vier Speisekarten von Restaurants abzulaufen, damit wir nicht – schlau, wie ich zu sein glaube – in einem Touri-Abzock-Tempel landen. Ben sagt dann, er sitze nicht jeden Tag zwölf Stunden im Büro, um sich jetzt wegen fünf Euro ein Loch in den Bauch zu laufen. Doch damit nicht genug. Oft erwische ich mich dabei, wie ich beim Kauen der Nudel – die sich meiner Meinung nach für 14 Euro mit viel zu wenigen anderen Nudeln den schlichten Teller teilt – überlege, dass ich nachher im Internet nach ein paar guten und weniger überteuerten Restaurants im Ort suche, damit ich ihm am nächsten Abend gleich einen tollen Vorschlag unterbreiten kann.

Mein Mann sagt in solchen Situationen gern, dass er mich einlädt. Aber seitdem wir verheiratet sind, sehe ich nicht sein Geld und mein Geld, ich sehe unseres. Und ob die überteuerte Pasta aus seinem oder meinem Geldbeutel gezahlt wird, ist mir und meinem kranken Bindungsdrang zur Kohle völlig gleich. »Das Geld ist doch nicht weg, Lydchen, das haben jetzt nur andere«, meint er häufig, um mich zum Lachen zu bringen. Immer wieder hat Ben versucht, mir zu erklären, dass ich mein Leben genießen soll. Und dass mein schlechtes Gewissen beim Kauf nicht wirklich lebenswichtiger H-&-M-Klamotten niemandem hilft. Auch nicht meinem Vater.

Aber ich habe über zu viele Jahre in so vielen Broschüren über die Pflegekosten älterer Menschen gelesen, über die Unterhaltspflicht der Kinder gegenüber ihren Eltern und mit Angst darauf gewartet, was mal mit Papi wird. Jetzt, wo die Situation da ist, überraschen mich immer wieder irgendwelche Zahlungen, die zwar nicht zwangsläufig ich übernehmen muss, es aber oft genug doch auf mich zurückfällt. Letztlich zahle ich nicht die horrende Telefonrechnung, aber ich gleiche sein Konto aus, da die unzähligen Gespräche auf die Handys seiner Freunde in Spanien es ins Minus gezogen haben.

Papis Misserfolge in den letzten Jahren seines Geschäftslebens haben mir verdeutlicht, welche Konsequenzen Fehlentscheidungen haben können. Dementsprechend schwer fällt es mir, ein neues Auto zu kaufen oder andere Investitionen zu tätigen. Unabhängig vom Geld zieht sich diese Unentschlossenheit weiter, etwa bei der Wahl eines Krankenhauses für die Geburt meiner Tochter. Oder bei der Buchung eines Ferienhauses. Bevor ich eine private Entscheidung treffe, muss ich über jede Veränderung in meinem Leben am liebsten drei Meinungen einholen. Oder fünf Onlineanbieter vergleichen. Das kostet mindestens so viel Zeit wie die Suche nach der günstigeren Strickjacke. Und wenn ich mir überlege, wie viele Stunden oder auch Tage ich damit verbracht habe, mich beispielsweise beim Kauf meines Hochzeitskleids zu entscheiden … Irre! Ich habe etwa fünfundvierzig Kleider anprobiert. Über einen Zeitraum von elf Monaten! Dafür habe ich rund dreißig Geschäfte in drei Bundesländern angefahren. Um am Ende das zu kaufen, welches ich als ALLERERSTES anprobiert hatte. Nur im Job macht es mir komischerweise Spaß, Entscheidungen zu treffen. Es fühlt sich gut an, Dinge abzuhaken, voranzukommen. Doch dieser Enthusiasmus endet beim Verlassen des Büros.

Man sollte viel mehr auf sein Bauchgefühl hören, heißt es immer so locker. Vor wenigen Tagen titelte der *Stern* mit dem Thema »Leben statt planen. Ein Plädoyer für mehr Lust, Lässigkeit, Abenteuer und Gefühl«. Das Thema sprach mir aus der Seele, da ich seit Jahren das starke Gefühl habe, dass ich mehr damit beschäftigt bin, meine Zukunft zu organisieren, als die Gegenwart zu leben. Meine Karriere zu planen als den vielleicht ja schon täglichen Erfolg zu genießen. Und meine Altersvorsorge zu ordnen, ohne das Jetzt auszuschöpfen. Albert Einstein sagte: »Ich denke nie an die Zukunft – sie kommt früh genug.« Ein schöner Satz, den ich gern übernehmen würde. Er klingt locker, unbeschwert und lebensbejahend. Und erinnert mich ausgerechnet an meinen Vater, der sich nie große Gedanken gemacht hat, was wohl noch kommt oder auch nicht kommt. Er hat immer von heute auf morgen gelebt, so scheint es mir jedenfalls. Eigentlich hätte ich auch gern diese Gelassenheit, dieses Gottvertrauen in das Leben an sich. Diese gewisse Gleichgültigkeit und Risikobereitschaft, dass auch mal etwas schiefgehen darf. Nur ein bisschen mehr jenes Laisser-faire – von dem mein Vater zu viel hatte.

Selbst jetzt, als es hart auf hart kam, als Papi ohne alles dastand, hatte ich nicht ein einziges Mal das Gefühl, dass er nervös ist. Oder Angst spürt. Die einzige Angst, von der mein Vater mal erzählt hat, war vor körperlichen Schmerzen, als er mit dreißig von seinem peruanischen Lipizzanerhengst in den Hintern gebissen wurde. »Das waren Schmerzen, Lydia, das kannst du dir nicht vorstellen«, erzählt er immer mal wieder und verzieht dabei das Gesicht, als täte es heute, fünfzig Jahre später, noch weh.

Als ich in Elternzeit ging, wurde ich darauf aufmerksam gemacht, dass ich mein privates Versorgungswerk und eventuell andere laufende Rentenversicherungen runterstufen könnte, da ich nun Elterngeld und kein volles Gehalt mehr beziehen würde. Als ich einen Überblick über meine Vorsorgesituation hatte, hätte ich eigentlich erleichtert sein müssen. Ich habe fünf zusätzliche Rentenversicherungen. Ich werde mir definitiv sehr teure Hobbys suchen müssen als Seniorin, bei dem ganzen Geld, das ich dann ausgezahlt bekomme. Spätestens mit Mitte sechzig bin ich eine verdammt gute Partie. Doch es machte wieder deutlich, wie sich mein Leben um die Planung dreht, die in mehr als dreißig Jahren mein Alltag sein soll. Drei Jahrzehnte fern von heute. Ich ärgere mich, dass ich jeden Monat so viel in Anlagen investiere, von denen einige mir alle paar Wochen in den Medien als unsicher beschrieben werden. Doch ich zahle trotzdem alles weiter, weil ich ja bei Papi sehe, wie es ohne jede Form von Absicherung läuft. Und schlichtweg zu ängstlich bin, eines der Vorsorgeangebote zu kündigen.

Mein Vater hat nie mitbekommen, wie sehr mich seine Lebensart geprägt hat. Es ist wohl eine Art unfreiwillige Erziehungsmaßnahme, denn ich bin sicher, Papi hätte bestimmt nicht gewollt, dass seine Tochter unter einem übertriebenen Sicherheitsbedürfnis leidet.

Als mein Vater bereits ein paar Monate wieder in Deutschland lebte, fand ich einen Notizzettel auf seinem

Schreibtisch, der mich überraschte. Es waren Zukunftsplanungen, wie ich sie von ihm noch nie gesehen beziehungsweise gehört hatte. Das Thema der Planung hatte mein Vater »Leben« genannt und unterstrichen. Unter Punkt eins stand: »Alter jetzt 79«. Punkt zwei: »Restlaufzeit maximal 10 Jahre ~ 89«. Punkt drei: »Partnerin suchen by chance hier!«

Mich rührten die Sätze und machten mich gleichzeitig traurig. Ich stellte mir vor, wie er an seinem großen Eichenschreibtisch saß und sich seine »Restlaufzeit« überlegte. Wie er demnach darüber nachdachte, was er in seinem Leben noch will. Und dass er sich tatsächlich doch noch eine neue Partnerin wünscht. Meines Wissens hatte mein Vater seit der Trennung von meiner Mutter nie wieder eine Frau an seiner Seite. Er hatte wohl Verehrerinnen, das erzählte er mir manchmal, wenn ich ihn auf der Insel besuchte, aber mein Vater konnte die Gefühle nie erwidern. Egal, wie nett und adrett und wohlhabend die jeweiligen Damen auch waren, sein Fazit war immer dasselbe: »Eine ganz reizende Frau. Aber auf Dauer zu nervig.«

Er wollte sich nichts mehr sagen lassen. Er wollte sich nicht mehr ändern. Er wollte sich keine Mühe mehr geben. »Da sitze ich lieber mit Tito abends zusammen. Der quasselt mich wenigstens nicht so voll«, erklärte er, wenn wir mal wieder nach einem wunderbaren Abendessen von einer seiner »guten Bekannten« nach Hause kamen und ich nicht wusste, was ich besser fand: das Essen, das Haus oder die ältere Dame. In einer Partnerin für meinen Vater sah ich durchaus egoistische Vorzüge: Er würde nicht immer mich bei jeder Frage, die ihm in den Kopf kam anrufen, sondern seine Liebste löchern. Und mein Vater hatte, als er wieder in Deutschland war, viele Fragen. Wie lange wohl ein Brief von hier nach Berlin brauche. Oder ob er 100 oder 200 Visitenkarten bestellen soll. Oder ob ich nicht vielleicht wisse, wo das Eichhörnchen, das bei ihm täglich vor dem Fenster die

Eiche hochhuscht, wohnt. Eine Partnerin für meinen Vater würde sich bestimmt auch darum kümmern, seine Bundfaltenhose zu bügeln und seine Brillengläser regelmäßig zu reinigen. Sie würde bei Creme-Firmen anrufen und den aktuellen Algenbestand abfragen und ihn zum Arzt begleiten und vielleicht weniger unangenehme Situationen durchleben als ich beim Termin mit Vaterns Urologen.

Schon die Atmosphäre im Wartezimmer war wie gemacht für Loriot. Elf Männer älter als sechzig saßen auf Stühlen im Kreis und wirkten so, als müssten sie dringend auf die Toilette. Es herrschte eine im wahrsten Sinne unterdrückte Anspannung im Raum. Ein jüngerer Mann, der wie ich wohl Begleiter seines Vaters war, füllte einen Info-Bogen für den Arzt aus, der offenbar den Zustand der Beschwerden seines Vaters offenlegen sollte. »Papa, Tröpfchen oder Strahl?«, fragte er laut. »Wie bitte?«, fragte der Vater irritiert zurück. »Die wollen wissen, ob du eher in Tropfen machst oder am Strahl«, erklärte er etwas geniert seine Nachfrage. Da platzte dem alten Herrn der Kragen: »Ich will dir mal was sagen, mein Junge. Bei mir ist alles in Ordnung. Der Termin hier ist nur Routine. Alles läuft genau so, wie es laufen soll, da sei dir mal sicher.« Der Herr griff energisch nach einer Zeitschrift und empfand die Situation als beendet. Sein Sohn schüttelte nur lächelnd den Kopf, legte das Papier weg und nahm sich ebenfalls etwas zu lesen. Und ich hoffte, dass mein Vater diese Szene unkommentiert ließ, reagierte nicht auf sein beginnendes Gelächter und guckte angestrengt in die andere Richtung. Der Aufruf der Arzthelferin rettete die Situation, doch die Show der altersbedingten Durchlässigkeit ging gerade erst los. Genau wie der Senior im Wartezimmer erklärte mein Vater gegenüber dem Arzt bei jeder Frage, dass es keinerlei Probleme gebe, seine fußballgroße Prostata sich wie von Geisterhand zurückgebildet habe und er weder Urinflasche AM Bett noch Schutzeinlagen IM Bett brauche. Und der Arzt? Der fand das super.

Und wollte ihn nach dieser fünfzehnminütigen Märchenstunde ohne die seit Jahren notwendigen Tabletten nach Hause schicken. »Entschuldigen Sie, aber ich muss jetzt doch noch mal etwas zur Wirklichkeit sagen«, warf ich ein, als mein Vater bereits aufgestanden und der Mann vom Fach sichtlich überrascht war, dass die Version meines Vaters vielleicht doch nicht ganz korrekt war. Ich begann aufzuzählen, wie oft etwas danebengeht und was mir die Frauen von Papis Pflegedienst berichtet hatten. Und ich fragte meinen Vater, ob wir nicht eben noch im Auto über seine Inkontinenz gesprochen hätten und er mir versprochen habe, hier zutreffende Angaben zu machen. Ich hoffte auf Papis schlechtes Gewissen, doch die Hoffnung stirbt zuletzt. »Wissen Sie, Herr Doktor. Meine Tochter neigt zu Übertreibungen. Einmal, vielleicht zweimal war ich in den letzten Monaten nicht schnell genug auf der Toilette. Was allerdings auch daran lag, dass diese sehr weit weg war«, fantasierte mein Vater vor sich hin, und der Arzt lauschte gespannt. »Warum wolltest du diesen Termin dann überhaupt so dringend haben?«, fragte ich meinen Vater. Erst vorgestern hatte er von sich aus in der Praxis angerufen und schnellstmöglich um einen Termin gebeten. Und weil jemand ihn zum Arzt und wieder nach Hause fahren musste, durfte ich meine Termine umlegen, um parat zu stehen. »Ja, ich dachte, dass die Blase eben manchmal etwas schwach ist. Aber das hat doch mit Inkontinenz nichts zu tun, Lydia«, erklärte mein Vater mir und dem Urologen. »Es ist mir gleich, wie du es nennen willst. Fakt ist, dass deine Blase macht, was sie will, und wenn es Tabletten gibt, die diesen Zustand verbessern, hätten wir die gern«, sagte ich genervt und rang mir ein Lächeln in Richtung Arzt ab. Mit Rezept in der Hand gingen wir zum Auto, und mein Vater schwärmte, wie nett der Mann mit dem weißen Kittel sei. Ich war sauer über Papis Auftritt und erklärte ihm, dass ich ihn nicht wieder zum Männerarzt begleiten würde. Und während ich auf der kurzen Fahrt zu seiner

Wohnung gerade anfangen wollte, mich aufzuregen, fiel mein Vater mir ins Wort und bat mich, in der nächsten Seitenstraße rechts ranzufahren. Wieso muss mein alter Herr sich denn jetzt auch noch übergeben?, wunderte ich mich und kam wie gewünscht zum Stehen. Während ich solche plötzlichen Auto-Stopp-Aktionen nur kannte, wenn jemand zu viel Wodka getrunken hatte, musste sich mein Vater nicht übergeben, sondern Wasser lassen.

Aber leider gab es diese von mir sehnsüchtig herbeigewünschte Powerfrau nie wieder an der Seite meines Vaters. Immerhin blieb mir ein weiterer Urologenbesuch erspart, weil eine der Pflegefrauen, die regelmäßig nach Papi guckten, ihn zu weiteren Arztterminen begleitete.

Als ich mich im Büro bei einer Kollegin über die Szene mit meinem Vater ausließ, fragte sie, warum ich eigentlich nicht aufhöre zu arbeiten, jetzt, wo mein Vater in Deutschland lebe und mir das Haus auf Mallorca gehöre. Ich fragte, welches Haus sie meine, und merkte erneut, welcher Film im Kopf anderer Menschen abläuft, wenn man erklärt, dass der Vater auf der Insel leben würde. Eine prächtige Finca mit Meerblick und türkisfarbenem Pool ist die selbstverständliche Vorstellung. Ohne zu sehr ins Detail zu gehen, erklärte ich kurz, dass das Haus gemietet war. Mein Vater hat seit seiner Rückkehr nie wieder ein Wort über das Häuschen verloren, während er regelmäßig nach seinem Elternhaus fragt und ihm immer wieder entfällt, dass er es schon vor zwei Jahrzehnten verkauft hat. »Warum zieht ihr denn nicht langsam mal da ein?«, fragte er mich vergangenen Sommer, als die Demenz immer ungnädiger zuschlug. »Papi, das Haus hast du verkauft. Erinnerst du dich?«, versuchte ich ihn vorsichtig an den Verlust heranzuführen. Mein Vater verzog das Gesicht, kämpfte offenbar mit großen Emotionen. Nach zwei tiefen Atemzügen sagte er betrübt: »Es tut mir sehr leid. Ich hätte dir gern das Haus vererbt.« Da das nicht vorhandene Erbe für mich nicht überraschend kam, fiel meine Reaktion auch eher gefühlsarm aus. »Ja, schön wär's gewesen«, sagte ich nur kurz und drückte tröstend Papis Hand. Viele Jahre hatte ich mir vorgenommen, unser altes Haus zurückzuholen, aber bei dem anhaltenden Immobilienboom mache ich mir wenig Hoffnung. 1,3 Millionen Euro, stand bereits vor einigen Jahren auf dem Exposée, als die Villa ein weiteres Mal den Besitzer wechselte. »Aber den Kacheltisch, den vermache ich dir«, sagte mein Vater stolz. Und tatsächlich freue ich mich sehr über die Aussicht auf diese Antiquität, die ich kenne, seitdem ich auf der Welt bin.

Lara

Was ist man seinen Eltern schuldig? Wie viel seines eigenen Lebens muss man bereit sein, für sie aufzugeben? Bisher habe ich nie in solchen Kategorien gedacht. Aber natürlich stellt man sich diese Fragen, wenn irgendwann der Tag kommt, an dem man aufhört, nur Kind zu sein. Bin ich egoistisch und charakterlos, wenn ich meinen Vater nicht bei mir zu Hause aufnehme, obwohl ich ein freies Zimmer habe, in dem nichts als Kleiderschränke, Reisetaschen und ein Gästesofa herumstehen?

Ich bewundere jeden, der so etwas tut. Aber ich würde mir das nicht zutrauen. Vielleicht, weil ich mir gerade erst selbst mein Leben aufbaue, anfange, darüber nachzudenken, eine eigene Familie zu gründen, zum ersten Mal eine Geschirrspülmaschine und einen Balkon habe und zumindest ein paar Möbel in der Wohnung stehen, die nicht von IKEA sind. Ich weiß auch nicht, ob so ein Modell immer nur Gutes für beide Seiten mit sich bringt. Könnten Nähe und Abhängigkeit das sorgsam gehegte Verhältnis nicht auch in irgendwas Hochkonfliktuöses verwandeln? Schließlich habe ich überhaupt noch nie mit meinem Vater zusammengelebt, oder zumindest erinnere ich mich nicht mehr an die Zeit, in der er bei uns wohnte.

Das Thema, über das wir uns zum ersten Mal ernsthaft in die Haare kriegen würden, stünde jedenfalls schon jetzt fest: die von mir geheiligte und von Papa weitestgehend boykottierte Ordnung. »Papa, könntest du bitte dein Zimmer aufräumen?«, müsste ich ihn dauernd anherrschen, wenn er bei mir einziehen würde. »Wisch bitte das Waschbecken ordentlich aus, wenn du dir die Zähne geputzt hast! Und die Socken nicht rumliegen lassen!«

Das gesamte Ausmaß dieser Veranlagung wurde mir ja überhaupt erst bewusst, als er im Krankenhaus lag und ich in seinem zerschlissenen T-Shirt aus einem lange zurückliegenden Koh-Samui-Urlaub versuchte, dem Chaos in seiner Wohnung Herr zu werden. Nur so viel: Keine der vier Mülltonnen im Hinterhof des blassgelben Mehrfamilienhauses, in dem Papa wohnt, konnte man nach meinem Einsatz noch richtig schließen, so voll waren die. Tupperware, mit der man eine komplette Reihenhaussiedlung hätte versorgen können, wanderte dort hinein, Nudelsaucen aus den 90er-Jahren, Klamotten, die Papa eine ziemlich lange Zeit nass in der Maschine gelagert haben musste, denn der Geruch ging auch nach dreimal waschen nicht wieder raus. An dieser Stelle noch mal ein großes Dankeschön an die zwei russischen Entrümplungsprofis von My Hammer, die mir für einen geringen Stundenlohn bei der Schadensbegrenzung geholfen haben. Vor allem, weil sie so rücksichtsvoll waren, nicht zu fragen, wofür man kanisterweise Spezialdünger braucht, wenn man doch gar keinen Garten hat, oder warum man sich nicht zumindest von einer der fünf kaputten Stehlampen trennen kann. Vielleicht lag es auch bloß an der Sprachbarriere, dass sie sich einen dämlichen Spruch verkniffen haben, aber das war mir egal.

Zum Glück steckte ich nicht ganz allein mit den beiden Bodybuilder-Russen in diesem Durcheinander: Meine beste Freundin Meike kennt mich und meinen Vater lange genug, um ihr den traurigen Anblick des Scherbenhaufens zumuten zu können. Während ich von einem Zimmer ins andere laufe, unschlüssig, wo ich überhaupt anfangen soll, weiß sie genau, was jetzt wichtig ist. Ich sammle Klamotten auf, wische die Böden, fülle blaue Müllsäcke. Meike sitzt auf dem Boden im Wohnzimmer und sortiert die Unterlagen, die ich zunächst in einem Wäschekorb gesammelt habe, legt raus, was jetzt gebraucht wird: Versicherungspolicen, Patientenverfügung. Seit ihre Eltern tödlich verunglückt sind, hat sie Erfahrung mit Katastrophen. Sie weiß nur zu gut, wie man funktioniert, wenn alles um einen herum zusammenbricht.

Und als ich uns beide so in diesem Chaos sehe, muss ich an früher denken, als sie neu in meine Klasse kam und wir bald enge Freundinnen wurden. Natürlich kann man sich diese Leichtigkeit von damals nicht bewahren. Aber dass wir in unserer Freundschaft schon so früh Tod und Krankheit zusammen erleben würden, hätten wir wohl beide niemals gedacht. Als Gabriele starb, war sie die Einzige, die Papas Schmerz unmittelbar nachempfinden konnte, sie hat ihm damals einen Spruch von Dietrich Bonhoeffer aufgeschrieben, der ihm viel bedeutet. Und ihr auch.

Es gibt nichts, was die Abwesenheit eines lebenden Menschen ersetzen kann, und man sollte es auch gar nicht erst versuchen, man muss es einfach aushalten und durchhalten.
Das klingt zunächst sehr hart, aber es ist doch zugleich ein großer Trost, denn, indem die Lücke unausgefüllt bleibt, bleibt man durch sie miteinander verbunden.
Es ist verkehrt, wenn man sagt, Gott füllt die Lücke aus.
Er füllt sie gar nicht aus, sondern er hält sie vielmehr gerade unausgefüllt und hilft uns dadurch, unsere alte Gemeinschaft miteinander – wenn auch unter Schmerzen – zu bewahren.

Bis heute hängt das Papier mit Meikes handgeschriebenen Zeilen am bordeauxfarbenen Geschirrschrank in seinem Wohnzimmer. Außer ihr hatte sonst niemand die richtigen

Worte finden können. Ich bleibe jedes Mal daran hängen, wenn ich ihn besuche. Und auch jetzt halte ich mit meinen gelben Gummihandschuhen und dem kleinen Putzeimer kurz inne, bevor ich weiter entstaube. Ja, denke ich, die Lücke ist die Verbindung, zu Gabriele. Und sie wird für immer bleiben, Papa ist nicht bereit, sein Herz jemals wieder für eine andere zu öffnen. Die wichtigste Frau in seinem Leben bin jetzt ich.

Trotzdem: Was die Vater-Tochter-WG betrifft, so glaube ich nicht, dass Papa besonders scharf darauf wäre. Dann müsste ein hochintelligenter Mann wie er voller Schrecken mit ansehen, dass seine Tochter sich abends an »Bauer sucht Frau« oder »Das Dschungelcamp« ergötzt, anstatt sich irgendwas mit Anspruch auf Arte anzusehen. Dass sie manchmal in den frühen Morgenstunden sturzbetrunken in die Wohnung fällt oder mit der Zahnbürste die Badezimmerfugen schrubbt. Das mitzuerleben wäre für die Genesung sicher nicht besonders förderlich. Und obwohl er gar nichts von meinen schlechten Gewohnheiten weiß, hat er nie von der Möglichkeit gesprochen, bei mir oder meinem Bruder unterzuschlüpfen.

Überhaupt fordert er von uns eigentlich gar nichts. Keine Besuche, keine Anrufe am Sonntag nach der »Lindenstraße«. Er ist dankbar für das, was wir anbieten, aber um Hilfe bitten würde er nur im Notfall. Oder eben auch nicht, wie seine ganz persönliche Fukushima-Katastrophe ja gezeigt hat. Aber seine traurige Stimme am Telefon, die Vorstellung, wie er in der düsteren Wohnung sitzt, zieht bei mir besser als jede ausgesprochene Bitte, sich öfter zu melden. Mein geliebter Vater allein mitten in dieser chaotischen Riesenstadt, in der die Menschen füreinander unsichtbar sind, an dieser ewig lärmenden Hauptverkehrsstraße. Es ist ein Gedanke, den ich am liebsten schnell wegschiebe, weil er mir das Herz unendlich schwermacht. Dieses Bild steht für mich dafür, dass das Leben einem alles wegnehmen kann.

Als Papa sich in Gabriele verliebte und sich entschied, in Bayern zu bleiben, war das Glück ganz nah. Paul und ich konnten ihn nur noch in den Ferien besuchen, aber war das nicht ein ziemlich kleiner Preis dafür, unseren Vater unbeschwert zu erleben? Unsere Beziehung war deswegen nicht weniger wertvoll, nur anders. Ohne Alltag. Darum habe ich mich wohl auch kein einziges Mal in meinem Leben mit ihm gestritten. Worüber auch? Diskussionen darüber, wann man nach der Party zu Hause sein sollte oder ob es nicht vielleicht doch besser wäre, wenn Paul und ich nur jeden zweiten Tag nach dem Abendessen den Tisch abräumen müssten, durfte meine Mutter mit uns austragen. Papa wäre aber sowieso der Letzte gewesen, der sich wegen meiner dramatischen Matheleistungen oder niederschmetternd schlecht gefärbten Haare aufgeregt hätte.

Die Zeit, die wir miteinander hatten, war schon deshalb so kostbar für mich, weil ich nicht endlos darüber verfügen konnte. Ein großer Vorteil, wenn ein Elternteil woanders lebt: Man tut immer nur Dinge zusammen, die Spaß machen. Baden im See mit Picknick am Kieselstrand, Kaiserschmarrn im bayerischen Biergarten, Papas exzellente Grill-Dorade beim Abendessen im blühenden Garten mit Blick aufs Wasser. Wir fuhren auch mal zusammen mit Gabriele an den Gardasee, besuchten Kunstausstellungen in Mailand und tranken dort heiße weiße Schokolade, während wir über andere Urlauber herzogen. »Das Leben hat doch auch etwas gewaltig Schönes«, hat Papa mal zu mir gesagt. Und vielleicht hat er auch ein paar dieser Momente damit gemeint.

Am spannendsten war es, sich mit den beiden über Bekannte und Verwandte auszulassen und ihre Verhaltensweisen und zwischenmenschlichen Verstrickungen per Freud'scher Psychoanalyse oder auch nur mit methodischer Bösartigkeit auseinanderzunehmen. Wir heckten die abenteuerlichsten Theorien dazu aus, warum sich bestimmte, meist unangenehme Charakterzüge herausgebildet hatten, was die Mütter der Betroffenen damit zu tun hatten, und zogen Rückschlüsse aufs Sexualverhalten.

Wir gingen auch mal zusammen in eine Dorfdisco namens »Schnapshütte« (in der mein stark kurzsichtiger Vater gegen die Spiegelwand lief), fuhren Schlitten (Papa verunglückte in einer Tanne und ging den Rest zu Fuß) oder machten Silvester eine Nachtwanderung auf einen Berg, wo wir um Mitternacht am Gipfel mit Bio-Apfelsaft anstießen. Auf dem Rückweg rutschte mein Vater mehrfach aus und konnte nur mühsam die Balance zurückgewinnen, was Gabriele und ich extrem lustig fanden – und er überhaupt nicht. Alle Aufmunterungsversuche schlugen fehl, Papa stapfte mürrisch voran, und je ärgerlicher er wurde, desto öfter kam er ins Schlingern. Mein Vater rannte nun fast, leise vor sich hin fluchend, den Berg hinab – bis wir seine strauchelnde Silhouette nicht mehr sehen konnten. Sein Vorsprung konnte am Ende unmöglich größer als zehn Minuten gewesen sein, doch als wir nach Hause kamen, hatte er sich schon in der Küche eine Klappliege aufgestellt und stellte sich schlafend. Gabriele und ich beschlossen, meinen beleidigten Vater gewähren zu lassen, und gingen in eine Dorfkneipe um die Ecke. Wir haben noch den ganzen nächsten Tag über Papas schwach ausgebildete Bergsteigerqualitäten gelacht – dieses Mal dann auch mit ihm zusammen.

Papa und ich teilen auch schon lange dieselbe Vorliebe für schräge Filme und sahen uns im Raucherkino unserer Heimatstadt (mit »Heiße-Hexe«-Service am Platz!) zwei Tage hintereinander »Angst und Schrecken in Las Vegas« an – mit Johnny Depp als exzentrischer Reporterlegende Hunter S. Thompson, der mit einem samoanischen Anwalt eine wahrhaft berauschende Reise nach Vegas unternimmt. Beim ersten Mal saßen außer uns noch gerade zwei andere Menschen mit einem Gespür für derart anspruchsvolle Filmkunst im Kino, das zweite Mal niemand. Wir genossen das arrogante Gefühl, offenbar die Einzigen in der Stadt zu sein, die darüber Bescheid wussten, was gutes Kino ist. Dass der Saal nebenan, in dem gerade ein Popcornstreifen mit Julia Roberts lief, brechend voll war, bestätigte uns nur in unserer exzellenten Auswahl. Alles richtig gemacht! Und hätte Gabriele nicht zu denjenigen gehört, die eine heitere Komödie unseren Lieblingsfilmen der Cohen-Brüder oder irgendwelchen Apokalypse-Thrillern vorzog und sich derweil im Nebenkino mit Julia Roberts amüsierte, unser Urteil über das Nachbarpublikum wäre sicherlich vernichtend ausgefallen.

Die Liebe zu meinem Vater misst sich nicht an der Summe der gemeinsam verbrachten Stunden. Auch wenn er mir manchmal wie eine unerschöpfliche Sorgenquelle vorkommt, wie einer, der das Pech anzieht wie ein Magnet, ist sie nie kleiner geworden. Erst in der Angst um jemanden merkt man vielleicht, was einem ein Mensch bedeutet. Trotzdem: Ich bin nicht der aufopfernde Typ. Ich tue nur so viel, wie ich gern tue. Natürlich telefoniere ich äußerst ungern mit Krankenkassen oder Steuerberatern. Man ist ja froh, wenn man seinen eigenen Papierkram halbwegs im Griff hat. Doch es macht mich froh, wenn ich irgendetwas tun kann, das sein Unglück auch nur ein wenig kleiner macht.

Aber an besonders finsteren Tagen kostet es mich manchmal viel Kraft, seine depressive Stimmung auszuhalten. Auch wenn er sich Mühe gibt, merkt man die Schwere fast körperlich. Wenn es ihm richtig schlecht geht, dann fühle ich mich nach einem Besuch so, als hätte ich bei einem Umzug geholfen. Weil mich das Schweigen erdrückt, gebe ich dann den Alleinunterhalter. Das kann unglaublich anstrengend sein, besonders, wenn einem selbst eher nach Heulen zumute ist. Ich kenne die Themen, die meinen Vater bewegen. Und es sind oft sehr ernste. Kürzlich sah ich im Fernsehen eine Talkshow über Sterbehilfe. Und wusste instinktiv: Papa schaut das auch. »Der Pfarrer redet nur Scheiße!«, schrieb ich ihm per SMS, ohne ihn überhaupt zu fragen, ob er vor dem Fernseher saß. Die Antwort kam nach einer Minute: »Zum Reinschlagen!«

Wenn Papa zu einer komischen Uhrzeit anruft, dann nehme ich innerlich Abschied von dem Gefühl, dass alles doch gerade ganz okay ist, ich mich trauen kann, ein bisschen loszulassen. Ich atme tief durch, mache mich bereit, eine neue Hiobsbotschaft zu empfangen. Wieso muss alles Unglück dieser Welt eigentlich dauernd in dieser Eigentumswohnung in Berlin-Friedrichshain abgegeben werden, frage ich mich oft, bei diesem freundlichen Mann, der doch nur irgendwie klarkommen will?

»Lara, ich will dich jetzt gar nicht beunruhigen, du sollst es bloß wissen. Aber: Es ist eine Katastrophe passiert! Der Nachbar von unten hat gerade bei mir geklingelt, da kommt Wasser durch die Zimmerdecke, das muss von meiner Badewanne kommen!« Mein Vater klingt, als sprächen wir vom Untergang der Erde oder wenigstens vom Dritten Weltkrieg. Wie soll man da keinen Bluthochdruck entwickeln oder ein mittelgroßes Magengeschwür? In jedem anderen Leben würde die Versicherung das schon richten – schließlich trifft meinen Vater an der Flut in der nachbarlichen Küche gar keine Schuld, ein altes Rohr ist geplatzt. Aber es ist eben das Leben von Dr. Beer. Und da laufen die Dinge ein kleines bisschen anders. »Beruhige dich erst mal. Wir rufen deine Haftpflicht an«, sage ich. Stille am Tatort in Friedrichshain. »Papa, bist du noch dran?« – »Also, das ist so eine Sache mit dieser Versicherung … Ich hab ja leider keine klare Erinnerung an die Monate vor dem Delirium. Aber ich könnte mir vorstellen, dass ich die vielleicht aus Versehen gekündigt habe.«

Den Nachmittag verbringe ich mit einer verzweifelten Telefonaktion. Ich rufe alle Versicherungen an, die ich im Internet finde (es sind viele!). Wieder spreche ich mit regeltreuen Sachbearbeitern, die mich nach Referenznummern fragen und so tun, als würden sie mindestens ihren

Job riskieren, wenn nicht sogar ihre Ehe und das Leben der Familiendogge, wenn sie mir sagen, ob nicht vielleicht doch ein Herr Dr. Gert Beer bei ihnen versichert ist. Aber wahrscheinlich tun die sowieso nur so korrekt, weil das Gespräch zu Schulungszwecken aufgezeichnet wird. Als ich am Ende meiner Liste angekommen bin und nun weiß, dass definitiv keine Versicherung für den Schaden aufkommt, weil Papa tatsächlich nirgendwo einen Vertrag hat, streiche ich gedanklich eine etwa vierstellige Summe vom schwindenden Vermögen meines Vaters.

Aus reinem Taktgefühl verkneife ich mir die Frage, warum genau man so was Elementares kündigt, besonders, wenn man nicht zu den Leuten zählt, die sich vor lauter Glück kaum retten können. Das muss er jedenfalls tatsächlich getan haben, denn – wie ich nun weiß – verlängern sich solche Verträge automatisch. Was mag mein Vater in seinem Chaosjahr in der Hauptstadt noch so angestellt haben? Die Möglichkeiten sind schier endlos. Aber von einem älteren Herrn, der im Zoologischen Garten Giraffen befreit oder mit Kaiserpinguinen ein Bad nimmt, hätte man doch zumindest in der Zeitung gelesen. Oder? Es gibt sie immer mal wieder, diese etwas verstörenden Momente, in denen Papa mit dem konfrontiert wird, woran er sich nicht mehr erinnern kann. Wie kürzlich bei seinem Hautarzt. »Ah, Herr Beer, lange nicht gesehen. Ich wollte Ihnen noch Ihren Dagobert-Duck-Comic zurückgeben, den Sie mir so dringlich empfohlen hatten – wegen seiner … äh … metaphorischen Bedeutungsebene. Ich bin leider immer noch nicht zum Lesen gekommen …« An der geizigen Ente hatte mein Vater sich in seinem beginnenden Wahn richtiggehend festgebissen. Was mag der rechtschaffene Dermatologe wohl davon gehalten haben?

Drei Wochen sind seit dem Rohrbruch erst vergangen. Aber anscheinend kommen die Einschläge jetzt in kürzeren Abständen. Als ich aus der redaktionellen Morgenkonferenz zurück an meinen Schreibtisch gehe, sehe ich, dass ich eine Nachricht von meinem Vater habe. Die Zeit: 10.43 Uhr. Sehr verdächtig. »Hier ist dein alter Vater. Ich wollte nur, dass du es weißt: Ich bin verklagt worden«, höre ich seine Stimme auf meiner Mailbox, sie klingt brüchig: »Der Umzug nach Berlin. Den hat doch ein Klassenkamerad von früher für mich organisiert, der wollte mir einen Freundschaftspreis machen. Dann hat der mich total abgezockt, und ich habe nur die Hälfte der Rechnung bezahlt. Und jetzt will der mich vor Gericht sehen. Das bringt mich wirklich an meine Grenze.« Mich auch. Ich kann nicht mehr, denke ich. Atme durch. Und rufe meinen Vater zurück, um ihm zu sagen, alles sei nicht so schlimm, er soll sich keine Sorgen machen.

»Ich kriege es wirklich ordentlich«, sagt er zerknirscht. »Aber ich habe es ja auch ordentlich getrieben.« Dagegen ist leider nichts zu sagen. Ich schlage vor, erst mal abzuwarten, und biete an, im Ernstfall mein Erspartes beizusteuern. Ich habe zwar gar kein Erspartes, hoffe aber, in diesem Augenblick der Verzweiflung damit entgegenwirken zu können. »Ich würde euch nie auf der Tasche liegen!«, sagt Papa in ungewohnt bestimmtem Ton. Hier gibt es nicht den geringsten Spielraum für Diskussionen: »So weit kommt es noch!« Gut, dann nicht. Jetzt bleibt nichts zu tun, als zu beten, dass der Nachbar nicht auf die Idee kommt, für die Länge der Renovierungsarbeiten im »Four Seasons« abzusteigen. Oder der Möbelpacker doch keine Lust auf einen Rechtsstreit hat. Es ist faszinierend, selbst als Atheist kann man in solchen Momenten tatsächlich tiefgläubig werden.

Aufgrund der jüngsten Ereignisse beschließe ich, Kurs auf die Hauptstadt zu nehmen und mal wieder im Hause Beer nach dem Rechten zu sehen. Ich fahre den gewohnten Weg mit der U-Bahn, kaufe beim Umsteigen ein paar Tulpen und nehme mir vor, erst mal mit Papa ein Tässchen Ostfriesischen zu nehmen, bevor wir uns durch Schreiben von Anwälten und Handwerkerabrechnungen wühlen. Ich drücke den goldenen Klingelknopf, nehme die Treppen in den ersten Stock – und habe schon einen Haufen Papierkram in der Hand, bevor ich es überhaupt ins Wohnzimmer geschafft habe.

»Hier ist das Schreiben, das ich damals an den Anwalt geschickt habe«, erklärt mein Vater eifrig. Er hat seit Tagen kein Auge zugemacht, ist rastlos durch die Wohnung getigert und hat sich alle erdenklichen Horrorszenarien in den schillerndsten Farben ausgemalt. Die Vorstellung, vor einem Gericht aussagen zu müssen, versetzt ihn in einen Zustand äußerster Panik. »Es geht nur um Geld, Dad«, versuche ich, ihn zu beruhigen. »Ich bekomme also kein Lebenslänglich?«, sagt er in einem Ton, der vermuten lässt, dass die Frage ernst gemeint sein könnte. Aber in etwa so muss sich die Aussicht auf einen Prozess für ihn anfühlen: wie die Höchststrafe.

Der Brief an den Anwalt rührt mich. Auf zwei eng bedruckten Seiten hat er haarklein aufgeführt, wie der Typ vom Umzugsunternehmen ihn über den Tisch gezogen hat. Es geht um überzogene Anfahrtskosten, achtlos umgeworfene Designerlampen und einen Umzugshelfer, der wegen einer Verletzung am Knie nicht mal etwas tragen konnte und während des Umzugs im Wagen warten musste. Vor allem aber um seine maßlose Enttäuschung.

»Papa, ich kann deine Wut verstehen. Aber vor Gericht ist es leider kein Verbrechen, eine Freundschaft zu verraten.« Leider werde ich damit recht behalten. Am Ende muss mein Vater eine astronomische Summe an die Firma bezahlen – für einen Umzug, bei dem auf wundersame Weise auch noch das gesamte Silber meiner Oma verschwunden ist. »Dad, du musst auch den armen Mann verstehen«, versuche ich es mit etwas Sarkasmus: »Der steht wahrscheinlich kurz vor der Pleite und wollte endlich mal wieder in den Urlaub fahren. Das kann man sich ja wohl mal eine Freundschaft kosten lassen.« – »Hauptsache, er hält Omas Erbstücke in Ehren«, schmunzelt mein Vater, »und ich komme nicht in die Zuchtanstalt.« Wir beschließen, dem Mann eine Pflegeanleitung für Omas gutes Besteck zu schicken, und sind erleichtert, dass es wieder eine Baustelle weniger in Papas Leben gibt.

Eine Weile habe ich mal darüber nachgedacht, Papas Papierkram komplett zu übernehmen. Vielleicht würde er sogar begeistert zustimmen, wenn ich es ihm anbieten würde. Aber wie unlogisch wäre das? Vorher, als er bis zum Haaransatz mit chemischen Substanzen betankt war, da hätte man ihn vor dem einen oder anderen bewahren sollen. Jetzt ist er bei klarem Verstand. Und es würde mir wie eine Beschneidung seiner Autonomie vorkommen, wenn ich seine Überweisungen übernehme und entscheide, welcher Telefonanbieter für ihn der richtige ist. Trotzdem haben mein Bruder und ich eine Vorsorgevollmacht unterschrieben, in der wir uns bereit erklären, alle Angelegenheiten unseres Vaters zu übernehmen, sollte er nicht mehr in der Lage dazu sein. Natürlich in der Hoffnung, dass es dazu nie kommen wird.

Einen Ratgeber zum Thema Elternunterhalt habe ich zur Sicherheit auch gekauft. Noch nie zuvor hatte ich mir darüber Gedanken gemacht, dass man als Kind für seine Eltern aufkommen muss, falls die irgendwann pleite sind. Aber Papa weiß das genau. Und es ist seine größte Sorge. Wenn ich mir heute ansehe, wie gründlich er, der doch mit sich selbst völlig verantwortungslos umgegangen ist, vorgesorgt hat, habe ich fast das Gefühl, er hat sein Schicksal kommen sehen. Oder er ist eben einfach wieder mal vom Schlimmsten ausgegangen, so wie immer.

Trotz seiner guten Rente, der privaten Krankenversicherung und der Pflegeversicherung weiß ich nicht, ob das Geld reichen wird, wenn mein Vater nicht mehr allein leben kann. Es ist nie etwas übrig geblieben. Immer, wenn sich mal eine kleine Summe anzusammeln schien, kam wieder irgendein Gläubiger um die Ecke. Im zugedröhnten Kopf hat mein Vater seinen Kumpels oft Geld geliehen und es nie wiedergesehen. Kam ein Scheck mit ein paar Tausendern, wurde der direkt in eine ausschweifende Party investiert. Und an den Verkauf seiner Praxis hat Papa keine Erinnerung – nur an die späte Erkenntnis, dass davon andere profitiert haben müssen, nicht er. Seit dieser dünne, gelbe Ratgeber in meinem Bücherregal steht, habe ich aufgehört zu sparen. Eine Reise nach Südafrika, ein Designerkleid für eine Hochzeit, endlich ein iPhone – das Geld, das ich habe, wird direkt unter die Leute gebracht. Denn der Tag, an dem sich das Sozialamt für meine Vermögensverhältnisse interessiert, wird bestimmt irgendwann kommen. Mein Vater ist ja erst 63 Jahre alt.

Vor ein paar Wochen ging es ihm plötzlich richtig gut. Er war fast optimistisch, erzählte mir, was er alles erledigt hatte, machte Pläne fürs Wochenende. Meine Tante schrieb mir, sie sei mit ihm in einem Café gewesen, er würde neu durchstarten. Und ich war sofort in Sorge: Hat er wieder was genommen? »Ist dir das auch aufgefallen?«, fragte ich meinen Bruder. »Ja, unser Vater ist ziemlich gut drauf«, freute er sich. »Vielleicht geht es jetzt aufwärts.« Ich beschloss, es genauso zu sehen. Und hatte in den kommenden Tagen das Gefühl, wieder frei atmen zu können. Der Druck auf der Brust wurde weniger, ich machte mir nicht die ganze Zeit Sorgen. Doch bei unserem nächsten Gespräch war sie wieder da, die traurige Stille. »Jetzt bin ich auch noch schwer erkältet. Mehr ertrage ich nicht«, höre ich meinen Vater sagen. Und spüre, wie die Schwere wiederkommt. So als würde jemand mit seinem ganzen Gewicht auf meine Schultern drücken. Mir wird dann bewusst, wie viel leichter alles wäre, wenn Papa ein bisschen glücklicher wäre. Auch für meinen Bruder und mich.

Das Leben geht weiter, immer weiter

Lydia

»Die Frau da vor uns mit dem Kinderwagen, kennen wir die, Ben?«, fragt mein Vater meinen Mann. Ben schiebt meinen Vater im Rollstuhl auf dem schmalen Gehweg entlang. Die Frau mit dem Kinderwagen bin ich. Für meinen Vater offenbar eine Fremde. »Papi!«, rufe ich laut, ohne mich umzudrehen. »Karl, das ist doch Lydia, deine Tochter«, sagt mein Mann und weiß offenbar genauso wenig wie ich, ob mein Vater gerade einen Witz gemacht hat oder nicht. Ich drehe mich um, blicke meinem Vater ins Gesicht und sage irritiert: »Papi, ich bin es. Alles okay bei dir?«. Er lächelt mich an, schüttelt den Kopf und sagt lachend: »O Gott, jetzt geht's los, meine Liebe, dein alter Vater ist verwirrt. Ich weiß auch nicht.« Während wir weiter hintereinander her schieben, ich den Kinderwagen, Ben meinen Vater, überlege ich, ob Papi gerade vielleicht nur »geschlafen« hat und nicht richtig bei der Sache war. Anders kann ich mir diesen Kurzzeitausfall, während wir direkt mit ihm zusammen sind, nicht erklären. Die Männer hinter mir unterhalten sich über den Winter, mein Vater erzählt von gefütterten Lederhandschuhen, die er vermissen würde. Alles beim Alten, denke ich. »Ben, gehört die zu uns, die Frau da vor uns mit dem Kinderwagen?«, fragt er plötzlich erneut. Ich drehe mich wortlos um, blicke meinen Vater an, winke ihm zu und sage ruhig: »Ich bin das, Papi. Und im Kinderwagen liegt deine Enkeltochter.« Mein Mann und ich wechseln betroffene Blicke.

Ich kann so viel lesen, wie ich will, über Demenz. Es geht einfach nicht in meinen Kopf rein. Wieso weiß mein Vater, zwei Sekunden nachdem ich mich von ihm wegdrehe, nicht mehr, dass ich vor ihm gehe? Er weiß doch auch, dass mein Mann ihn schiebt, ohne dass er nach hinten gucken kann.

Demenz ist wie Schwamm in alten Häusern. Ist er einmal da, ist alles hoffnungslos. Du kannst ihn bekämpfen, aber irgendwie kommt er immer wieder durch. Er macht keinen Halt vor alten, ehrwürdigen Mauern. Genau wie die Demenz sich offenbar schonungslos durch das Gehirn meines Vaters frisst.

Wie so oft ist die Stimmung etwas matt, die Besuche bei meinem Vater werden trauriger. Eintöniger. Er spricht kaum noch. Verliert sich oft in Gedanken. Mittlerweile habe ich das Gefühl, sein Zustand verschlechtert sich wöchentlich. Manchmal liegt er wach in seinem Bett und guckt ewig aus dem Fenster. Seit mittlerweile acht Wochen lebt mein Vater in einem Pflegeheim.

Der schleichende Prozess des Vergessens hatte sich in den vergangenen drei Jahren in Deutschland immer wieder bemerkbar gemacht. Aber wem verzeiht man Schusseligkeit, wenn nicht alten Menschen? Wenn Papi etwa nicht mehr wusste, wie seine Nachbarin hieß. Oder wann sein Cousin das nächste Mal vorbeikommen wollte. Als er das erste Mal meinen Geburtstag vergaß, obwohl ich ihn am Vortag erst daran erinnert hatte, nahm ich seinen ausbleibenden Anruf trotzdem irgendwie persönlich. Bei all dem, was ich für ihn tat, dachte ich, könnte er sich zumindest den einen Tag im Jahr merken. Als er irgendwann alle Ehrentage von Verwandten und Freunden ausließ, rief ich ihn manchmal an dem jeweiligen Geburtstag an, gab die Nummer durch von Onkel oder Schwiegersohn. Trotzdem kam kein Anruf.

Ich hatte gelesen, dass Demenzkranke versuchen, ihre Krankheit runterzuspielen. Vor gut eineinhalb Jahren sprach ich meinen Vater bei einem Mittagessen in seinem Lieblingsrestaurant betont unbekümmert auf den Geburtstag meiner Mutter an, der bevorstand. »Denkst du dran, Mami am Montag anzurufen und ihr zu gratulieren?«, fragte ich. »Wann ist ihr Geburtstag?«, entgegnete mein Vater. »Am Montag, dem 23. November«, antwortete ich. »Wann hast du Geburtstag?«, fragte er zurück. Ich ließ ihn überlegen. Zumindest dachte ich, er würde überlegen. Dann wollte ich seine Erinnerung wecken: »Zu welcher Jahreszeit bin ich denn geboren, Papi?« – »Im Sommer!«, antwortete mein Vater zackig. Da ich im Dezember das Licht der Welt erblickte, merkte ich, dass der Trainingsversuch keinen Sinn hatte, und schüttelte den Kopf. »Gib mir bitte mal Stift und Zettel, ich muss mir jetzt eine Liste machen. Diese Vergesslichkeit ist ja schlimm«, sagte mein Vater energisch. Ich besorgte ein Blatt Papier und einen Kugelschreiber. Mein Vater fragte mich ab nach meinem Bruder, meiner Mutter, seinem Cousin, seiner ältesten Freundin. Seine Schrift war eckig und unleserlich, nicht mehr so künstlerisch geschwungen wie früher. Die Namen liefen schräg über das Papier. Ich hatte meinen Vater lange nicht schreiben sehen. Seine lebenslange Angewohnheit, überall in der Wohnung zig Notizzettel mit Listen und Gedanken zu verteilen, hatte seit geraumer Zeit nachgelassen, fiel mir auf.

Zurück bei der aktuellen Liste, fing ich an: »Also, Papi, schreib mit, Onkel Johannes hat am 10. Januar Geburtstag.« Er setzte den Kuli an, zögerte, setzte wieder an. Und nahm den Stift wieder vom Papier. Er blickte auf, runzelte die Stirn, guckte mich fragend an, setzte den Stift erneut an. Etwas versetzt malte er eine 1 und eine 0. Und starrte auf das Papier. »Januar, Papi. 10. Januar«, wiederholte ich in dem Glauben, er habe bereits vergessen, was ich gesagt hatte. Doch das war es nicht. Die Demenz hatte meinem Vater nicht nur das Gedächtnis genommen, sondern auch die Buchstaben. Er konnte nicht mehr richtig schreiben.

Um die Situation abzubrechen, griff ich hektisch nach

Zettel und Stift und schlug vor, dass ich ja auch die Geburtstage von seinen Lieben zusammentragen könnte. Während ich die Liste vervollständigte, starrte mein Vater auf die Tischplatte, holte ein paarmal tief Luft und sagte traurig: »Weg. Es ist einfach weg.«

»Ich muss wieder mehr schreiben«, sagte er mit dem Zettel in der Hand, als wir im Auto zu ihm nach Hause fuhren. Ich unterstützte seinen Gedanken mit etwas aufgesetzter Begeisterung und erinnerte ihn daran, dass er doch sogar sein Leben aufschreiben wollte. Die vielen Jahre im Ausland, seine beruflichen Wechsel, Erfolge und Niederlagen … »Du hast recht, Lydi, ich setze mich heute Abend hin und fange an, alles aufzuschreiben. Dann vergesse ich auch nicht mehr so vieles«, beschloss er voller Enthusiasmus. Obwohl ich eigentlich direkt nach Hause wollte, ging ich noch mit rein, setzte Wasser auf und trank einen Tee mit Papi. Ich hatte das Gefühl, dass die Situation ihn mitgenommen hatte, und mochte ihn nicht allein lassen. Wir redeten über andere Dinge, er lachte, erzählte mit Begeisterung von seiner Fahrt auf dem holländischen Frachter nach Südamerika. Bevor ich ging, holte ich einen linierten DIN-A4-Block aus der Schreibtischschublade und einen Kugelschreiber. Ich legte beides vor ihn auf den Esstisch und fragte: »Oder willst du lieber am Schreibtisch sitzen?« Mein Vater guckte mich irritiert an, er wusste nicht, was ich von ihm wollte. »Du wolltest doch schreiben, Papi. Damit es dir wieder leichter von der Hand geht«, erinnerte ich ihn. Ich ließ Papier und Stift auf dem Tisch liegen und wusste schon beim Rausgehen, dass die Seite leer bleiben würde. Mein Vater schrieb kein Wort.

Sein Gedächtnis wurde schlechter und schlechter. Und es führte zu unzähligen Auseinandersetzungen und viel Stress, da ich mich noch viel zu oft auf Papis Erinnerung verlassen wollte. Etwa wenn ich ihn bat, jemanden zurückzurufen. Oder regelmäßig seinen Briefkasten zu leeren. Immer und immer wieder erklärte ich ihm, dass die Briefe vom Sozialamt zeitnah gelesen und gegebenenfalls beantwortet werden mussten. Und da ich es hasste, die Behördenbriefe, stets auf Ökopapier gedruckt, zu öffnen, hoffte ich immer wieder, dass Papi die fünf Schritte zu seinem Briefkasten selber machen würde. Auch wenn grundsätzlich alles mit dem Sozialamt geregelt war, habe ich noch heute bei jedem Brief ein flaues Gefühl. Daran ändert auch die gefettete Betreffzeile »Leistungsbescheid« nichts, was mich eigentlich erleichtern könnte. Teilweise gehen die Bescheide über fünf Seiten, und in jeder dieser Mitteilungen wird erklärt, dass Papi innerhalb eines Monats Widerspruch beim Amt einlegen kann. Und ebenfalls jedes Mal wird mein Vater an seine »Mitwirkungspflicht« erinnert. Heißt: Wenn er im Lotto gewinnt, muss er Bescheid sagen, da er dann keinen Anspruch mehr hat. Leider spielt mein Vater nie irgendwelche Glücksspiele, die Chance, dass er aus der staatlichen Abhängigkeit also doch noch mal rauskommt, halte ich für gering.

Und trotz der manchmal wachen, aufmerksamen Phasen verliere ich die Hoffnung, dass die Demenz vielleicht doch nur eine milde Altersverwirrtheit ist. Als ich mit meinem Vater vergangenen Herbst auf seiner Terrasse saß, beobachtete er die goldgelben Baumkronen, die sich im Wind bewegten. »Ganz schön kalt für den Frühling, oder?«, fragte er mich plötzlich. »Wir haben Herbst, Papi. Deshalb sind die Blätter auch so schön gelb-gold«, antwortete ich und war überrascht über seine Äußerung, da mein Vater als gelernter Landwirt eigentlich die Natur lesen konnte. »Wir haben September«, ergänzte ich, und mein Vater nickte. »Weißt du, welches Jahr?«, fragte ich ihn. Er lächelte, spitzte die Lippen, als würde er sehr genau nachdenken. »Ja, also, ich vermute mal, also, ich bin mir nicht sicher, aber ich denke, es müsste jetzt das Jahr 2006 sein«, sagte er und grinste, weil er genau wusste, dass er keinen Schimmer und nur geraten hatte. »Papi, wir haben 2012. Ist das dein Ernst?«, fragte ich amüsiert. »Ja, das ist mein Ernst. Schlimm, oder? Aber ob 2006 oder 2012. Ändert das etwas?«, fragte er mich zurück und genoss sichtlich den Luxus in der Zeitschleife. Ich suchte nach Argumenten, warum es hilfreich sei, wenn er wisse, in welchem Jahrzehnt er leben würde; aber nach irgendwelchen sinnlosen Beteuerungen merkte ich: Es war tatsächlich völlig egal! Ob morgens oder abends, Winter oder Sommer, ob in den 90er-Jahren oder im 21. Jahrhundert – für meinen Vater war die Zeit relativ. Besser gesagt: unerheblich. Das Gefühl für Zeit hatte ihn verlassen. Das, was die Menschen um ihn herum antreibt, in Stress und Hektik geraten lässt, hatte mein Vater einfach ausgeknipst. Er ist der erste Mensch, den ich kenne, der im wahrsten Sinne zeitlos ist. Ich stelle mir den Zustand gut vor. Entspannend. Was für ein Luxus, Zeit im Überfluss zu haben. Das einzig Traurige daran ist, dass mein Vater sie nicht nutzt. Er lebt einfach an der Zeit, irgendwie an der Weltuhr vorbei.

»Nichtstun ist die allerschwierigste Beschäftigung und zugleich diejenige, die am meisten Geist voraussetzt.«
Oscar Wilde

Der Abbau der geistigen und körperlichen Kräfte meines Vaters verläuft fließend. Und erschreckend schnell. Anfangs glaubten mein Bruder und ich noch daran, es ohne Hilfe von außen zu schaffen. Wir teilten uns Aufgaben wie Wohnung sauber machen, einkaufen, Wäsche waschen, aufräumen. Wann immer ich einen freien Tag hatte, war da diese innere Stimme: »Du musst eigentlich zu deinem Vater fahren.« Und so war der freie Tag nur selten frei. Die ersten Monate lief es okay, mein Vater verrichtete immerhin Kleinigkeiten im Haushalt. Doch seine Bequemlichkeit wurde intensiver, seine Mithilfe verlief schließlich gen null. Ich schloss seine Tür auf, es war gegen 15 Uhr, er guckte fern, saß auf der Terrasse oder lag im Bett. Ich trat drei Schritte in die Wohnung, und in der Küche sah es aus, als wären zwei streunende Hunde auf der Suche nach Fressen gewesen. Mein Vater hatte die grauenvolle Angewohnheit entwickelt, alles stehen zu lassen, wo es gerade passte. Und Lebensmittel, ob vom vergangenen Frühstück, vom Abendessen vor drei Tagen oder von der Stulle zwischendurch, flogen durch die Küche. Durch die Wärme und die Luft war der Käse dunkel, die Butter ranzig, hatten sich die Salamischeiben eingerollt. Ich weiß nicht, wie oft ich das Messie-Chaos meines ehemals so penibel ordentlichen Vaters beseitigt, Lebensmittel weggeworfen und ihn verflucht habe. Das im Anschluss regelmäßig stattfindende »Bitte-bessere-dich«-Gespräch lief immer gleich ab, ohne irgendeine Veränderung mit sich zu bringen. Nach etwa einem Jahr war es genug, besser gesagt, zu viel mit der Versorgung meines Vaters neben Vollzeitjob, Partner, Freunden.

Als Papi die Pflegestufe 1 bewilligt bekam, war für vieles gesorgt. Grundsätzlich. Manchmal hatte ich den Eindruck, die Pflege war für meinen Vater der Freifahrtschein, nun gar nichts mehr selber zu machen. Er ließ sich gern bedienen, freute sich über die vielen netten Frauen, die anfangs zweimal am Tag, dann dreimal am Tag vorbeikamen und sich um ihn kümmerten. Einige mochte er mehr, andere weniger. Manchmal wurde er ausfallend und ließ seinen Frust über seinen schwachen Körper an ihnen aus. »Lass mich, oder du kriegst gleich einen hinten vor«, zischte er dann etwa als Reaktion, wenn er aufgefordert wurde, seine Tabletten zu nehmen. Die überwiegend aus Afghanistan und Polen stammenden Frauen verstanden nicht, was mein Vater mit »hinten vor« meinte. Und ich fand es unnötig, ihnen diese alte Formulierung für eine handfeste Bestrafung zu erklären.

Papis Zustand verschlechterte sich weiter, die Pflege wurde intensiver, der Preis höher. Angefangen mit 1800 Euro, ging es weiter mit 2400 Euro, dann hoch auf 2870 Euro.

Als Papi schließlich die Pflegestufe 2 bekam, mit vier Besuchen am Tag, stieg der monatliche Betrag für die häusliche Pflege auf 3980 Euro. Dafür, dass mein Vater weder Kranken- noch Pflegeversicherung gehabt hatte, als er nach Deutschland kam, hatte er mittlerweile eine solide Rundumversorgung. Das Wort »Sozialstaat« bekam eine ganz neue Bedeutung für mich. Ich begann, die Pflegedebatte aufmerksamer zu beobachten. Und verwarf meine Idee, als gnadenlos überversicherte Seniorin golfen und tauchen zu lernen. Bei den Preisen sollte ich die vielen Euros, von meinen vielen Vorsorgekonten vielleicht doch zusammenhalten.

Der Radius meines Vaters beschränkte sich inzwischen fast ausschließlich auf seine Wohnung. Er wollte weder mit uns essen noch spazieren gehen. Nur sein gleichaltriger Cousin bekam ihn dazu, sich aus seinem Hausanzug zu schälen und Cordhose sowie Hemd überzuwerfen und sich zu überlegen, mit welcher Gehhilfe er den Weg von der Wohnung zum Auto meines Onkels und vom Auto zum Restaurant bestreiten wollte. Seine immer kleiner werdenden Schritte wurden erst von einem Stock, dann von zwei Stöcken, dann von einem vierrädrigen, später von einem angeblich wendigeren dreirädrigen Gehwagen gestützt.

Er rief schon lange nicht mehr an und ging nur selten ans Telefon, wenn es bei ihm klingelte. Es gab immer weniger Dinge, die für ihn wichtig waren, auf die er Wert legte. Dazu gehörte das Vogelhäuschen. Ich erinnere recht gut, wie mein Vater früher diese »vielen Spießer mit ihren Vogelhäusern und Meisenknödeln an den Fenstern« belächelte. Inzwischen bat er mich manchmal, seinen Freunden, den Meisen, Amseln und Spatzen, doch auch mal einen frischen Apfel zu vierteln. Dass ich kein Vogelhaus hätte, könne er nicht verstehen, erklärte er mir. »Du hast ja keine Ahnung, was du verpasst«, beteuerte er. Es war absurd, einerseits rührend, andererseits albern, mit welcher Liebe und Fürsorge er die zu ihm geflatterten Gartengäste versorgte. Besonders Spatzen und Rotkehlchen brachten sein altes Herz zum Schmelzen. Und so wurde im Winter, wenn viele hungrige Vögel bei meinem Vater zum Essen kamen, nicht mehr groß geplaudert beim Teetrinken, es wurde beobachtet. Wie die Meise der Amsel ein Körnchen streitig machte. Oder wie das ebenfalls so geliebte Eichhörnchen blitzschnell das Vogelhaus hochkletterte und alle Nüsse und Äpfel verschlang. Und auch wenn ich nicht immer Lust hatte, bei jedem Becher Tee das Verhalten der Amseln zu kommentieren, diese Tierbeobachtungen waren sehr beruhigend. Und nicht nur das. Ich füllte bald wie selbstverständlich Nüsse, Kerne, Apfelscheiben nach, wenn ein Piepmatz, laut meinem Vater, traurig guckte, weil er nicht die volle Menüauswahl hatte. Anstatt den freien Tag für zahlreiche hektische Besorgungen zu nutzen, zu verzweifeln, weil kein großer Parkplatz direkt vor jedem Laden frei war, wo ich nur kurz hineinhüpfen wollte, guckte ich mit meinem Vater Vögeln beim Essen zu.

Leider hielt die Idylle nicht lang. Als die Versorgung meines Vaters zu Hause gerade in geregelten Bahnen verlief und ich froh war, wie und vor allem DASS wir alles um ihn herum organisiert hatten, wurde klar – es ging nicht mehr. Er brauchte immer jemanden in seiner Nähe, zu oft sackten seine Beine zusammen, und zu oft dauerte es zu lange, bis jemand vor Ort war. Mein Bruder hatte private Kontakte zu einem Pflegeheim in der Nähe und schlug Papi vor, sich den Laden mal anzuschauen. Ich besichtigte die Internetseite und hatte einen überraschend netten Eindruck. Ähnlich wie mein Vater, der mir bei meinem nächsten Besuch von seiner Altenheimbegehung vorschwärmte: »Das ist alles sehr nett und ordentlich dort. Und so nette Menschen, alles Fachleute, die Pfleger. Und das Essen soll auch gut sein. Und die Lage ist doch toll, oder?« Das Einzige, was ihn störe, sei, dass die Leute wirklich auffällig alt seien. »Anders als du?«, fragte ich ihn amüsiert. »Lydia, ich bitte dich. Die sind richtig alt. Viele können nicht mehr laufen und wackeln mit dem Kopf im Sitzen«, sagte er sichtlich erschrocken. »Dann wirst du da ja ziemlich aus der Reihe tanzen, mit Gehwagen und Tippelschritten?«, fragte ich. »Natürlich. Aber vor allem wegen meines Alters. Ich denke, in sechs, sieben Jahren können wir darüber noch mal sprechen«, antwortete er und hatte das Thema für sich abgehakt. Ich wagte einen letzten Versuch: »Wie alt bist du denn jetzt eigentlich, Papi?« – »Gute Frage. Ich bin nicht sicher. Schon ein bisschen älter. Wie alt bin ich denn, weißt du das?« – »82«, antwortete ich. Er guckte mich mit großen Augen an. »Tatsächlich«, sagte er und war beeindruckt. »Interessant«, schob er noch hinterher, als hätte er etwas Überraschendes gehört. »Interessant.«

Auch wenn mein Vater seinen Umzug in das Seniorenheim noch weit entfernt sah, setzten wir ihn sicherheitshalber direkt auf die Warteliste. In Anbetracht der Geschwindigkeit seines körperlichen Verfalls rechnete ich mit maximal zwölf weiteren Monaten in seinen eigenen vier Wänden. Doch dann kam mal wieder alles anders …

Vier Monate später, es war ein Donnerstagnachmittag im November, als mein Handy klingelte, das Display »anonym« anzeigte. Eine Männerstimme erklärte mir, man sei Notarzt, mein Vater sei gestürzt, mit dem Kopf auf den Asphalt geknallt. Mir wurde schlecht. Die Vorstellung, wie mein alter Vater zu Boden ging und dabei keine schützenden Reflexe mehr hatte, schlug mir auf den Kreislauf. »Hat er sich verletzt?«, fragte ich und befürchtete Schlimmes. »Prellungen und Schürfwunden an der Schulter und im Gesicht. Aber zur Sicherheit muss er einmal richtig durchgecheckt werden«, sagte der Retter aus dem Krankenwagen. Da ich nicht direkt hinfahren konnte, blieb ich telefonisch mit der Notaufnahme des Krankenhauses in Kontakt. Kurz vor Mitternacht erfuhr ich, dass alle Knochen heil waren, aber Papi einen Tag oder auch zwei Tage zur Beobachtung in der Klinik bleiben sollte. Es war der Beginn einer Odyssee.

In einem Dreibettzimmer vegetierte mein Vater, wie ich ihn noch nie gesehen hatte. Während Prellungen und Schürfwunden schnell verheilten, hatten sich seine Muskeln so verkrampft, dass er wie querschnittsgelähmt wirkte. Unnatürlich steif lag er im Bett, konnte außer seinen Fingern keine Gliedmaßen bewegen. Erst auf mein wiederholtes Nachfragen gab man ihm Schmerzmittel, Wärmflasche und wusch das verkrustete Blut von seinen Fingern. Er wirkte kolossal abwesend, schlapp, verändert. Die Pralinen, die ich bereits beim ersten Besuch mitgebracht hatte, waren ungeöffnet. Es war ein schlechtes Zeichen, wenn mein Vater Schokolade nicht anrührte. Ein sehr schlechtes Zeichen. Also versuchte ich alles, um ihn schnellstmöglich aus dem Hospital herauszuholen. Vergeblich. Als er sich nach einer Woche wieder bewegen konnte, kämpfte man mit Antibiotikum gegen hohe Entzündungswerte und äußerte den Verdacht auf eine Bronchitis, obwohl mein Vater nicht hustete. Das Antibiotikum schlug nicht an, die Entzündungswerte blieben hoch, eine Bronchitis wurde ausgeschlossen. Und mein Vater blieb weiterhin in dem Dreibettzimmer, in dem es jeden Tag etwa 35 Grad warm war und diverse unangenehme Gerüche die Luft trübten. Alle drei Männer zusammen brachten mindestens 250 Lebensjahre auf die Uhr, schätzte ich. Der Herr am Fenster sah aus, als würde er dem Tod näher stehen als dem Leben. Er war nur noch Haut und Knochen, die Augen eingefallen, und es rasselte in seiner Lunge, wenn die Beatmungsmaschine Sauerstoff in den ausgemergelten Körper pumpte. Ich saß mit meiner kleinen Tochter auf dem Arm an Papis Bett und bekam Beklemmungen. Der Geruch, die Geräusche, das Licht – als säße einem der Tod im Nacken. Wieder ging ich zum Schwesternzimmer, wollte eine Ärztin sprechen, wieder war keine da. Ich drängte auf die Entlassung meines Vaters. Ich sollte morgen anrufen, dann könnte ich die Ärztin erreichen. Seit zwei Wochen lag mein Vater jetzt im Krankenhaus.

Bevor ich am kommenden Nachmittag die zuständige Medizinerin erreichte, klingelte mein Handy, die Nummer der Klinik erschien auf dem Display. Ich zögerte. Was, wenn mir jetzt jemand sagte, dass mein Vater eingeschlafen war? Ich holte tief Luft, es war die Ärztin, mein Vater sei isoliert, er habe einen Darmkeim, sei stark ansteckend. Der Keim sei leider oft die Nebenwirkung des Antibiotikums, erklärte mir die Frau. Ob das Antibiotikum denn jetzt angeschlagen habe und seine Entzündungswerte niedriger seien, wollte ich wissen. »Nein. Die Entzündungswerte sind unverändert. Bis Ihr Vater keimfrei ist, wird es wohl zwischen einer und drei Wochen dauern«, sagte sie und legte auf. Ich war fassunglos und erschöpft. Und das alles wegen ein paar blauer Flecken. Immerhin fand mein Vater Gefallen an den Krankenschwestern und gewann deren Herz – eines nach dem anderen. Ob alt oder jung, er wickelte sie um den Finger. »Guck mal, Lydi, so ein hübsches Mädchen«, sagte er zu mir, während eine junge, dunkelhaarige Schwester seinen Tropf austauschte. Sie lächelte verlegen, bezeichnete meinen Vater als Charmeur. Eine andere emsige Fee in Weiß betitelte er als die Fleißige, wieder eine andere als die Lustige. Ihre Namen konnte er sich nicht merken, aber ihre Eigenarten erinnerte er sehr genau. Und auch, was sie ihm erzählten. Etwa, ob sie Kinder hatten, ausländische Wurzeln oder die Arbeit im Krankenhaus auf dem zweiten Bildungsweg kennen- und lieben gelernt hatten.

Nach einer weiteren Woche durfte ich ihn wieder ohne Schutzanzug besuchen, der Keim war raus. Ich drängte darauf, dass mein Vater endlich geduscht und vor allem bewegt werden musste. Die anfangs angekündigte Krankengymnastik wurde nie durchgeführt, erfuhr ich. Als ich irgendwann zum dritten Mal nachfragte, ob mit meinem Vater ein bisschen geturnt würde, hieß es nur kurz, das sei wohl durchgerutscht. Aber noch bevor ich Luft holen konnte, um den gleichaltrigen Arzt anzumotzen, war er schon über den kargen Flur verschwunden. Mein Vater war fast 83 Jahre alt, der würde doch nie wieder aufstehen, kursierte es in meinem Kopf. Und ich wurde das Gefühl nicht los, dass die Patienten auf dieser Station schon irgendwie »abgehakt« waren. Ich beschloss, am nächsten Morgen den Chefarzt anzurufen und meinen Vater auf eigene Verantwortung zu entlassen.

Doch Papi machte mir einen Strich durch die Rechnung. Viel zu früh am Morgen brummte mein Handy, und die unfreundliche Ärztin, die mir jede Woche eine neue Krankheit mitteilte, erklärte mir, dass mein Vater jetzt Blut im Urin habe. Keiner wisse, wo es plötzlich herkomme. Die Blutung müsse gestoppt werden, vorher könne er nicht entlassen werden. Also fuhr ich ein weiteres Mal mit Baby quer durch die Stadt in die Station im Erdgeschoss des Außenflügels der Klinik und wartete auf den Urologen. Hoffentlich war das nicht so ein Märchenfan wie Papis niedergelassener Männerarzt, dachte ich. Der Fachmann für untenrum erklärte mir, dass es alles nicht so doll aussehe, und erläuterte mir mögliche Vorgehensweisen und OPs, und falls es nicht so gut laufen sollte, gäbe es immer noch die Möglichkeit, dass mein Vater künftig links am Gürtel so einen Pipibeutel tragen könnte. Ich schüttelte den Kopf. Da so ein immergelbes Urinbüdel am Bein für mich keine Alternative, sondern eine Strafe war, reagierte ich etwas barsch, erklärte dem Herrn mit rahmenloser Brille, dass mein Vater bestimmt gern jede Art von Plastiktüte tragen würde, nur nicht die zum Reinpieseln. Auf der Fahrt nach Hause fragte ich mich, was auf Papis letzten Metern bitte schön noch alles kommen sollte. Es fehlte nur noch ein künstlicher Darmausgang. Gott sei Dank blieb der meinem Vater erspart. Genau wie der Beinbeutel. Und nachdem ich die Hoffnung schon fast aufgegeben hatte, konnte Papi nach einem Monat tatsächlich das Krankenhaus verlassen. Nicht besonders fit, aber immerhin lebendig. Trotz der Erleichterung ahnte ich Schlimmes. Mein Vater war gut vier Wochen nicht aufgestanden.

Und genau deshalb überwies die Klinik meinen gebrechlichen Alten auch nicht nach Hause, sondern in die sogenannte Kurzzeitpflege, was so etwas wie eine Reha im Pflegeheim ist. Nachdem ich etwa siebenmal mit der Dame im Entlassungsmanagement des Krankenhauses und viermal mit dem Sozialamt telefoniert hatte, war es geschafft, einen Platz in ebendem Pflegeheim zu bekommen, welches er vor wenigen Wochen mit meinem Bruder besichtigt hatte. Mein Vater wurde per Krankentransport umgebettet; ich machte mich auf den Weg, damit er den ersten Tag im Heim nicht allein war. Als ich durch die elektrischen Schiebetüren des Seniorenheims ging, war ich bereits sicher, dass mein Vater nicht mehr zurück in seine Wohnung kommen würde. Ich würde es ihm jedenfalls wünschen. Und mir nebenbei auch. Weihnachten stand vor der Tür, die Flure der Anlage waren mit echten Tannenzweigen, glänzenden roten Kugeln und Strohsternen geschmückt. Die Senioren, die mir mit Gehwagen verschiedenster Ausführung entgegenrollerten, lächelten und grüßten freundlich. Als sich die Flügeltür zum Wohnbereich III öffnete und ich den langen Flur hinunterblickte, war ich zuversichtlich, dass es meinem Vater hier im Heim gut gehen würde. Auf einem Schild neben der dritten Tür an der linken Seite stand bereits Papis Name, ich klopfte, trat ein. Mein Vater lag wach im Bett. Nicht mal einen Meter daneben stand ein zweites Bett, ein ergrauter Herr gleichen Alters lag kerzengerade ohne Decke auf der Matratze und schnarchte leise. Der Raum war nicht groß, links stand ein Tisch mit zwei Stühlen. Eine große Fensterfront mit Tür führte in den Garten auf eine Terrasse. »Lydi, wie schön, wie geht's dir?«, begrüßte mein Vater mich schwach, aber fröhlich. »Alles gut bei mir, Papi. Wie geht's dir?«, fragte ich zurück. Er drückte meine Hand, sagte leise: »Ich hab's geschafft. Ich bin raus aus dem Krankenhaus.« Ich nickte, stimmte ihm zu und unterdrückte ein paar angebrachte Beschimpfungen der Klinik. Ich fragte meinen Vater nach seinem Mitbewohner, und er erzählte mir, dass er Albert hieß, er »schon« Anfang achtzig sei und Papi nicht genau wisse, warum Albert hier sei. »Und warum ich hier bin, weiß ich ehrlich gesagt auch nicht so genau.« Papi guckte mich fragend an. Ich erklärte meinem Vater das Prinzip der Kurzzeitpflege und dass er die kommenden fünf Wochen hier im Heim umsorgt und vor allem bewegt werde, damit er wieder fit für zu Hause würde. »Schön«, sagte er kurz. »Das ist doch ganz gut, oder?« – »Das ist sogar sehr gut, glaube ich, da du momentan mehr Pflege brauchst, als du zu Hause bekommen kannst«, erklärte ich und hatte nicht das Gefühl, als müsste ich meinem Vater die Situation schönreden.

»Stört es dich, dass du in einem Doppelzimmer liegst?«, wollte ich vom ihm wissen, weil ich es als störend empfand. »Nein, das ist mir alles egal. Hauptsache, ich habe meine Ruhe«, sagte mein Vater und schloss die Augen. Er war müde, eigentlich immer. Er hatte keine Lust mehr, aber das Leben ging weiter. Die engste Freundin meines Vaters – die mit ihren 85 Jahren noch Auto und Ski fährt, um die Welt reist und die Salzburger Festspiele besucht – sagte letztens zu mir, dass Papi sich aufgegeben habe. Er habe keinen Anreiz mehr. Keine Ziele. Keine Interessen. »Lydi, Papi will einfach nicht mehr.« Obwohl ich wusste, dass sie recht hatte, konnte ich ihre Worte nicht gut ertragen. Trotz der Momente, in denen ich meinen Vater verfluchte und mir wünschte, er könne sich selber um sein Leben kümmern und mich vielleicht ein-, zweimal im Jahr mit etwas Positivem überraschen, wollte ich nicht darüber nachdenken, wie es sein würde, wenn er mal nicht mehr ist.

Ich konnte meinen Vater überreden, sich in den Rollstuhl hieven zu lassen und mit mir im Aufenthaltsraum einen Tee zu trinken. Drei alte Frauen saßen jeweils allein an drei verschiedenen Tischen, eine der Damen wippte ununterbrochen mit dem Kopf und wiederholte immer und immer wieder »jajajajajajaja, jajajajajaja ...« Papi murmelte etwas wie: »Die ist ja ein bisschen verrückt«, und verstärkte seine Aussage mit der allbekannten Handbewegung vor dem Gesicht. Ich war angespannt, die Frauen beobachteten mit leicht irren

Blicken jede unserer Bewegungen. Die Dame, die sich stetig wiederholte, rollte interessiert zu uns an den Tisch. Mein Vater guckte sie irritiert an, sagte aber kein Wort, wobei er sonst immer zu allem etwas sagte. Als ich das Baby aus dem Kinderwagen nahm, trat kurz absolute Stille ein. Die Seniorin neben mir kämpfte mit Emotionen, schüttelte den Kopf, riss wie erschrocken die Augen auf, atmete plötzlich immer schneller. Meine Tochter gab keinen Laut von sich, sie klebte mit ihren großen blauen Augen an der gefühlt uralten Omi neben uns, deren Verhalten mir Sorgen machte. Als das Baby die alte Dame anlächelte, brach es aus ihr heraus. Sie fing an zu weinen, streckte die faltige, knöcherne Hand nach der Kleinen aus und wiederholte »o Gott, o Gott, o Gott«. Und dann »wie süß, süß, süß, süß«. Ich hielt ihr die Hand meiner Tochter entgegen und hatte noch nie so direkt den Anfang und das Ende des Lebens gesehen.

Es dauerte wenige Wochen, da wurde klar, dass Papi im Heim deutlich besser aufgehoben ist als zu Hause. Er verlässt das Bett nicht mehr selbstständig, weiß das Telefon nicht mehr zu bedienen, kann kaum den Fernseher allein an- und ausschalten. Er nimmt wenig um sich herum wahr. »Gut, ich könnte den ganzen Tag schlafen«, antwortet er stets, wenn man ihn fragt, wie es ihm geht. Aus dem Büro der Heimleitung erfahren wir, dass er ein Einzelzimmer bekommen und dauerhaft bleiben könne. Das ist gut, denke ich. Andererseits heißt das: Wohnung auflösen, Umzug regeln. Und alles in enger Absprache mit dem Sozialamt, mit dem ich so ungern zu tun habe. Immerhin: Die aktuelle Sachbearbeiterin für meinen Vater ist im Vergleich zur allerersten geradezu ein Charmebolzen! Zu meiner Überraschung läuft alles eher unkompliziert, man spricht freundlich miteinander, alles gut. Als es um die Kündigung und Auflösung der Wohnung geht, empfiehlt die Fachfrau mir ein schnellstmögliches Gespräch mit der »Seniorenberatung«, die wüssten angeblich genauestens über den Wohnwechsel von zu Hause ins Heim Bescheid. Mein letztes Gespräch mit der Dame von der Seniorenberatung endete damals, als Papi die Pflegestufe beantragen musste, mit der Frage, ob mein Vater nicht vielleicht doch noch geheime Konten im Ausland habe. Aber man soll ja nicht nachtragend sein. Letztlich erreiche ich die Beraterin auch gar nicht, nur einen außerordentlich netten Kollegen, der mir meine einzige Frage, ob ein Umzug ins Heim ein fristloser Kündigungsgrund sei, verneint und beteuert, dass die drei Monate Kündigungsfrist »selbstverständlich« übernommen werden. Seine Worte beruhigen mich, obgleich wir die Wohnung schnellstmöglich räumen werden. Zwei Tage später, und acht Tage nach meiner Rückrufbitte, meldet sich die Kollegin aus der Seniorenberatung. Ich erkläre kurz, dass ihr Kollege mich bereits umfassend informiert habe. »Gut, Hauptsache, Sie finden bald einen Nachmieter«, sagt sie scharf. Das Amt zahle schließlich nur einen Monat die Miete weiter. »Das hat mir Ihr Kollege anders erklärt«, sage ich irritiert. Und da fällt im Büro des Behördenflachbaus wieder die Klappe: »Meinen Sie, wir zahlen hier leer stehende Wohnungen, oder wie? Wissen Sie, was das den Steuerzahler kostet, wenn wir auch noch jeden Leerstand finanzieren?«, wettert sie los. Ich erkläre ihr, dass die Weitervermietung ja nicht in meiner oder in der Hand meines Vaters liegt. Und dass es sich um eine gesetzliche Kündigungsfrist handelt. Und dass im Übrigen auch ich Steuerzahler sei. »Aber wenn die Vermieterin so schnell niemanden findet, wer soll dann die letzten beiden Monate zahlen?«, frage ich die aufgeregte Dame schließlich nüchtern. »Ja, Sie«, sagt sie. »Oder Ihr Vater«, fügt sie hinzu. Ich lege auf und bin genervt. Ich rufe Papis Sachbearbeiterin an und erkläre ihr, dass es Unstimmigkeiten mit der Kündigungsfrist gibt, und erhalte, leider typisch, eine dritte Meinung. »Also, wir zahlen zwei Monate. Den dritten müssen Sie zahlen, denke ich.« – »Denken Sie?«, frage ich zurück. Gibt es da nicht so was wie Gesetze, festgelegte Regelungen? Es ist nicht das erste Mal, dass ich mit der Willkür der jeweiligen Sachbearbeiterin kämpfe. Und ich frage mich, welch gutmütiger Sozialbehörden-Pädagoge entschieden hat, dass die jeweiligen Kollegen so viel Entscheidungsfreiheit haben. Das fatale Gefühl der Macht über andere kann man auch ganz gut bei Supermarktsheriffs beobachten. Sie sind der Wächter über Brot, Schmierkäse und Dosenbier im Discounter – und du? DU darfst froh sein, dass du in diesem, ihrem Einkaufsparadies, Lebensmittel bezahlen darfst.

»Ist es okay, wenn ich deine Wohnung kündige und du hier wohnen bleibst?«, frage ich meinen Vater, als ich wenige Tage später den Heimvertrag vorliegen habe. Mein Vater nickt, guckt mich eindringlich an, schließt dann die Augen. »Wenn du lieber nach Hause möchtest, musst du aufstehen, Papi. Schaffst du das, dann behalten wir die Wohnung. Aber ich habe nicht den Eindruck, leider«, sage ich und warte auf eine Reaktion. Ich will nicht allein über seinen Umzug ins Heim entscheiden. »Ich bin alt, Lydi. Und faul. Vielleicht kannst du noch ein paar Möbel und Bilder aus der Wohnung holen«, antwortet er und scheint absolut gegenwärtig. Am Abend schreibe ich die Kündigung für Papis Wohnung und fühle mich leer. So gut mein Vater auch im Heim umsorgt wird. Es ist der direkte Schritt Richtung Ende.

In einer alten Fotokiste im Keller meines Vaters finde ich einen ganzen Haufen Fotos aus seiner Zeit in Peru. Ich erfahre, dass mein Vater eine Lipizzaner-Lieblingsstute namens Sultana hatte, einen Setter namens Diana und einen hellblauen Ford-Pick-up fuhr, an den er sich auf dem Bild lässig anlehnt. Es sind Impressionen wie aus einem anderen Leben. Ich bedaure, dass er mir nie viel über seine Zeit in Südamerika erzählt hat und ich die gut gelaunten Menschen, die neben ihm auf weiteren Fotos stehen, alle nicht kenne. Auf einer vergilbten Karte von 1961 schrieb mein Vater damals an seine Eltern: »Es ist wunderschön hier. Ich genieße die Pferde, die Arbeit, das Land.«

Während des Sichtens von zahlreichen Kartons, Holzschachteln und Schubladen lege ich Visitenkarten mit Namen, die ich kenne, und alte Telefonbücher zur Seite. Ich habe bei vielen seiner alten Wegbegleiter keine Ahnung, ob sie noch leben, aber ich weiß, dass mein Vater sich freuen würde, wenn sie bei seinem letzten Gang an seiner Seite wären.

Wenn ich Papi heute sehe, bin ich froh, dass er vielleicht nicht immer glücklich war, nicht immer erfolgreich, aber erfüllt mit Erfahrungen, Erlebnissen und Eindrücken. Reich an Freundschaften und stets voller Zuversicht. Er glaubte an das Gute im Menschen, lebte stets getrieben von einem geradezu naiven Optimismus, das Leben zu lieben. Im letzten Sommer in seiner Wohnung fasst er die gut 82 Jahre zusammen und sagt: »Ich habe viel erlebt und das Leben genossen. Das freut mich.«

Trotz der umfassenden Bemühungen im Pflegeheim mit Physio- und Ergotherapie baut mein Vater weiter ab. Einmal wirkt er so schwach, spricht und isst nicht mehr, dass wir alle zu ihm fahren in der Befürchtung, uns verabschieden zu müssen. Er erfährt, dass er neben Demenz auch noch Parkinson hat, sein Körper sich zunehmend versteift. Aber Papi rappelt sich wieder auf. Wie? Ich weiß es nicht. Und als würde das alles noch nicht genügen, wird mein Vater nur drei Wochen später wegen eines drohenden Darmverschlusses ins Krankenhaus gebracht. Dort diagnostizieren die Ärzte eine doppelseitige Lungenembolie und vermuten einen Tumor im Darm meines Vaters. Ich frage mich, wie viele Krankheiten ein einzelner alter Körper aushalten kann und ob es nicht langsam reicht. Zum Glück sind die Ärzte und die Versorgung in diesem Krankenhaus um Welten besser als in der Komahütte, in der Papi vor drei Monaten untergebracht war. Da ich die Vorsorgevollmacht habe und mein Vater eine Patientenverfügung unterschrieben hat, werde ich gefragt, ob wirklich keine lebensverlängernden Maßnahmen ergriffen werden sollen, wenn nötig. Ich merke, dass mir die

Verantwortung für das Leben meines Vaters wieder mal über den Kopf wächst und ich solche Dinge am liebsten nicht entscheiden möchte, fühle mich überfordert und müde. Immerhin mein Baby bringt meinen Vater bei meinen täglichen Besuchen in der Klinik noch zum Lachen.

Als die Embolie im Griff zu sein scheint und der Tumor als Außenwandverdickung enttarnt wird, darf Papi wieder nach Hause. Mit einigen seiner antiken Möbel und alten Bildern wirkt das Zimmer im Heim vertraut. Schwarz-weiß-Fotos seiner Eltern stehen auf dem Nachttisch. Seine Erinnerung ist immer stärker rückwärts gewandt. Besonders die Eltern vermisse er sehr, sagt mein Vater oft. Manchmal glaubt er, das Heim sei auf Sylt. Und manchmal glaubt er, er könne bald wieder in seine kleine Wohnung. Ich sortiere seine Handtücher und klebe einen DIN-A4-Zettel an seinen Spiegel, der schon auf Mallorca über dem Waschbecken hing und auf den er mich immer wieder hingewiesen hatte, wenn ich bei ihm auf der Insel zu Besuch war. Es ist ein Zitat von Epikur:

> *Wir sind ein einziges Mal geboren. Zweimal geboren zu werden ist nicht möglich. Eine ganze Ewigkeit hindurch werden wir nicht mehr sein dürfen. Und da schiebst du das, was Freude macht, auf, obwohl du nicht einmal Herr bist über das Morgen? Über dem Aufschieben schwindet das Leben dahin. Und so mancher von uns stirbt, ohne sich jemals Muße gegönnt zu haben.*

Lara

Ein paar Monate nach seinem »Zusammenbruch«, wie ich es gegenüber Menschen nenne, die glauben, Drogen kämen nur am Bahnhofsvorplatz oder an der mexikanischen Grenze vor, habe ich geträumt, dass mein Papa von damals wieder da wäre. Ich sah ihn, wie er zwischen zwei Patientensitzungen in seiner kleinen Praxis am Tegernsee barfuß auf dem Sofa fläzte, mit der *Süddeutschen Zeitung* auf dem Schoß, dabei seine Lieblingsstücke von Willy DeVille hörte, bevor der Nächste kam, um seine Probleme bei ihm abzugeben. Ich sah Papa am Herd, hoch konzentriert wie bei einer schwierigen OP, er kochte seine legendäre vegetarische Lasagne. Und wie er nach dem Joggen prustend in den eiskalten See sprang. Als ich aufwachte, war da noch dieses beruhigende Gefühl, das ich früher immer hatte, wenn ich an meinen Vater dachte. Was sollte schon passieren, solange es da im Süden der Republik diesen verrückten Psychoanalytiker gab? Das war in seinen glücklichen Jahren mit Gabriele. Ich habe meinen Vater an diesem Morgen schrecklich vermisst.

Er kehrte zwar aus dem Delirium zurück, aber »ganz der Alte«, wie meine Tante so optimistisch prognostiziert hatte, ist er nicht wieder geworden. Die Ärzte erklärten uns, dass er seinen linken Arm nie wieder richtig würde bewegen können, die Knochensubstanz der Schulter langsam zerbrösele. Was konkret bedeutet, dass er den Arm etwa dreißig Grad nach hinten und vorn bewegen kann. Pflegestufe 1 heißt das in der Behördensprache. Und dass einmal am Tag eine mäßig motivierte Fachkraft kommt – zum Einkaufen, Haarewaschen und Wäscheaufhängen.

Zu den strengen Auflagen vom Amt gehört zu meinem Entsetzen auch, dass man einen Rollator und einen erhöhten Toilettensitz anschaffen muss, und zwar unabhängig davon, ob man eine kaputte Schulter oder ein Hüftleiden hat. Ich finde die Umrüstung auf ein Leben als gebrechlicher Rentner für meinen Vater ziemlich fatal. Nicht nur, weil ich mir so sehr wünsche, dass er wieder gesund wird. Sondern auch, weil so was einer Tendenz zur Selbstaufgabe noch mal richtig Feuer gibt. Denn seit er aus dem Krankenhaus nach Hause gekommen ist, habe ich große Angst, dass er sich in der Rolle des Pflegefalls, der aus eigener Kraft nichts mehr tun kann, häuslich einrichtet.

»Noch brauche ich den Rollator vielleicht nicht, aber bestimmt bald«, teilte Papa mir an einem der besonders finsteren Tage mit. Genau wie ich es erwartet hatte, war aus dem Rentnerkuli in Marineblau Papas neue Zukunftsprognose geworden, die plötzlich mitten im Flur steht, ein Mahnmal aus Blech und Plastik. Zum Glück bestand auch seine Psychiaterin darauf, dass der Gehwagen für die nächsten zehn Jahre im Keller untergebracht werden sollte. Klar, Papa ist heute etwas unsicherer unterwegs als vor seinem Unfall – aber wie sollte er sich auf einem Rollator abstützen, wenn er doch seinen Arm nicht richtig bewegen kann? Je mehr dieser Gerätschaften in seine Wohnung manövriert wurden, desto mehr fürchtete ich, dass er sie als Ausrede benutzen könnte, nicht mehr am Leben teilnehmen zu müssen.

Die Angst steht im Weg und lähmt. Papa traut sich vieles nicht mehr zu, sein Radius begrenzt sich auf wenige U-Bahn-Stationen. Seinen Laptop hat er seit über einem Jahr nicht mehr von seinem Platz wegbewegt, weil er fürchtet, die W-LAN-Verbindung könnte abbrechen, und er wäre von der Außenwelt abgeschnitten. In Restaurants mag er oft nicht gehen, weil er sich einbildet, komisch aufzufallen. Ich versuche dann, ihm zu erklären, dass er sich in einer Stadt wie Berlin, in der ich kürzlich bei einer einzigen Busfahrt einem Mann mit einem rosa Papagei auf der Schulter gegenübersaß und beim Aussteigen einem Herrn in Skijacke und Unterhose begegnete, dafür schon ein bisschen mehr anstrengen müsste. Aber so richtig glaubt er mir nicht, wenn ich ihm sage, dass man ihm seine Handicaps gar nicht ansieht, er nur ein bisschen vorsichtig wirkt.

Ich erwarte wohl oft Dinge, die für ihn nicht mehr selbstverständlich funktionieren, so ganz nebenbei, sondern für die er seine ganze Kraft benötigt: »Storniere bitte kurz den Dauerauftrag«, »Kauf dir doch mal eine neue Hose«. Nicht, weil er von seinen Fähigkeiten her nicht mehr dazu in der Lage ist, sondern weil oft der Antrieb fehlt oder er fürchtet, zu scheitern. Ich würde mir so sehr wünschen, dass er mal zu mir nach Hamburg kommt, sieht, wie ich lebe, wo ich arbeite. Einmal hat er schon gesagt, er könne sich vorstellen, uns in diesem Jahr zu besuchen. Für ihn ein großes, fernes Ziel. Das Jahr hatte da noch vier Monate. Es ist vergangen, ohne dass er mit meinem Freund und mir am Hafen spazieren gegangen wäre oder wir ihm endlich unsere Wohnung hätten zeigen können. Aber ich werde nicht lockerlassen, bis er irgendwann auf unserer braunen Retrocouch sitzt und uns davon erzählt, wie einmal das ganze Krankenhaus, in dem er arbeitete, von einem Einsatzkommando umstellt wurde und man ihm eine geladene Waffe an den Kopf hielt, weil man ihn mit irgendeinem Schwerverbrecher verwechselte. Eine seiner Lieblingsgeschichten.

Doch immer wieder hat eine schier endlose Kette von neuen Katastrophenmeldungen dieses Ereignis verhindert. Erst ein schlimmer Ausschlag am ganzen Körper, dann die Nachricht, dass das Kurzzeitgedächtnis langsam nachlässt, dann ein Magengeschwür. »Ich bin eine einzige Baustelle«, sagt mein Vater. Und dann kommt auch noch der Super-GAU: Plötzlich kann er auf einem Auge kaum mehr etwas sehen: Makuladegeneration. Was für mich wie etwas klingt, das mit Raumschiffen und virtueller Realität zu tun hat, ist in Wirklichkeit eine gemeine Erkrankung der Netzhaut, die im schlimmsten Fall zur Erblindung führen kann. Ich sitze noch bei der Arbeit in der Redaktion, als er mir am Telefon die Nachricht überbringt. »Ich konnte minutenlang gar nichts mehr sehen, Lara. Die wollen mir Spritzen geben, direkt ins Auge, ist das nicht furchtbar?« Ein Albtraum, denke ich. »Das wird bestimmt nicht so schlimm«, sage ich. Auf dem Heimweg weine ich sintflutartig auf meinem hellblauen Fahrrad über all das Pech. Es regnet in Strömen und fällt niemandem auf. So was passiert mir in sehr regelmäßigen Abständen, immer dann, wenn sich zu viel angestaut hat und sich die Anspannung entladen muss. Dann heule ich beim Risottokochen oder kurz unter der Dusche. Wenn dauernd etwas Schlimmes passiert, lernt man irgendwann, die Trauer pragmatisch in seinen Alltag zu integrieren. Man lässt sich nicht mehr so tief hineinfallen, sondern läuft immer weiter.

Nach der Diagnose bin ich fast sicher, dass jetzt der Punkt gekommen ist, an dem mein Vater aufgibt, weil ihn die Probleme überfluten. Und ich könnte es sogar verstehen. Stattdessen erlebe ich ihn plötzlich kraftvoll, lösungsorientiert. So als würde diese greifbare, konkrete Sorge den diffusen Schmerz in den Hintergrund drängen. Und ich merke, wie sehr er doch am Leben festhält. »Ich will unbedingt weiter Bücher lesen können und ins Kino gehen«, sagt er mit ungewohnt fester Stimme.

Was wird bloß aus Papa? »Es muss doch noch andere geben, die so sind wie ich«, sagt er manchmal zu mir, wenn wir über seine Zukunft beratschlagen. »Ich sehe mich in Norddeutschland, am Meer«, vermeldet er dann plötzlich entschlossen. Ein Wunsch, den ich ihm nur zu gern erfüllen würde. Nur weiß ich nie, ob er morgen noch denselben hegt oder dann doch lieber zurück in die Berge möchte, in seine Heimatstadt, zu mir nach Hamburg oder zu meinem Bruder nach Köln. Gerade leidet er unter dem Lärm der Großstadt, doch was, wenn wir ihn an den Deich verfrachten und er die Ruhe des ländlichen Lebens nicht erträgt? Paul und ich sind beide nicht bereit, für ihn zu entscheiden. Nicht, solange er weiter Fortschritte macht, immer wacher wird, sich in kleinen Schritten seine Selbstständigkeit zurückerkämpft. »Unser Vater ist bei klarem Verstand, Lara. Wir können ihm das nicht abnehmen«, sagt mein Bruder dann. Aber Papa ist zu unentschlossen, zu zweifelnd, zu leicht beeinflussbar, zu wechselhaft in seinen Ideen. Wie eine Perspektive entwickeln, wenn kein Partner, keine Aufgabe da ist?

So recht scheint er auch nirgendwo reinzupassen. Ein Mehrgenerationenhaus sei genau das Richtige, meint die

Klinik. »Das ist ein bisschen zu optimistisch, eine Wunschvorstellung«, sagt Papa. Auch ich kann ihn mir beim besten Willen nicht inmitten einer Horde tobender Kinder vorstellen, auch nicht in geselliger Runde mit rüstigen Mitbewohnerinnen um die sechzig, die ihm davon erzählen, was Reiki, Klangschalentherapie und eine positive Lebenseinstellung alles bewirken könnten. Bitter ist er nicht, zum Glück, aber unempfänglich für Sonnenstrahlen, die grell sind und blenden. Und es nervt ihn, wenn Leute Sachen wie »Kopf hoch, das wird schon wieder« sagen. Weil man solche gedankenlosen Aufmunterungsfloskeln höchstens bei leichtem Durchfall oder Schnupfen raushauen darf, ohne sich den Vorwurf gefallen lassen zu müssen, man habe sich nicht eine Sekunde mit der Lage seines Gegenübers beschäftigt.

Meine Tante sagt, es würde sie beruhigen, wenn ihr Bruder in einem Heim untergebracht wäre, sie macht sich ständig Sorgen, dass ihm wieder etwas zustoßen könnte. Meine Sorge ist eine ganz andere. Nämlich ebendie, dass ein Mensch mit dem Intellekt meines Vaters viel zu früh in einer solchen Einrichtung landen könnte. Genau das wäre das Worst-case-Szenario, nichts anderes reichte da heran. Dann doch lieber zugedröhnt mit Leder-Manfred in der Hasenheide, als sich zusammen mit gewickelten Greisen zum Takt von Bata-Ilič-Songs in überheizten Gemeinschaftsräumen zu wiegen.

Meine Großmutter konnte Karten schreiben, Anrufe machen und sich kleine Mahlzeiten selbst zubereiten, bevor sie ins Seniorenstift kam. Mit dem Einzug in das deprimierende Gemäuer, in dem einem nichts mehr abverlangt wird außer Warten, sind ihr all diese Fähigkeiten verloren gegangen. Ich glaube nicht, dass es den Menschen guttut, wenn man ihnen zu viel abnimmt. Es bestärkt sie nur darin, sich selbst aufzugeben.

Wie leben andere Woodstock-Pensionäre eigentlich? Eine Generation von Menschen, die vielleicht im Herzen jung geblieben, aber trotzdem in die Jahre gekommen sind. »Immer schauen mich diese dümmlich lachenden Gesichter an«, schimpft Papa, nachdem er auf verschiedenen Internetseiten ernsthaft nach einer Heimlösung gesucht hat. »Warum kriegen die so gute Laune davon, mit einer Inkontinenz-Einlage auf den Tod zu warten?« – »Du gehst auf keinen Fall ins Heim!«, sage ich bestimmt. Und sauer. Über solch apokalyptische Vorschläge – in einer Situation, in der Papa nach jedem Strohhalm greift und so leicht zu beeinflussen ist wie ein Kind.

Wenn überhaupt, käme sowieso nur »Woodstock« in Den Haag infrage. Drogensüchtige ältere Herrschaften, die keine Chance mehr haben, clean zu werden, dürfen sich dort in gemütlichem Ambiente betäuben. Es ist das einzige Altenheim der Welt, in dem harte Drogen erlaubt sind. Alt ist man hier schon ab 45, jahrelange Abhängigkeit fordert eben ihren Tribut. Aber nicht mal das passt mehr. Schließlich ist mein Vater nicht, wie die Bewohner, obdachlos gewesen und untherapierbar suchtkrank. Er ist seit seinem Delirium völlig clean. Doch hier zeigt sich mal wieder das kollektive Familienerbe: Papa hat eine ähnlich bescheuerte Idee wie ich, die sich plötzlich in seinem Kopf ausbreitet, nachdem er es so viele Tage ohne Tabletten und Codein ausgehalten hat. Und die ihn beflügelt wie sonst lange nichts. Ein ganz normales Sonntagstelefonat in der Familie Beer:

»Hallo, Dad, wie ist die Lage?«

»Gar nicht gut. Du hast ja mal gesagt, dass du Angst hast, den Zeitpunkt zu verpassen, an dem ich das alles nicht mehr ertragen kann. Lara, ich glaube, der ist jetzt da. Ich überlege, mich substituieren zu lassen.«

Auch wenn er ja eigentlich nichts Gutes zu berichten hat, ist da auf einmal eine Euphorie in der Stimme, die ich bei ihm seit Ewigkeiten nicht bemerkt habe. Ich lasse mich sogar ein bisschen davon anstecken, obwohl es doch im Grunde heißt, dass der Rückfall kurz bevorsteht. Auch wenn er die Ersatzmedikamente von einem Arzt verschrieben bekäme.

»Aber wie soll das denn gehen? Die geben jemandem, der clean ist, doch kein Methadon. Und überhaupt: Das mit dem Maßhalten ist ja nicht unbedingt deine Stärke.«

Doch Papa ist vorbereitet. »Lara, schon als Kind hatte ich einen Mangel an Glückshormonen. Als kleiner Junge hatte ich bereits Träume von einem Zauberer, der mich mit einer berauschenden Substanz in eine Welt versetzen kann, in der es wärmer und schöner ist. Ohne Opiate kann ich nicht leben und nicht sterben. Konnte ich noch nie. Mit einer minimalen Dosis Temgesic in Pflasterform hätte ich so etwas wie einen Rhythmus, ich könnte wenigstens schlafen, hätte Appetit und Durst und nicht mehr ständig diese Angst.«

»Aber, Papa, sosehr ich dir auch wünsche, dass du es ein bisschen leichter hast. In dieser Sache ist mein Vertrauen in dich einfach nicht das größte. Das führt doch über kurz oder lang zum nächsten Delirium.«

»Nein, ein Delirium machen nur Alkohol oder Benzodiazepine, aber kein Opiat«, antwortet er schnell.

An dieser Stelle folgt ein langer Vortrag über verschiedene Hirnregionen und die Wirkungsweisen von Arzneimitteln und illegalen und legalen Substanzen, die ich selbst dann nicht wiedergeben könnte, wenn ich mitgeschrieben hätte. Auf diesem Gebiet kann ich nicht mitreden. Ich höre ihm gebannt zu, so wie eine Tochter ihrem Vater zuhört, irgendwie doch davon überzeugt, dass alles stimmen muss, was es sagt, das Familienoberhaupt. Dass Papa mich, was Drogen angeht, oft belogen hat, habe ich in diesem Moment schon fast vergessen. Auch, dass ein Süchtiger anders funktioniert, wenn es darum geht, an Stoff zu kommen.

Wie Papa sehe auch ich in diesem Moment kurz Licht am Horizont, eine Hoffnung keimt auf, dass es meinem Vater doch wieder besser gehen könnte. Aber wenn es so einfach wäre mit diesen Dingen, man sich einfach bloß beim

Methadonprogramm anmelden müsste, und schon liefe das Leben wie geschnitten Brot, warum würde das nicht jeder so machen? Würde man bei einer Dosis, die einen einigermaßen zusammenhält, nicht gleich nach einer verlangen, von der man vielleicht sogar gute Stimmung bekommt? Mein Vater jedenfalls ist fest entschlossen, das Vorhaben mit seiner Psychiaterin zu diskutieren. Und ich bin erleichtert, dass seine heiß ersehnten Temgesic-Pflaster damit in sehr weite Ferne gerückt sind. Denn die Dame ist nicht nur verantwortungsbewusst – sie lässt sich von meinem Vater auch nicht so leicht um den Finger wickeln wie ich.

Manchmal überlege ich, ob andere Menschen jemals so viel über ihre Eltern erfahren wie ich. Viele Fragen stellt man nicht ohne konkreten Anlass. Auf Spurensuche begibt man sich wohl meist nur, wenn es Probleme zu entschlüsseln gibt. Es gibt heute nichts mehr, was ich meinen Vater nicht fragen könnte.

Obwohl ich weiß, dass niemand so schonungslos mit sich selbst ist wie Papa, graute mir dennoch davor, ihm dieses Buch zu lesen zu geben. Heimlich hinter seinem Rücken mich über sein Leben ausbreiten wollte ich aber auch nicht. Erst mal schickte ich ihm nur die ersten Kapitel per Post, damit er den Text in kleinen Häppchen verdauen konnte. Sobald ich den Umschlag in den Briefkasten geworfen hatte, geriet ich auch schon in Panik. Hatte ich jedes Adjektiv gründlich genug auf eine vermeintliche Verletzungsgefahr abgeklopft? War ich nicht zu hart mit ihm ins Gericht gegangen? Hatte ich zugunsten des Plots nur die drastischsten Ereignisse ausgewählt? Hätte ich die Szene im Krankenhaus lieber weglassen oder abschwächen sollen?

»Hoffentlich redest du danach noch mit mir!«, hatte ich mit einem Kugelschreiber auf das oberste der bedruckten Blätter geschrieben. So wie er es vor einigen Jahren als Widmung in seine Biografie geschrieben hatte, die er mir zu lesen gab. Jetzt war ich mir nicht mehr so sicher, ob es ihn nicht doch mehr treffen würde als erwartet. Wenn er jetzt das Gefühl bekäme, dass eine seiner wenigen Bezugspersonen ihm in den Rücken fällt.

In der Mittagspause wähle ich ängstlich seine Nummer, doch er antwortet nicht. Obwohl ich weiß, dass Papa sein Handy nicht mitnimmt, wenn er im Park seine tägliche Runde dreht (»sonst verliere ich es noch«), bin ich jetzt sicher, er habe sich etwas angetan. Und ich wäre schuld, bloß weil ich sein Leben unbedingt schriftstellerisch verarbeiten musste. Mein Herz schlägt bis zum Hals, und das Vorhaben, sensationelle Themenvorschläge für die anstehende Konferenz zusammenzustellen, scheitert kläglich. Nach einer quälenden Stunde erscheint endlich »Papa Mobil« auf meinem Display. »Tochterherz, ich bin stolz auf dich, all das muss an die Öffentlichkeit. An manchen Stellen wusste ich gar nicht, ob ich lachen oder weinen sollte«, redet er gut gelaunt drauflos. »Mir ist sogar wieder eingefallen, wer der Herr Molinario ist, von dem ich dir im Krankenhaus erzählt hab. Das war der Tod, der mir in meinem Wahn ständig im Nacken saß. Dem möchte ich so schnell eigentlich nicht wieder begegnen«, erzählt er mir – natürlich ohne zu ahnen, dass er in meinen Augen gerade von den Toten auferstanden ist.

Offenbar hat die Konfrontation mit sich selbst als wahnhaftem Patienten sogar eine heilende Wirkung, zumindest temporär, denn die Substituierungsidee, die meinen Vater noch vor ein paar Tagen umgetrieben hatte, verwirft er erst mal wieder. Von sich als Englisch sprechendem Zahnarzt zu lesen, muss ein Schock gewesen sein. »Lara, ich kümmere mich doch lieber erst mal um den Termin beim Orthopäden, meine Schulter macht mir zu schaffen. Vielleicht ist das alles auch nur ein großer Irrsinn.«

Manchmal bin ich wütend über die ganze Situation. Nicht direkt auf Papa, sondern auf die Umstände, darauf, dass er dauernd eins draufkriegt. Auch über die schwindende Leichtigkeit in meinem Leben, die nun noch ein Stück weniger geworden ist. Und ich denke nicht gern an die Zukunft. Papa ist viel zu jung, um allein in seiner Wohnung zu sitzen (Leder-Manfred ist ihm wohl auch zu anstrengend geworden, seit er ihn bewusst wahrnimmt, und Bekannte hat er in Berlin sonst kaum), aber auch zu traumatisiert für einen energetischen Neuanfang.

»Am liebsten hätte ich ihn einfach eingepackt und mit zu uns nach Hause genommen«, sagt meine Mutter, nachdem sie ihn das erste Mal nach seinem Unfall in Berlin besucht hat. Eingehakt sind sie durch seinen Park gelaufen »wie ein altes Ehepaar«. Ich traue ihr so was auf jeden Fall zu. Wäre sie nicht verheiratet, wahrscheinlich würde sie tatsächlich wieder eine WG mit ihm gründen, auch wenn es das erste Mal nicht so gut geklappt hat.

»Der Doktor« nennt sie ihn immer noch liebevoll. »Deine Mutter ist eine beeindruckende Person«, berichtet mein Vater mir nach dem Besuchstag. Es rührt mich, wie verbunden sich die beiden immer noch sind. Und dass Mama anerkennt, wie er kämpft. Andere, mich eingeschlossen, erwarten oft so viel von ihm und merken gar nicht, dass es seine Möglichkeiten übersteigt. Kontakte pflegen, Unterlagen sortieren, was unternehmen. In erster Linie muss er irgendwie überleben. »Unglaublich, aus was für einem Desaster er sich schon wieder selbst herausgezogen hat. Er gibt sich große Mühe, das tut er wirklich.« So sieht meine Mutter das. Es ist ja nicht das erste Mal, dass sie ihn fallen und wieder aufstehen sieht. Manchmal habe ich aber das Gefühl, dass sie es mit einem anderen Gert zu tun hat als ich. Mit einem, der ein bisschen hoffnungsvoller in die Zukunft blickt.

Anderthalb Jahre nach seinem Delirium hatte ich eigentlich nicht mehr mit einer Wende gerechnet, mich fast damit abgefunden, dass mein Vater nicht mehr lacht, dem Leben passiv gegenübersteht, aus sich heraus keinen Antrieb entwickelt. Ich weiß nicht, wie viele Antidepressiva die Ärzte probiert haben, nur, dass sie alle nichts als Schweißausbrüche und Unwohlsein brachten. »Bitte gib noch einem letzten eine Chance, dann lassen wir dich auch in Ruhe«, versuchten Paul und ich unseren Vater zu überzeugen, der die Schnauze gestrichen voll hatte von dem Zeug. Er biss die Zähne zusammen. Und dieses Mal half es tatsächlich. Es macht aus ihm keine strahlende Spaßbombe, aber einen Menschen, der es mit dem Leben wieder aufnehmen kann. Es lässt seine Stimme fester werden, ihn ein paar Stunden durchschlafen, Appetit entwickeln. Es lässt ihn zum Telekom-Laden gehen, wenn die Technik versagt. Und es lässt ihn Weihnachtskarten an seine Kinder schreiben. Ich weiß nicht, worüber ich mich zuletzt so sehr gefreut habe wie über die vier Zeilen auf einer Rentierkarte im roten Umschlag. Was für ein kleiner, riesiger Schritt!

»Und, wo warst du gestern Nacht?«, frage ich ihn, nachdem er seit so langer Zeit überhaupt mal wieder tief schlafen konnte, fest genug, um etwas zu träumen. »Irgendwo in Tirol, Heinz Rühmann hat mich dort am Maschinengewehr ausgebildet. Dann in Goa mit einem Lendenschurz am Strand. In meinen Träumen bin ich unversehrt, ich kann meinen Arm bewegen, ich kann alles tun, was ich möchte.« – »Das klingt doch ganz lustig, oder? Genieß das!« – »Ja, es ist angenehm. Nur das Aufwachen ist etwas lästig.« Und nach einer Pause. »Lara, ich habe Post von VW bekommen…« – »O nein«, sage ich erschrocken »Den Leasing-Vertrag hatte ich doch gekündigt.« – »Nein, nein, darum geht es gar nicht. Die haben ein ganz neues Modell rausgebracht, mit mächtig PS unter der Haube, eine richtige Rennmaschine. Die hab ich mir mal gegönnt.« Ich schweige und schließe die Augen. »Du wolltest doch so gern, dass ich dich mal in Hamburg besuche, damit bin ich in knapp zwei Stunden da.« Ich sage noch immer nichts. Jetzt lacht Papa. Erst leise. Und dann dieses prustende, dreckige Lachen, das ich so lange nicht mehr gehört habe und an das ich mich kaum mehr erinnern konnte.

Nach Papas Delirium habe ich geglaubt, er hätte für immer aufgehört, Vater zu sein. Ohne ihm eine Chance zu geben, mir das Gegenteil zu beweisen. Wenn er mich fragte, wie es mir geht, habe ich gesagt: »Alles gut.« Und das war oft gelogen. Ich dachte, seine Sorgen seien sowieso größer als meine, und ich hätte kein Recht auf eigene Probleme. Dann war ich wieder sauer, dass er nicht genau nachgefragt hatte.

Als ich irgendwann selbst krank wurde, hatte ich zum ersten Mal keine Energie mehr, um mich zu verstellen, meine Tränen vor ihm zu verstecken. Er bekam meine uferlose Verzweiflung zu spüren. Und ich merkte: Es war ein Fehler, ihn zu schonen, ihm immer das Gefühl zu geben, nicht gebraucht zu werden, das Sorgenkind zu sein. Auf einmal telefonierte er mit Oberärzten, recherchierte neue Behandlungsmethoden, konnte trösten und beruhigen. »Warum kann ich dir das nicht abnehmen? Bei mir kommt das doch nicht mehr drauf an«, sprach er das aus, was wohl alle besorgten Eltern in einem solchen Moment denken würden. Ich war in diesen Tagen viel zu sehr mit mir selbst beschäftigt, um zu merken, was da gerade passiert war. Aber heute weiß ich: Es gibt sie noch, diese Momente, in denen mein Vater zurückkehrt. Und die Sehnsucht aufhört.

Dieses Buch basiert auf wahren Begebenheiten, real existierenden Orten und behandelt Personen, die es gibt und gegeben hat. Aber um den Schutz dieser Personen zu gewährleisten und das Erlebte gestalterisch in den Gesamttext einzuordnen, spielen die Autorinnen mit der Verschränkung von Wahrheit und Fiktion und haben Namen, Orte und andere Details geändert.

Bildnachweis

S. 9, Karl Baumann © privat
S. 10, Gert Beer © privat